佐藤久光◉編

四国猿と蟹蜘蛛の

明治大正　四国霊場巡拝記

岩田書院

〈四国猿〉と〈蟹蜘蛛〉の四国霊場巡拝記の復刻・編集にあたって

1　復刻・編集にあたって

本書はペンネーム〈四国猿〉の「卍《まんじ》四国霊場巡拝記」と、ペンネーム〈蟹蜘蛛〉の「四国八十八ヶ所　同行《どうぎょう》二人」の二つの遍路巡拝記を収録した。ペンネームだけを見ると、さしずめ、童話の「さる・かに合戦」を思わせる。

四国遍路を体験して著した巡拝記は、江戸時代から現代に至るまで枚挙にいとまがない。平成期に入ると、それまでのバス、自家用車による巡拝から「歩き遍路」（徒歩巡拝）を見直す風潮が出て、その数も徐々に増えるようになった。それに伴って巡拝記を出版するブームも起きている。編者はかつて、江戸時代から現代までの巡拝記から十篇を取り上げ、遍路の目的、道中の心境・感想、遭遇した出来事などを考察した『巡拝記にみる四国遍路』（平成二十六年〈二〇一四〉）を上梓した。巡拝記を読むと、その人ならではの遍路の様相を捉えることができた。身分、職業も異なり、遍路に出かける動機、目的も千差万別で、体験した出来事も様々で、興味深いものがあった。

〈四国猿〉と〈蟹蜘蛛〉の巡拝記の意義については、後に「解説」で詳しく述べるとして、ここでは二つの巡拝記を復刻した意図を述べておく。まず、二つの巡拝記は現代の巡拝記ブームの先駆けとも言える点にある。〈四国猿〉の巡拝記は明治三十五年（一九〇二）に東京の『二六新報』に、〈蟹蜘蛛〉の巡拝記は大正十五年（一九二六）に『愛媛新報』に連載されたものである。

マス・メディアで巡拝記が取り上げられ、好評であったのは、大正七年に『九州日日新聞』（現在の『熊本日日新聞』）に連載された高群逸枝の「娘巡礼記」であった。「娘巡礼記」は、うら若い乙女が野宿や不衛生な木賃宿に泊まるなどの遍路体験をしたことで読者は驚き、且つ高群の文章も上手で教養の高い内容であったことで好評であった。そのためにその巡拝記には代筆者がいるのではないか、とも疑われれほどであった。その「娘巡礼記」は時代を隔てた昭和五十四年（一九七九）に単行本（朝日新聞社）として発行される。高群は遍路体験の続編として昭和十三年に『お遍路』（厚生閣）を、翌十四年には『遍路と人生』（厚生閣）も出版している。そのことで高群の巡拝記は多くの人びとに知られることになった。

ところが、〈四国猿〉の巡拝記は、高群の巡拝記に先んじること十五年余りの明治後期に報じられている。従って、マス・メディアで取り上げられた巡拝記としては最も古いものである。当時の読者の反響については今では知ることもできないが、東京で発行された『二六新報』は国内最大の発行部数を誇っていたともいわれ、読者には相応の評価があったものと推測される。その一つの証しとして、国内外で最初の四国遍路の研究書を著したドイツ人のアルフレート・ボーナーが、〈四国猿〉の連載記事を高く評価していることが挙げられる。アルフレート・ボーナーは一九三一年（昭和六）に、Wallfahrt zu Zweien（佐藤久光・米田秀俊共訳『同行二人の遍路』平成二十四年）を出版した。その中でボーナーは〈四国猿〉と〈蟹蜘蛛〉の新聞記事を高く評価し、それを随所に引用している。

〈四国猿〉は札幌農業学校の本科を卒業した若き研究者で、自然科学者として冷静に観察し、それを書き記す姿勢を貫いている。しかし、〈四国猿〉はその連載では、仏教の教理や弘法大師の業績について精通し、大師の偉大さを賞賛し、宗教への素養をも具え、それを木賃宿に泊まった同行者たちに語っていた。

〈蟹蜘蛛〉の連載記事は大正末期で、新聞記者としての経歴から豊富な取材経験を生かし、遍路仲間に同行し、住民たちとの交流で様々な情報を聞き出している。その反面で、〈蟹蜘蛛〉自身は白装束に網代笠を被り、金剛杖と鈴を両手にもって、各家々の門に立つ乞食《こつじき》（「修行」）を行い、寺院では通夜をするなど、遍路そのものになりきろうとしている。不慣れな乞食には苦労し、その胸のうちを切々と綴っている。

二つの巡拝記の今一つの特徴は、単なる個人的な日記に留まらず、巡拝記の内容は、研究者としての科学的、論理的な視点や、ジャーナリストとして取材を通じての奥深い記述をしていることである。それは第三者的な冷静な視点でもある。

そうとはいえ、〈四国猿〉、〈蟹蜘蛛〉とも巡拝途上で出会った遍路たちとの交流や、機智に富んだ表現を随所に書き留め、自らの見解を率直に述べるなど、巡拝記ならではの興味深いものがある。それらを通じて、当時の遍路の状況が捉えられる。従って、二つの巡拝記は貴重な遍路資料でもある。

ところが、二つの巡拝記は新聞に連載されたままで、当時の出版事情から単行本とはならなかった。そのために遍路研究者にもその存在が知られることは殆どなかった。その意味で、改めて二つの巡拝記を世に出し、多くの読者の眼に触れてもらうことを願い、ここに復刻することにした。

平成二十九年九月

編者

目次

凡　例

一、「卍四国霊場巡拝記」は、『二六新報』（二六新報社）で明治三十五年（一九〇二）四月二十六日から八月六日まで連載された。同紙は国立国会図書館にマイクロフィルムとして所蔵されている。それを不二出版が平成五年（一九九三）に復刻版を出版した。本書は不二出版の復刻版を底本として使用した。

一、「四国八十八ヶ所　同行二人」は、『愛媛新報』に大正十五年（一九二六）九月十一日から十一月十四日まで連載された。同紙は国立国会図書館にマイクロフィルムとして所蔵されている。また、愛媛新聞社と愛媛県立図書館にも原紙と、それを基にしたマイクロフィルムが保存されている。共に欠号、破損などがある。本書では愛媛新聞社保存を底本として使用した。

一、原文では旧漢字が使用されているが、現在では新漢字に変えられて定着しているものは新漢字に、一部は当時の文体を尊重しそのまま旧漢字を残した。

一、漢字の殆どには振り仮名が付されているが、一部を除き省略した。振り仮名の読み表記は旧仮名遣いが使用されているが、現在の仮名遣いに変えた。編者が新たに振り仮名を加えた漢字もある。但し、本文の平仮名の表記はそのまま使用した。

一、文中には現在では使われることない用語・漢字が使用されているが、それには傍線を付し、その項の末尾にその意味を説明した。

一、「卍四国霊場巡拝記」では読点（、）だけで、句点（。）は付されていないが、適宜に句点を付した。

一、「四国八十八ヶ所　同行二人」では、次の改行まで句点が付されずに読点としているが、句点が適当と考えられるところには句点を付した。
一、誤記と思われるところは〔〇〇〇〕と訂正した。
一、活字が不鮮明で判読が困難な字は□としている。
一、その他、編者による注記は〔　〕で記した。
一、原文には現在では不適切な用語、表現が見られるが、当時の状況を知るためにそのまま使用した。
一、巡拝記には写真は掲載されず、「卍四国霊場巡拝記」には三枚のイラストが載せられている。それ以外は編者が随時挿入したものである。

第一部 〈四国猿〉卍四国霊場巡拝記

『二六新報』明治三十五年四月二十六日～八月六日

二六新報

卍四國靈場巡拜記（一）

連載第１回紙面（５段目中央）

卍四国霊場巡拝記（一）

▲旅行の発靷《ほつじん》＝門出の挨拶▼

今年は菅公《かんこう》の千年祭である。であるから諸国の浮気筋《うわきすじ》が浮れあるくので鉄道会社や汽船会社が殊《こと》の外鼻毛を延ばして居ることであろう。大隈さんは兼々乃公《おれ》は菅公の後裔《こうえい》で御座るなど丶嘘《うそぶ》いて居るさうであるが、何分伯《はく》のことであるから存外当てにはならぬが拙者即ち四国猿に於ては系図も歴然たる菅公の流を汲むものであるが、祖先も斯《かく》と思召してや、一夜夢に出現ましく〱、さての玉ふ。今頃の日本人の浮気筋には誠に困る。我輩の徳を頌《しょう》する為千年祭をやるなど丶申して、彼是莫大の金員を醵《きょ》集《しゅう》してお祭騒であるが、何の訳ぢややら一切気が知れぬ幵《そん》な余計な金があるなら教育事業なり慈善事業なり、国家有用の事業に差向けた方が或は便利では無いか。凡そ今の世に華族など丶申す閑人《ひまじん》が居ると兎角《とかく》余計なことを仕出かして困る。我輩は大不平で腹が悶々《もんもん》する。幸に卿は我が落胤なり神慮の程を馬鹿な日本人に告げよ！

往年或仏国の新聞記者が日本に来て、日本人と云ふ奴は仏人と同じくお祭騒ぎの好きの国民ぢやと評したが、評して得て妙だ。元来日本人の浮気筋には巣鴨組と云ふのが多いので、国家多端の国費窮乏など丶云ひつ丶、西でも東でも余計な祭騒をやつてつまらなく飲だり食つたり、飛んだり跳ねたりと云ふ流儀である。之《これ》では亡国の徴《ちょう》など丶叫ぶもの丶あるのも一応無理ならぬ。拙者などは神慮の程もいと畏《かしこ》ければ大宰府の巣鴨騒ぎは一切見向もやらず、今頃国が亡びても感服仕《つかまつ》らぬて、四国八十八ヶ所の霊場など巡拝なし、国家の冥福を祈ると共に、南無大師の御利益により五千万巣鴨組の一割半なりとも、正気に復するようにと思ひ煩ひ、道程三百〇四里十八丁の長路《ちょうろ》を御苦労千万にも膝栗毛で飛ばさんとするも、余程の大奮発、国家を思ふの情切なればこそ斯《か》くもあれ、四国猿の人真似など丶考へられては困る。嗚呼《ああ》南無大師遍照金剛。

＊頌する＝たたえる。醵集＝金品を出し合う。

卍四国霊場巡拝記（二）

▲門出の挨拶＝昨日の幕続《まくつづき》▼

遠きものは音にも聞けよ近きものは目にも見よ！　我こそは天空海闊《てんくうかいかつ》鳶飛魚躍《とびとびうおおどる》二六四層楼城、一方の旗頭其名も四方に隠れなき〇〇〇〇など、云はでも、欺《あざむ》き難き昨日来の筆鋒、二六十二万の読者が疾《と》くにも夫《それ》と知りたらん。何がさて其名物男の紀行であれば、茶漬に沢庵と云ふやうな淡泊一遍無味単調の極まり文句では勿論《もちろん》相叶はずとて既に道中の途にありながらも、筆追ッ取つて、ざんざら雑と祖師弘法大師が今より一千四十年前程に当つて、阿波、讃岐、伊予、土佐の四国八十八ヶ所の霊場を開きたる。云《い》はく因縁より少々説き出《いだ》し可申候《もうすべくそうろう》。弘法大師など、云ふやつは、今時一寸類《ちょっとるい》の無い利巧な男で一千年の昔からちやんと、地質学物理学に通じて居り、今頃の理学博士などのとても傍に寄付けるものでは無い。であるから弘法大師は其当時の蛮民を理化学の原理によつて大分欺いた。之が皆大師の御利益となつたので、云はゞ弘法さんも大山師サ。山師は山師でも雨敬《あめけい》や平専《ひらせん》よりは事が綺麗で功徳が大である。弘法大師の当年は無論今の四国も北海道と同じく草莱荒蕪《そうらいこうぶ》の地域であつたのである。弘法大師は之が開拓に手を着けた云はゞ、開拓使で無暗《むやみ》に理化学の現象を仏の不思議となして深山幽谷に霊場を開いて諸国の迷信者の足を引き付けた。底《そこ》で杜鵑《ほととぎす》よく鳴く里は豆腐屋へ二里酒屋へ三里の山奥も次第に人家繁殖し開拓の歩を進めて、四国の浦々山々の賑はひ今日の盛《さかり》を致したのである。さて、其霊場八十八ヶ所の数に至ては色々説も多いが、之は印度の国に釈迦が開いた八塔廻りと云ふものに形どつたと申して居る。八十八ヶ所の霊場には夫々《それぞれ》縁起もあるが本尊は釈迦如来、阿弥陀如来、大日如来、薬師如来、千手観音、十一面観音、観世音菩薩、最も多くは地蔵菩薩、弥勒菩薩、文殊菩薩、不動明王、毘沙門天之に次ぎ此外に無い。此等《これら》八十八ヶ所の霊場巡りに依《よつ》て、心身の罪業を一ッ宛《づつ》で贖《あがな》ふことになつてるのであるげナであるから四国巡礼には某大勲位の殿様や某公侯爵の公達が最も出かけられて良いことで、拙者等の如き清浄潔白犯せる罪なきものは無用の業なれど、頼まれもせぬことに彼等の為に代参を致してやるやうなものだ。之も何かの功徳になるだらうよ。

＊天空海闊＝天はからりと広く、海は広々としている。気持がさっぱりとして、心が広いこと。鳶飛魚躍＝悪人は去り、民は所を得て楽しんでいることのたとえ。草萊＝荒れはてたくさむら。荒蕪＝土地が荒れて雑草などの生い茂ること。

卍四国霊場巡拝記（三）

▲門出の挨拶＝今日で仕舞▼

四国八十八ヶ所の霊場巡拝をなすものには西国三十三ヶ所の霊場巡拝を済して来るものが彼此《かれこれ》ある。刷毛序《はけついで》で一寸《ちょっと》西国三十三ヶ所の縁起も書いて置かう。之は四国霊場の開発よりは百年も其余《そのよ》も後れてある。其御開祖は僧侶でなくして勿体なくも皇統の御流《おながれ》花山院にてまし〳〵全く三十三親王を以《もっ》て御本尊となして居ると云ふことである。茲《ここ》に一つ今時《いまどき》紳士の難儀なことは西国及四国の巡礼を為すには一切菜食精進をなさねばならぬことである。併《しか》し之は巡礼の掟であるから若《も》し之を破ることなら大師の責罰覿面《せきばちてきめん》ぢやと触出されて居る。郷に入ては郷に随《したが》へぢや、仏責を食ふても大人気《おとなげ》が無い。近来は米国などでも「ベヂテリアン、ソサエチー」が大分流行して来たさうだ。何も試験である。行路日程四十日間瘦せるか肥えるか一切精進と極込《きめこ》んだ。之で御利益が無かつたら全く御大師様の悪いのぢや其処《そこ》で門出と共に此《この》誓丈《ちかいだけ》は先《まず》立てた。弥《いよいよ》ヽ明日から袈裟《けさ》と衣に頭陀袋《ずだぶくろ》、菅《すげ》笠冠《かさかぶ》つて金剛杖、衝《つ》く手もたゆく脚も亦《また》しどろもどろに成るまでも紀行の筆の鋭くて読者の眼をば覚ますまで廻らぬ筆を廻はすとて廻はる四国の巡礼さん。時計の針の方向に廻はる札所も八十八。阿波の国霊山寺は其第一番の札所と聞けど、四国猿は其産地瀬戸内海のコルシカ島日本総鎮守伊予一宮大山祇神社の十二坊五十五番の御札所より打ち始めたれば読者其心して明日より本紙に上る面白可笑しき勿体なき御紀行を拝読し賜へ南無大師遍照金剛！奉納此処之本尊、大師太神宮、鎮守総而日本国中、大小神祇、天皇、皇后、文武百官、父母師長、六親眷属、及至法界平等利益。

卍四国霊場巡拝記(四)

▲今治の埠頭＝国分の山門▼

四月十六日　今治町は伊予国北端の要津《ようしん》である。近来売出した伊予「子ル」〔ネル〕は盛に此地に製造されてある。此地は松平美作守定房侯が三万五千石の城下であるが、今は城墟は見すぼらしい様である。今治町を離れては総社川の平野にて良疇《りょうちゅう》十里の間、麦未だ秀《ひい》でずと雖《いえど》も、芸台の今や花盛り雲雀一声高く碧落《へきらく》を翔《かけ》るなどは得も云はれぬ春景にぞある。差当《さしあた》り越智郡小泉村五十六番の御札所、不取敢《とりあえず》己が罪業泰山寺未来一家も国家も栄福寺、石清水《いわしみず》の八幡宮五十七番の札所と聞えたり。上《かみ》は清和天皇御宇貞観年中豊国宇佐より本朝六十余州へ一社宛八幡の社を移し賜ひし時の鎮座とあり。次は上り七八丁の山路にて絶頂佐礼山仙遊寺天智天皇御勅願所とあり、今帝の陵《みささぎ》を存する御遺勅《いちょく》によつて御遺髪歯《ごいはつし》を此地へ葬り奉りしと云ひ伝ふ地域極めて幽邃《ゆうすい》にて東方燧灘《とうほうひうちなだ》を一目に眺め伊予路讃岐の浦々を青螺《せいら》一髪《いっぱつ》の間に見渡たすなどは、イト面白き景にぞある。佐礼の山をはや去れば道程僅に一里余四国五十九番の霊場国分寺にぞ来る。

当山は云はでも知るき聖武天皇の御願にて天平年間天下諸国に国分寺を置くの詔《みことのり》ありし時の造立にて本尊行基自作の薬師仏を安居《あんせき》す。本山東方の唐子山には国分古城墟あり、興国年間脇屋刑部卿義助の據《よ》りし所である。脇屋卿は此地に病歿山麓円侍状七八尺余の墓碑あり。墓側貝原益軒の賛碑あり。

挙兵廟算伏義速駆桓桓雄武可起儒夫
戦功籍甚名與兄倶病死南海時乎命乎

卿の墓前に一揖《ゆう》し、直に杖を東郊に筇《つ》く、燧灘に沿ふて青松白沙と相映《えい》じ、華表其間《とりいそのあいだ》に高く聳《そび》ゆるものあり。之は是れ桜井駅網敷天満宮なりとぞ。此処《ここ》にも在所の百姓共千年祭をやるとかで物騒がしく見えた。日もまだ高ければ行途《ゆくて》を急ぎ周桑郡に打越えて世田山の麓に迫り南朝の忠臣大館氏明居城の跡を仰ぎ見つ、宿引の促すまゝに其傍の六軒と云ふ所に宿る。此日行程僅に五里。

＊良疇＝よい田畑。幽遂＝奥深く、もの静かなこと。青螺＝海上や湖上に浮かぶ島山をいう。一髪＝山や地平線などが、遠くに細くかすかに見えるたとえ。安厝＝安置。揖＝会釈。

卍四国霊場巡拝記(五)

▲臼井の七色＝小松の儒風▼

四月十七日　弘法大師御来迎臼井の水と云ふは予州周桑郡楠村に在り。口碑伝ふる所によれば古の御井の跡にて弘法大師も茲《ここ》を慕ひて御留錫あり。大師自ら楠の空木にて大臼の如きものを作り、清浄の泉中へ据《す》ゑ賜ふに不思議や泉水は七色を顕はし、遠邇《えんじ》聞き伝へ今に大師の神通力に随喜の涙に咽《むせ》ぶとなん。こゝらが即ち弘法さんの奥の手にて何のことは無い泉水を三角レンスなりに流し出し、日光の透射角を都合よく塩梅致せしものである。今は楠木ならで同二尺五寸余の石臼なりのもの据《す》ゑあり。これは寛政年間某信徒の寄進と聞く。今朝六軒の宿舎を出で、数多《あまた》織るが如き諸国巡礼衆と相前後しつ第三紀沖積層の原野を縫《ぬ》ふて四国六十番前札清楽寺に入れり。

此四国巡礼路には都人士《とじんし》などの夢にだも知らざる接待と称する施与金品がある。こは全く地方々々の慈善に富む信徒共が平素の家用を節約して其貯《そのたくわえ》を春先霊場巡拝に出掛くる巡礼に施与するものである。元来近来の巡礼なるものには財力に富むもの、名所見物慰み半分に出あるくもの数多あれど、既に形《すがた》を巡礼にやつす上からは、物貰の心得肝要とかにて仮令《たとい》三文の物なりとも、読経百万遍必ず施与即ち接待を受けねばならぬのである。夫は兎に角、此のせちがらひ世の中に見ず知らずの他人に莫大の施与も田舎人の天真爛漫なる心の鏡と見て、いとも尊からずや。読者云ふ勿《なか》れ昨今人情の澆季《ぎょうき》を、我に尚ほしほらしき其《この》同胞あり。日本は是れ独り風色に於てのみ世界の楽園では無い。人情の純潔も亦世界の等しく推して「アイデアルランド」とせざる所では無いか。世界何れの所に斯かる耶蘇教国ある咄々！四国猿も今は一介の巡礼となり済ましたればにや。之を南無大師のお蔭とも云はん。途々田婦野翁《でんぷやおう》に擁せられ巡礼さんお接待とて、彼処《かしこ》で五厘此処《ここ》で一銭の施与に預かる。我も金銭を只で他人に貰ひしは生れて始めて難有《ありがた》いとも勿体《もったい》ないとも南無大師遍照金剛。

接待の講釈がとんと長く相成つた。清楽寺の札を打て周桑郡小松旧一柳式部少輔直頼侯一万石の城下に出で六十一番香苑寺六十二番一の宮宝寿寺六十三番吉祥寺を巡拝し大師御詠歌の如く、

身の中のあしきひほうを打捨て、皆吉祥をのぞみいのれり

小松は伊予の高峯石鎚山の麓に在り。伊予に於て儒道の最も振ひし所であつて、儒者の此地の塾に学んだもの少なからず。伊予で一寸名を売た人間は矢張此地より出て居る。藩の儒臣近藤篤山の如きは世人の等しく推重《すいちょう》する大儒家であつて、文政の頃幕府屢《しばしば》三百石の禄を以て聘《へい》したるも二君に仕《つか》へずとて出でさつた人であつたゲナ。此等《これら》は近江聖人にも劣らざる此国に珍しき人物さ。此日午後新居《あらい》郡西泉村前神寺《ぜんしんじ》に詣でぬ。こは石鎚権現の前神の意味にて四国六十四番の礼拝場とす。寺内桜などあり景一寸宜し。此所にも善男善女来て五目飯を接待するを見ぬ。午下《ごか》四時同郡飯岡村秦某と云ふ木賃宿に投じぬ。行程此日六里。

＊遠邇＝身近である。澆季＝道徳の薄れた、人情の軽薄な末の世。

卍四国霊場巡拝記(六)

▲木賃の旅宿《りょしゅく》＝土居の老松▼

四月十八日　昨宵《さくしょう》は蚤《のみ》と虱《しらみ》の為に攻め立てられ、睡眠の不充分の為、旅の疲れも全くは癒えず、剰《あまつ》さへ今朝《けさ》は雨さへポロ〳〵と降り始めたれば、道中至て物憂《う》し。都人《とじん》は木賃宿などの内幕は不案内にておはさん。我も其実木賃の旅宿に泊りたるは昨宵を以て産声以来の「ニュー、ファクト」とすれば、紀念の為一筆書き付けんも一興なり。木賃宿は読んで字の如く白米を旅客より食ふ丈《だけ》あてがひ、内儀《ホステス》に炊《かし》いで貰ふものにて、全く薪賃《まきちん》丈を払ふ仕組なり。尤《もっと》も菜《さい》は先方にて見繕《みつくろ》ひ出せども、幵《そ》は極めて粗末なるものにて、焼豆腐の煮〆《にしめ》に沢庵二切位なり。夫《それ》

1-1 荻原井泉水の描いた木賃宿（「続遍路日記」『大法輪』昭和15年1月号）

から其夜具と云ふやつが結構千万なるものであつて、煎《せん》餅的《べいてき》に薄いのはまだしもであるが、汚れほうだい、垢付《あかつき》ほうだいにて、蚤と虱と云ふ付属品あり。巡礼さんへの御接待の山に御座候。流石《さすが》の我も悔しくも悲しくも昨夜は到頭《とうとう》蟲類原《ちゅうるいはら》の包囲攻撃に遭ふて睡《ねむ》ることも叶はざりき。是も併《しか》し大蔵省との相談にて一泊料米代を除いて六銭なれば我慢もせではなるまい。元来日本国民などは其富の程《ほど》度より云ふならば、木賃宿時代にて決して「ホテル」時代にあらず。始めから木賃宿で我慢すれば茶代廃止会も入らぬ全国旅館同盟も入らぬ。おまけに国家が富む、「ホテル」などは日本人には向き過ぎるて、之から「ホテル」廃止会木賃宿改良会など始めて貰ひましよ。どこまでも馬鹿なは日本人なり（例の筆鋒《ひっぽう》御免被下《ごめんください》）雨天の道中は只脚元《あしもと》の重くなる一方にて一向に面白きものにあらず。新居《あらい》郡《こおり》関《せき》の峠で一茶憩《チィ、レスト》をやつて下り坂となり宇《う》摩《ま》の郡上野《こおりうえの》、畑野《はたの》を過ぎて入野に入る。此処は世に薄《すすき》の名所と云ひ伝ふる所にて新古今集に、

小男鹿の入野のすゝきはつ尾花
いつしか妹が手枕にせん　　柿本人丸〔麻呂〕

また夫木集《ふきしゅう》には、

狩人のいる野のあさぢふみしだき
鳴や鶉《うづら》の床も残らず　　順徳院御製

進んで土居の郷に入れば土居の老松とて世に名だかき名木あり。目通《めどおり》一丈余もあらんと思ふ。老松にて東西十八間南北十五間余の間に蟠《わだかま》り、其状臥龍《がりゅう》に似て見事な

ること得も云はれず、全く日本国中に二つなき即ち地球上に二つなき希世の名松と云ひ伝ふ。樹陰に河野神社あり又幾多の石牌立ち名人の俳句和歌などを勒《ろく》す。

奢らぬは千代の栄や松の花　梅嶺

宿かして名を名乗らする時雨哉《しぐれかな》　翁

いつも我友とながめてとこしへに
あかぬは千代のまつの色かな　平国

土居の大師堂にて大根飯の接待あり。一碗を食べて腹ふくらし立ち出《いず》れば此処《ここ》にも干飯彼処《かしこ》には小豆飯の接待あり、難有哉《ありがたいかな》大師の大利益。之より六十五番札拝場三角寺近くまで六銭の乗合馬車あり。頻《しきり》に乗車を促せども、此道中は飽《あく》まで徒歩《かち》ならでは大師の御利益なきもの（生理学上然るべきの理）と信ずれば夕景《ゆうけい》にて更に三里余の道を踏みけるに、道路泥濘《でいねい》の為、疲労も甚だしければ宇摩三島駅の十丁余手前にて中の庄村日村屋と云ふに宿る。**此日行程七里。**

＊筆鋒＝筆の運び方や文章の勢い。臥龍＝臥している龍。勒す＝刻む、彫る。泥濘＝ぬかっている所。

卍四国霊場巡拝記（七）

▲諸国の巡礼＝仙龍の法窟▼

四月十九日　四国霊場の巡礼衆は四国人が何れ多いのであらうと思ふたに全くさうで無い。中国筋九州筋遠くは五畿内中仙道東海道筋から、ドシ〳〵巡礼に廻つて居《お》る。して見ると弘法大師の御威徳も大したもので、今頃の大勲位や正一位が傍にも寄付ける話では無い。実に人間には天爵《てんしゃく》程貴いものは無い。大師の千五十年祭は明治十七年に済んださうであるが、千年は愚か一万年一億年の後までも大師の威徳を仰ぐものは絶えぬことであろう。日本二千五百有余年の歴史を通じて此人間位悧巧なものは無い。全く空海ではなく空前であるが絶後とは云はないから、我等と青年諸君は大師にあやかりたいものである。例の慷慨談《こうがいだん》は後廻しと致して、さて昨宵《さくしょう》同宿した巡礼はと云ふと之が和歌山県東牟婁郡三輪崎村の同行四人であつたが、まだ出発以来三日にしかならぬに途中邂《かい》逅《こう》した巡礼は其外に同じく和歌山県東牟婁郡三里村同行二人飛騨国高山同行二人丹波国氷上郡佐治村一人東京深川区鶴歩町増田某大分県豊後国大分港同行五人滋賀県近江国彦根同行三人大阪府東区玉造同行二人備後国尾道同行六人備中衆大同行十四人其外諸国の巡礼何百人と云ふ数を知らず。我も戸籍吏で無いから一々尋ねても見ぬ。又聞て見ても一々記憶は出来ぬ。以上は読者に巡礼の種類を一寸知らした迄だ。此日も小雨あり剰《あまつ》さへ山路に取かゝりたれば、道中は困難なり。前夜の宿を出でゝ一里余にして四国六十五番霊場三角寺に来る。遠くは燧灘《ひうちなだ》を一目に瞰下《みお》ろし近くは三島妻島遠くは讃州の浦々を眺めて景物《けいぶつ》いとも宜し。寺の称を三角寺と云ふは弘法大師護摩修行し給ひし時三角の壇を用ゐしに依ると云へり。之より奥の院金光山仙遊寺の霊場にて登り一里下り一里の嶮峻《けんしゅん》なる坂路なり。峠にさしかゝりて雲霧の為に鎖《とざ》されたれば四方《よも》の景色更に見分《みわ》かず。

仙遊寺は高サ五十丈余の鐫《けず》れるが如き巌窟下《がんくつか》に建立せられたる大刹《たいさつ》である。銅山川は其水清冷にして塔宇の直下に渦《うずま》けり。渓間《けいかん》巨大なる古杉繁茂し高く碧空《へきくう》を指し、透迤《いい》たる紅紫蓊欝《こうしおううつ》として低く奈落に臥す。其荒寥幽闃《こうりょうゆうげき》にして又深遂《しんすい》閑雅《かんが》なる真に当山開基法道仙人の仙窟《せんくつ》たるに恥ずと云ふべしである。鳴呼《あゝ》人間生まれて徒《いたづ》らに千代田城下の塵埃《じんあい》を食ふも一生、遠く世を去つて如上《にょじょう》の仙境に俗腸《ぞくちょう》を洗ふも一生。我は何故塵食と生れ来しや。当山現住職は中僧正服部鑁海《ばんかい》師である。郷貫《きょうかん》の辱知《じゅくち》額田僧都の添書を以て住職に面す。乃《すなわ》我の為に抹茶を点し呉れぬ住職は能《よ》く談ずるの人なり。談偶々《たまたま》雲照《うんしょう》律師に及ぶ。天台の名僧勝宝《しょうほう》和尚と伯仲の間にありと評せり。当山には毎日四国巡礼に加へて界隈《かいわい》の善男善女等幾百人となく本堂に通夜す。其繁昌驚くべきものにてコハ全く日本人の侮《あなど》るべからざる斯教《しきょう》の信仰力を反證《はんしょう》してある。此日我も正午前より入山し其風色《ふうしょく》の絶佳《ぜっか》に見惚《みと》れつゝ通夜参客の一人とはなれり。依《よつ》て此日行程僅に二里半得《う》る所の新智識は甚だ大なり。

＊天爵＝自然と備わった立派な人格、気品、人望。慷慨談＝世の中のことや自己の運命を、憤り嘆くこと。透迤＝曲がりくねる。紅紫蓊欝＝草木が盛んに茂るさま。荒寥（涼）幽闃＝荒れ果て物淋しく、しずか。深遂＝奥深いさ

ま。閑雅＝もの静かで、景色などに趣きあるさま。塵埃＝ちりとほこり。如上＝前に述べたところ、前述。俗腸＝いやしい心。郷貫＝故郷。辱知＝その人と知り合いであることをへりくだっていう語。

卍四国霊場巡拝記(八)讃州三豊郡粟井村

▲大師の開帳＝雲辺の険難▼

四月二十日　昨十九日の夜紀行差立後仙龍寺に於て弘法大師御自作と称せらるゝ同山安置の本尊大師仏像の開帳あり。事面白ければ少々記述せん。抑《そもそ》も当山は大師入定留身《りゅうしん》の高野山に擬したるものとかにて、古より女人の参詣をも差許しあれば、女人の高野、四国幽霊の奥ノ院とか申候。かるが故に四国巡礼の同行は勿論、阿波、讃岐、伊予、土佐の信徒、登山に便利のため、通夜を申すとて毎夜入込むもの何百人と云ふ数を知らず。誠に今更の様に思ひ知るなり侮り難き仏徒の信仰力を。

弘法大師が四十二歳の御時三七日の間厄難消除の秘法を修し賜ふたと云ひ伝へてある所の玄武岩洞窟を本堂とする。昼尚ほ薄暗き、大広間に今しも諸国の善男善女は、珠数《じゅず》を揉《も》みながら南無大師遍照金剛を唱へつつ跪《ひざまず》けり。鑁海和尚は勿体《もったい》らしく洞窟前に護摩修法をなし、軈《やが》て一席の説法を始めけるが流石《さすが》は餅は餅屋なり。大師の功徳を説くこと至て妙にして、難除、虫除、火除、五穀成就、家内安全等各種守札売付方をやる所《ところ》感服の外なく、聞くもの随喜の涙に咽《むせ》び御賽銭、護摩料、灯明料を思ひ〳〵に投出すさま、宛《さな》がら百雷の一時に轟《とどろ》くが如く、忽《たちま》ち壇上貨幣の山をなす。到底其迷信の程度たる都人士《とじんし》等の想像し得べき所にあらず。東京辺の耶蘇教会を後《しりえ》に瞠若《どうじゃく》たること無論にて、誠に勿体なき次第である。や、暫《しば》らくして恐れ多ければとて三分間程正面本堂扉を開けば、南無阿弥陀仏の声一時に起り云はん方もなく喧《かまびす》し。之で当夜は一同本堂前に芋を積みたらん如く相重りて寝る。定めし空気の汚穢《おわい》に絶さるべきにと我は余計な心配をなして進ぜた。併しこは大師三密の加持力により炭酸瓦斯《ガス》を忽ちにしてビューリファイすると申す。斯る不思議のある間は伊藤先生や大隈先生の政治が融通がきく也。勿体なし〳〵。

二十日早朝仙龍寺法窟を出て三里余にして予阿の境《きょう》上《じょう》に来る路次は国道なれば極めて宜し。昔何とか中佐が烏剌留山巓《ウラルさんてん》、欧亜境上に出でし時、馬を立てゝ三度顧眄《みたびこべん》したと云ふことであるが、大と小との差はあれ、国境などに来ると誰でも一種の感に打たれるものである。

此所伊予は宇摩郡川瀧村にして阿波は三奴郡佐馬地村である。之より阿波の佐野川に沿ふて谷間を下り雲辺寺行山道五十丁の上りなり。此上り坂殆ど四十五度の角度をなし険難云はん方もなく、真に青息吐息《あおいきといき》五色の息を吹き出す程の苦しみにて一丁毎に二丁毎に小憩《こやすみ》しながら漸《ようや》く絶巓《ぜってん》に達する時に午後二時、

弘法が余計な札所開くから
　多くの人に難儀かけるぞ

雲辺寺は讃州一等の高山なれば、直ちに墨を流し伽藍の腰板に椽大《えんだい》の筆を振ひぬ。

□時明治三十四年余得大患帰臥于故山、心私祈南無大師之冥護　末期年病全癒、乃志四国霊場巡拝在謝大師之功徳、今四月二十日登于当山聊記為他日之紀念云爾

明治三十五年四月二十日午下二時

予州之産東郡在住　○○○○

雲辺寺より下り途又一里半余の坂路なり日暮《にちぼ》に及び其山麓讃州三豊郡粟井村に着某農家に泊《はく》す。此日は行程八里。

今日は天気至て良しく長道中の退屈なるまま通行の四国巡礼の戸籍調をなすハ、丸で是れ日本人のパノラマにて興味殊《こと》の外多し。

若狭国大飯郡青郷村住人、○鳥取県東伯郡住人○豊後北海部郡上浦村住人○伊予国西宇和郡神松名村住人○兵庫県神崎郡田村住人○香川県木田郡奥鹿村住人○河内国中河内郡六万寺村住人○三重県三重郡四日市住人○大阪市老松一丁目住人○近江国愛知郡高野住人○石見国邇摩郡馬路村住人○但馬国美方郡射添村住人○福岡県穂波郡飯塚町住人○阿波国半田郡半田村住人○丹波国多紀郡川上村住人○新潟県佐渡国吉井村住人○以下畧

＊瞠若＝驚いて目をみはる。喧し＝やかましい。汚穢＝けがれたこと。顧眄＝顧盼。あたりを見まわす。巓《てん》＝いただき。椽大＝立派な。

卍四国霊場巡拝記(九)於讃州三豊郡上高瀬

▲植田の天神＝琴弾の八幡▼

四月廿一日　讃州《さんしゅう》三豊郡植田村神照寺境内に大々的老松がある。其高さ五丈幹目通一丈六尺、樹枝東西に、蟠《わだかま》ること五十四間南北又之に副ひ七畝歩《せぶ》を蓋覆《がいふく》す。数十本の支柱を立て、僅に枝を持す。誠に希世《きせい》の名木で二三日前の通信に見えた土居の老松と共に我は之を大日本の二大名松と名《なず》けん。口碑伝ふる所に依れば、仁和二年菅公出で、讃岐守となる。封内《ふうない》巡視の日手《ひて》づから植《う》うる所と、傍に菅原大明神と称する一祠《し》がある。此処にも千年祭とかにて、諸多《しょた》の催し最中にて近在より人出多く却々《なかなか》の賑であった。植田より遍路道一里にして西讃の名《めい》邑《ゆう》観音寺町に来た。同町は良港にはあらねども、観音寺川を控へて舟楫《しゅうしゅう》の便宜しく商業繁昌の方《ほう》なり。琴弾八幡宮は四国六十八番の札所である。(本朝当郡辻村と云ふにて小松尾山大興寺と云ふ霊場を拝んだことを抜した)之は三町程の丘陵の上に在る。今此境内は公園地となつて居るが、夫《それ》は却々《なかなか》の景台である。丘上の象が鼻と云ふ凸岩《とつがん》に立て所謂《いわゆる》有明の浜と云ふを見ると白砂青松渺々《びょうびょう》たる燧灘《ひうちなだ》の水と連なりて風光の美得《びえ》も云はれず。須磨、明石も跣足《はだし》にて、真に天下の絶景と云ふて差支《さしつかえ》がない。聞く小松殿下先年当公園に遊ばれ、園内浴日《よくにち》館に宿ると、我もせめては斯《かか》る景を肴に腰弁当でも食べんと園内の茶亭に憩《いこ》ふた。嗚呼《ああ》世に紅塵《こうじん》万丈《ばんじょう》の都下に苦き息をなす程馬鹿なものがあろうか。琴弾八幡の麓に四国六十九番の霊場観音寺あり。諸国の巡礼今しも門前に市をなし、小豆飯大根飯等の接待に空腹を肥《こや》せり。此寺より一里にして四国七十番霊場本山寺に来る。途中芭蕉翁早苗塚、源家の将伊勢三郎義盛智謀の古跡、山崎宗鑑(緒方光琳の兄)一夜庵の古跡等を訪《と》ひ無量の感懐《かんかい》を浮べぬ。本山寺を出づれば讃岐の佐倉宗五権兵衛神社と云ふあり。勝間の石塔は高三丈石を十三重に積みたるものにて弘法大師の一夜建立と云ふ他愛もなきものである。此辺の道路より正面に当りて天霧山《てんむさん》を望む。鋏状《きょうじょう》の二高峯なれば、よく目立つ。こは天正頃香川民部大輔信景（信の字は信長に頂戴すと）の楯籠《たてごも》つた所ぢやと伝へてある。本山、笠間の諸邑《しょゆう》を過ぎ上高瀬村に来れば宿引頻《しきり》に止《とめ》れば其金子屋と云ふに泊《はく》しつ。今日も亦途々《みちみち》戸籍調をなしたるに次の如かりし。是は却々の骨折なれば読者大切に見て呉れ。此日行程五里半。

大阪南区中井藤二郎、伊勢国一志郡国分奥川幸松、神戸市武田町二丁目稲本大二、伊勢国四日市渡辺音助、東京市本郷春木町松丸秀次郎、讃岐国大川郡加辺村上原喜代治、京都市古郷御旋瀧井弥左衛門、豊後国大分町植田村立川リヤ、其他数十人畧

＊蓋覆＝覆い隠す。希世＝世にも稀なこと。封内＝諸侯や大名が封せられた領地内。舟楫＝舟。渺々＝遠くはるかなさま。紅塵＝俗世のわずらわしさ。万丈＝一丈の万倍、非常に高く上る形容。

卍四国霊場巡拝記（十）於讃州琴平町

▲弥谷《いやだに》の石仏《いしぼとけ》＝琴平の参詣▼

四月廿二日　五剣山弥谷寺は山麓落合村より八町の上りである。弘法大師七歳の御年に当山岩屋に入り、求聞持《ぐもんじ》修行ありし霊場と伝へてある。新生統に属する大塊状玄武岩を以て、一山に怪奇の状形を呈せしめてある。当山奥院と称する岩屋には弘法大師の手づから彫刻されたりと云ふ、三体の石仏がある。右は大師御自身であつて、中は御母玉寄御前で左は御父佐伯善通公と申す事であるが、誠に巧妙を極めたものである。其外当山の怪岩奇石の表面には金胎両部《こんたいりょうぶ》の曼荼羅より梵文諸仏諸菩薩埵の五輪仏体を浮彫《うきぼり》に致したものが沢山ある。此等の遺跡を拝んでは流石の四国猿も舌を巻く計にて天下恐るべきものは無いが只弘法大師だけには一目を置くと云はう。彼は単に学識に富むのみでなく、書に画に又彫刻に一大美術家であつた。之では彼が生まれた時に御光《ごこう》がさしたと云ふも、まさか嘘では無いかも知れぬ。嗚呼南無大師遍照金剛。

以上弥谷寺は七十一番霊場にて四国八十八ヶ寺中伽藍の美事《みこと》なる方なりと云ふてある。弥谷を下れば里許《りきよ》にして第七十二番霊場曼荼羅寺に来る。当寺内には西行法師庵室の跡と云ふ水薫《みなくき》の岡又笠掛《おかまたかさかけ》の桜などある。今は朽腐《きゅうふ》せるも、共に石碑に名残を留てある。

山里に浮世いとはん友もがな
悔しく過し昔語らん　（西行法師）

笠はありその身はいかになりぬらん
哀れはかなきあめが下かな　（同人）

次は七十三番霊場我拝師山出釈迦寺である。之は少々由緒があるので、祖師七歳の御時一切衆生を救はんとて、此山巓《さんてん》より身を投げ賜はんとしけるとき、釈尊出現まし〳〵一命助かると云ふので、出釈迦寺で又始めて釈尊を拝んだから我拝師山ぢやと云ふてある。次は又十四五丁目にして七十四番霊場甲山寺次が四国一等の大伽藍五岳山善通寺である。（讃州の五岳《がく》と云ふは当山の背面にある香色山《こうしきさん》、筆山《ひつさん》、我拝師山《がはいしさん》、中山《ちゅうさん》、火上山《かじょうさん》の五岳で之は相連続して屛風を立廻はした様になつてある。其処で此辺を屛風ヶ浦と云ふ。今は屛風ヶ浦も十一師団善通寺営所の兵隊さんが、ドン〳〵ブウ〳〵演習を為さるので屛風も倒れさうである）。

当山を善通寺と云ふのは取も直さず弘法大師の御父君佐伯善通の御名《おな》を其儘《そのまま》にて、当山敷地は佐伯氏の館であつたさうで、大師は此処で産声を挙げられたゲナ。

此の節は高松に関西二府十六県の共進会があると云ふので、諸国人の入り込みが多く、善通寺に於ても、臨時本尊の御開帳があり、該寺什物の展覧会が催されてあつた。三銭の入場料を払ふて是も見物した。

弘法大師作　吉祥天
行基菩薩作　地蔵尊
弘法大師筆　法華経
同　大師御請来　御錫杖

以上四点は珍奇のものであつて国宝となつてる。其外に彫刻品には菅公作聖徳太子、弘法大師作三面大黒等が一寸目に立つた。

幅物には弘法大師筆聖徳太子の像、土佐光起筆天満宮及能舞弁天の三幅対、子昂《しこう》の閻魔《えんま》大王、法眼元信の李白及維摩居士、周文の布袋《ほてい》、狩野山楽の馬、探幽の寒山、維摩塔得の三幅対と龍虎二幅対、海北友松の十二幅対は何れも見事なもので、半切に沢庵、木庵、一休、隠元、月照の書が見えた。其外後水尾、後醍醐、後奈良天皇の御宸翰《ごしんかん》と称するものは信偽判然せぬ方で御座ろう。

善通寺から琴平宮までは一里半である。何れ琴平は日本国中誰知らぬものなき名社のことであるから、参詣人は肩摩轂撃《けんまこくげき》旁午《ぼうご》織るが如しである。社は象頭山腹老樹蓊欝《おううつ》たる所に在つて結構輪奐《りんかん》の美を極め野州日光に次ぐの景致《にいち》である。此社内にも亦宝物展覧会の催があたで之も一通り御披露致さう。国宝と云ふのは先づ六点

巨勢金岡筆　五百羅漢

圓山応挙筆　遊虎、山水楼閣、瀑布、遊鶴

(以上襖及床懸)

大納言為家書

なよ竹語物

藤島隆龍卿画

以上は無論見事千万なる希世の珍品であるが、其外にも

菊地容斎筆　鎮四八郎為朝の図

森　狙仙筆　猿の図

長沢声雪筆　鯉の図

狩野永真筆　放駒の図

岸　岱筆　群蝶、春野若松、水辺花鳥、柳辺白鷺

伊藤若冲筆　草花

狩野探幽筆　文殊菩薩、牡丹三幅対

土佐光起筆　文殊菩薩

智隆大師筆　不動明王

北殿　司筆　仏写二幅

此等《これら》はまぎれも無《なき》ものにて皆珍宝である。文殻《ふみがら》に豊臣秀次、徳川家康、西行法師等のものが珍しかつた。こ、にも後花園、正親町、後奈良、崇徳天皇等の御震翰があつたが、或《あるい》は正物《ほんもの》かも知れぬ。刀剣には国光、助広もあつたが矢張正物かも知れぬ方である。宝物の下馬評は此位に致して置かぬと恐れ多い。彼是して夕景《ゆうけい》になつたか

ら此地の旅館浦島屋と云ふのに宿《とま》つた。巡礼と侮《あなど》つてか、取扱が粗末千万であつた。此日行程六里。

＊里許＝一里ばかり。宸翰＝天皇自身が書いた文書。肩摩轂撃＝人や車の往き来が激しいこと。旁午＝入り乱れること。輪奐＝光輝く。

卍四国霊場巡拝記(十一)於讃州綾歌郡国分

▲丸亀の城墟＝崇徳の陵墓▼

四月廿三日　早朝琴平を発し、長旅の疲労少々御免を蒙つて三哩《マイル》七十鎖《チェン》間《かん》を讃岐鉄道にて飛ばし、四国第七十六番霊場金倉寺を拝す。又行くこと一里にして第七十七番霊場桑田山道隆寺を拝した。道隆と云ふは景行帝十三世の苗裔《びょうえい》であつて、其山門は即ち其君此国に始めて桑園《そうえん》を開いた跡であると伝へてある。仏寺と農植の関係は随分多いが此等も其一つであらう。此地より讃州第一の要港多度津町へ一里半又丸亀市へも同様順路丸亀市に入る。

丸亀は旧京極刑部少輔高知侯六万三千石の城池であつて、今尚ほ市の巽位に当つて巍峨《ぎが》たる城墟を見る伊予の松山城の小なるものである。其後方讃岐富士と称する熄《そく》火山《かざん》飯の山を負ふて眺望至つて宜し。丸亀を去《さつ》て又一里半鵜足津《うたつ》の城跡あり。貞治年間細川左馬頭頼之が居城の地であつたゲナ。此地今は製塩を以て聞ゆ。鵜足津の道場寺は一遍上人再興の伽藍であつて、東は青ノ山緑を添へ西は遠島夕日を含み、山内の眺望頗《すこぶ》る佳《か》。今は四国七十八番の霊場として、参詣するもの引も切らず。

四国七十九番札所は金花山崇徳天皇寺である。之は綾歌郡西ノ庄村にあるが、伽藍は荒寥寂寞《せきばく》を極めてをる方である。此所《ここ》は崇徳天皇の金棺《きんかん》を暫時据置《すえお》いた跡であるそうだ。其寺の傍には八十八の水（弥蘇波《やそは》の水とも書く）と云ふがある。之は帝の御遺勅を都へ奏上の間其金棺を浸した。清水の跡であると伝へてある。今に清泉滾々《せいせんこんこん》として流れて近在の田婦が無邪気に茶釜を洗つて居た。

崇徳天皇の陵墓と云ふのは之から七十町程北方の白峰山腹に在る。今の崇徳天皇寺の所より、金棺を奉じて、其山中に茶毘《だび》一片の煙となして葬つたのである。今は宮内省の御構へで頓證寺殿《とんしょうじでん》と云ふ立派な菩提所が出来てある。深山幽谷にて老松《ろうしょう》古《こ》杉《さん》鬱葱《うっそう》として却々《なかなか》厳かな御《み》陵《ささぎ》である。境内に平大納言時忠祈願の塔、西行法師の石像、頓證寺形の石燈籠、御小松院御宸筆《しんぴつ》の扁額《へんがく》、玉章《たまずさ》の木などは世に珍らしき物である。我は此遍路の途中にいとも有難き御陵を四国路の僻陬《へきすう》に拝して、熱血男子の何となく物の哀れを覚えて、所謂横好《よこすき》の一首を詠んで門柱に書付けた。

あなかしこ崇徳院のみさゝぎも
訪《と》ふものとては峯の松風
東京二六社　鷲津駅史

崇徳帝陵墓境内に直に八十一番の霊場白峯寺がある。弘法智證両大師の開基であると云ふてある。此辺は元来松山と云ふて山家集や玉葉集等の詠吟《えいぎん》にも見えてある所で、松山館と云ふも此麓の田井ノ里と云ふ所に在て、仁和二年我祖先菅原道真が讃岐守に任ぜられたとき、井田《せいでん》法《ほう》試みの古跡又雨乞の古趾として名高いもので、鼓ヶ岡や児が嶽も夫々の古蹟であるが、下手の長談議もはづまぬから止《よ》す。

彼是日も入相となつて雨はシヨボ〳〵やつて来た。踏込んだ奥山に一泊の宿を借る術もなく、南無大師の御擁護を杖とも力とも、或は上り或は下り崎嶇《きく》羊腸《ようちょう》たる山路を辿りつ更に五十丁、八十二番霊場根来寺に来た。深山の勝地風景の美云はん方もなし。絃打山《つるうちやま》の名所の重仁親王の古墳など独言《ひとりごち》つ、薄暮幾度か坂路に尻餅を搗《つ》きつ、篠《しの》衝《つ》く雨に悩まされつ、五十丁の大難所を下つて漸《ようや》く東の麓の国分の里に取付いた。此日行程十里を越え発足以来の辛苦を嘗《な》めた。之で大師の御利益が無いと云ふては充分抗議《プロテスト》を持込む権利がある。

＊巍峨＝山や建物などが高くそびえ立つさま。寂寞＝ひっそりとしてものさびしいさま。僻陬＝へんぴな土地。崎嶇＝山路などがけわしいこと。羊腸＝つづらおり。

卍四国霊場巡拝記(十二)於讃州高松市

▲高松の宿泊＝栗林の公園▼

四月廿四日雨　四国八十番霊場讃州国分寺は綾歌郡国分村に在る。天平九年聖武帝一国一ヶ寺建立の時の大伽藍である。境内の民谷小太郎仇討の古蹟、御衣木等は有名なるものである。国分寺より五十丁にして八十三番霊場一ノ宮に来る。一ノ宮から高松まで二里余である。打続きたる雨天路次泥濘《でいねい》徒歩も困難なれば、此日は昼過ぐる頃高松市に泊つた。此日道中は短かくも接待は五六ヶ所曰く小豆飯曰く蚕豆飯《さんどめし》曰く煎餅二枚巨く汁粉一碗曰く金一銭何れも南無大師遍照金剛を三唱して有難く戴致《たいち》した。此等は直接大師の御利益と申すべし。因みに云ふ。此辺には接待貰《もらい》と称する乞食《こじき》の一隊がある。全く接待にて露命を繋ぐものであつて、四国巡礼の扮装《いでたち》をなし、巡礼仲間に交りて接待を貪るを職業とするのである。世には様様の職業もある。

高松市の南郊には栗林公園がある。水戸、岡山の公園と共に日本三公園と云ふので、敷坪も十六万五千余坪。寛永十九年讃岐守松平頼重朝臣の別業として、開設せられたものである。公園の雨も至て妙と云ふ洒落では無いが、仕様《しよう》事も無く、今日は半日を公園見物に消《け》した。岡山の公園は余りに箱庭で、水戸の公園は余りに天然で、高松の公園は其中間に居るものと我は見た。西湖、南湖、北湖と云ふのが大体の水配りて、之に涵翠池《かんすいち》、潺湲池《せんかんち》、芙蓉池を加へて六大水局となして居る。飛来峯、巾子峯《きんし》、旄丘《もうきゅう》、回中、蛤厳《こうがん》、櫻山《おうざん》、渚山《しょざん》、冠松岡《かんしょうこう》、鳳尾塢《ほうびう》、会仙嵓《かいせんがん》、小普院《しょうふいん》、赤松林《せきしょうりん》、篠竹岡《しのちくこう》を以て十三大山坡《だいさんは》となして東西南北に布置《ふち》してある。其区画が近景を遠景に写すなどの仕組で至つて宜しく出来てある。又園内には梅園あれば、櫻山《おうざん》あり楓岸《ふうがん》あれば松林あり。四季の眺望に適し、流石《さすが》の名園たるに恥ぢない。此頃は当市に開設中の所謂二府十六県連合共進会の観客が多いで公園内にも筇《つえ》を曳くものが踵《きびす》を接する計《はかり》である。明日は其共進会を見物して我烱眼《けいがん》以て一口評《ひょう》を試むるから今日は之で御免を蒙るとしよう。此日行程四里半。

＊仕様＝行動の手段。潺湲＝水が清く、さらさらと流れるさま。坡＝つつみ、坂。楓岸＝かえでの木のある岸。踵を接す＝すき間なく続く。烱眼＝物の本質を見抜く眼力。

卍四国霊場巡拝記(十三)於讃岐志度

▲共進の会場＝屋島の戦場▼

四月廿五日晴　第八回関西二府十六県の連合共進会は讃州高松市に開かれた。会場は同市北方の旧城郭内である。物産陳列場として新たに建築せられたものが二棟三棟あつて存外規模が大きい。先づ其一号館と云ふのが各府県農産物の陳列場に充てられてある。滋賀県は米質改良組合などがあつて骨を折て居ると見えて、白玉種などは立派な米であつた。近江茶も亦近来の進歩を現はしてある。山口県も亦都、今長者など云ふ見事な米を出品してあつた。岡山県は葉煙草に福井県は藍と云ふ意外の物産を盛に出品してあつた。徳島県は無論煙草と藍が昔からのお株で珍しくも無いが、高知県が紅茶を生産し始めたのは将来西比利《シベリア》方面に輸出向に至極妙であらうと思ふ。

夫《それ》から工芸館に入ると不相変《あいかわらず》勧工場的で賑はしいのである。大阪府の染物静岡県の漆器、半紙愛媛県の伊予絣《かすり》はお極《き》まり文句であるが、此頃めつきり細工を上げたのは其愛媛県の砥部焼、櫻井塗である。三重県の傘《からかさ》は一寸意外にて麦稈真田《むぎわらさなだ》の本家本元岡山県が香川県に大分侵入されたべく見ゆる。愛知県の佐々《さっさ》絣《かすり》、羽二重《はぶたえ》織、有松絞《しぼり》、瀬戸物などは昔の株を今に動かさぬ。石川県の九谷焼、友仙染、能登縮《ちぢみ》は追々技術は進む方である。京都府の刺繍《ぬいとり》、清水焼、繻珍《しゅちん》織は云はずもがなで、岡山県の花《はな》莚《ござ》は益々結構であるが島根県も広島県も花莚に手を伸ばして来た。其外島根の広瀬絣広島の神辺《かんべ》縞《じま》山繭《やままゆ》織は売場の広い方であらう。徳島県の木綿絣、絹交織《きぬまぜおり》、例の阿波縬織《ちぢみおり》などは皆日用衣類用で得意の多い方である。福井県の斜子《ななこ》織、石田縞、若狭塗、輪島塗等も以前の声価を落さぬ方である。富山県の勇助塗、井波紬《つむぎ》は近来の製品で将来見込がある。ザッと以上が所謂炯眼なる一見評で要を得てる積《つもり》である。

各府県の売品店は例に依て軒を並べて居たが、巡礼の何一ッ買ふ必要もなければ、ずつと抜けて、元暦の昔源平雌雄の古戦場と聞く屋島を弔問した。今の世間は物品共進の戦場であるが、昔は刃物三昧の修羅戦場で、星移り物変り、一日半胸中に今と昔の戦場競《くら》べを為すと云ふことも、云はゞ治まる大御代の賜物とでも申さんか。此日屋島の浦は道普請の落成式とかで、田舎のお若衆が獅子舞騒で人出も多く賑はしいことであったが、定めし佐藤嗣信や能登守教経の亡魂も吃驚《びっくり》仰天して髣髴《ほうふつ》として来たり、ウロヅイて居たことであらうと思ふ。兎に角古戦場を弔ふと云ふものは一種腥《なまぐさ》い様な気持がするものである。此所が那須与一宗高の駒立岩で官女玉蟲前《たまむしまえ》が此所で扇の要を射止めさしたとか。此所で悪《あく》七兵衛景清が美保谷十郎の甲を摑み取つたとか。此所で佐藤嗣信が義経に代て矢に当て忠死を遂げた所であろとか。何とか蚊《か》とか云ふと興味もあつて面白い。屋島寺は今は四国八十四番の札所であるが、大した伽藍では無い。寺内に宝物の展覧会があつたから、良き折であつたから之も見た。一寸面白さうなものは土佐家の筆になる源平合戦の六枚屛風と亀井六郎が武蔵坊弁慶に送つた文殻《ふみがら》である。（其文殻に曰く愚馬依痛田中遣其方大栗毛馬借）其外には景清が護身の観音なりといふ千手観音の像、二三枚の古瓦であつた。司馬江漢の油絵と壇浦合戦図の屛風一対も亦面白いものである。

屋島壇浦の方に下ると一里半程で山坂を上つて八十五番の霊場の八栗寺に至る。此寺は彼の有名なる五剣山の中腹にあるのである。断崖絶壁の景色は無論見事千万で秋の紅葉など想ひやらる丶。此寺をなぜ八栗寺と云ふかと申すに、当山の鎮守神金剛蔵王権現が出現まし〳〵大師に八ッの栗を与へ給ふたからであると云ふてある。此頃は讃州路は至る所宝物騒ぎて当山にも其展覧会があつたで一覧致した。別段之と云ふものもなかつたが、土岐氏の系図と文屋康秀の歌集、探幽の三幅対などは先づ珍らしかつた。之より五剣山を下る二里にして志度町に宿泊。此日行程五里。

卍四国霊場巡拝記（十四）於讃州大川郡奥山村

▲志度の名刹＝教員の厚意▼

四月廿六日雨　讃州志度町の志度寺と云へば読者が早くも夫《それ》と悟りたらんが、演劇《しばい》の金比羅御利生記志度寺の段と云ふのが此処の事で坊太郎が計らずも仇《かたき》の盛口源太左衛門に出遭ふ所で今に其口伝の古跡がある。

今は四国八十六番の霊場になつてあるが、讃州路に隠れなき名刹で推古帝の時藤原朝臣房前が勅《みことのり》を奉じて建立した所であると云ふてある。当山の本尊五尺二分の十一面観音は行基の自作で国宝になつてある。四国猿は今朝出立掛けに拝礼して次の霊場の長尾寺に向て進んだ。此辺津田の松原十河の古城趾などあれど、雨天の道中は何分気分も引立たず名所古跡を尋ねんとも仕《つかまつ》らず足の重《おも》るを厭ひつゝ漸《ようや》く五十丁余にして大川郡役所のある長尾町に来て長尾寺を拝んだ。之が八十七番の霊場で聖徳太子の開基である。之から次の霊場大窪寺までは坂路の難所で其途が四里である。之には大分油汗を搾つた。既にして午下《ごか》一時大川郡奥山村と云ふに来た。此に弘法大師の護摩焚山《ごまたきやま》と云ふがあつて、何分立派な山であるから暫《しば》らく金剛杖を立てゝ眺めて居たら、傍らに粗末千万な二棟の藁屋《わらや》がある。能く観ると其掛札に奥山村役場と云ふのと奥山村助光小学校と云ふ文字らしきものが読めた。

此奥山の村夫子《そんふうし》と談話をするのも旅の徒然《つれづれ》を慰むるに格好ならんと思ふて、何となしに其小学校の方に這入て恭しく我の刺《し》を通じた。学校長は慇懃《いんぎん》に挨拶をして呉れたが談話も応対も全く天真爛漫で無邪気千万なものである。我は此娑婆《しゃば》の世で計らずも弘法大師に出遭つた様な気持ちがした。彼も物珍らしく思ひてか、一夜の宿泊を乞ふて止まなかつた。之は畢竟《ひっきょう》彼の満腹の同情である。我が山家に入込み定めし宿泊に難儀するならんと思ふての厚き同情である。楽天主義の我は二つ返辞で夫では御辞退なく御厄介に相成らんと云ふて、導《みちび》かるゝ儘《まま》に其先生の屋敷に伺《うかが》へばこは古めかしき農家で佳《か》なりのアバラ屋である。我は益々彼の飾気なき其赤き真心を感謝した。到々《とうとう》今宵一夜は更闌《こうた》くるまでも爐を擁して其校長先生と語つた。之は実に我為の近来の清話で、君子の会合で、愉快であつた。其上宿料はロハで、之が乃《すなわ》ち南無大師の御利益であつた。今日奥山村での鶯の囀《さえ》づるを聞きたれば小学生徒の咿唔《いご》の声を聞くに云ひかけて詠じて、

ひらけゆく御代のためしや奥山に
藪うぐひすの声をきくなり

＊刺＝名刺。更闌＝夜がふける。咿唔＝書を読む。ロハ＝無料、ただ。漢字「只《タダ》」から由来する。

卍四国霊場巡拝記（十五）　於讃州大川郡白鳥

◀雨中の巡錫＝善根のロハ宿▶

四月廿七日雨　今日は番号順よりすれば八十八ヶ所の打留め。衆病悉除の祈願成る。八十八番大窪寺医王善逝薬師仏の御安厝所《ごあんせきしょ》に参拝叶ふ事なるが、元来中途より奉納札を打始たれば、行先道程遥々《はるばる》にて阿波土佐かけて伊予路まで廻る思ひに悩まされ悩む思ひの雨中さへ、厭《いと》ふ間とては長坂の一里八丁登り詰め、ハヤ大窪につく鐘は無《む》間《げん》地獄へ響くべく、釈迦も大師も驚きて仁王門まで出迎ひ、未来を待ず此世から極楽浄土へ案内と至らぬ隈《くま》なき待遇《もてなし》も去年の秋の祝融《しゅくゆう》に消えて跡なき此寺の、鬼哭《きこく》啾々《しゅうしゅう》愁色《しゅうしょく》を帯ぶるは、住持の青坊主。一銭取て納経の印判押すも三寸の口が可愛い為なるに、三途の川の渡し賃と、無暗に彼《あ》の世に縁かける。橋の縁にはあらねども、斯様《かよう》に毎日雨降では渡る川々橋が落ち、道中極めて難渋なり。南無釈迦牟尼仏南無大師、チットは利益を授けられ、今の御代ぢやで大蛇《おろち》封じやお化退治も無用ぢやで、せめては我の巡錫中雨封じでもやつて呉れ、など、今巣林子とでも云ふやうな名文を作つて見た所が降る雨が俄に止む筈のものでなければ、濡鼠《ぬれねずみ》となつて更に五里の山坂を下り東讃の海辺にとは再び出で来ぬ。此所《ここ》は白鳥の港とて界隈《かいわい》の諸方へ出船の要地である。此所に白鳥太神宮とて日本武尊《やまとたけるのみこと》を祀る社《やしろ》あり。伝へ云ふ。日本武尊霊化して白鶴となつて西に飛行き讃州に止る所と、社地は松原にて却々《なかなか》良き境内である。此夕白鳥の町を徘徊《はいかい》しけるに、床屋と思しき内《うち》より、其主人頻《しき》りに呼び止めて「おへんどさん」（四国巡礼者は特《こと》に遍路の名あり土人訛《どじんなま》つて「へんど」と呼ぶ。遍奴の字に通じて妙なり）御宿仕らんと云ふ。我は殊勝なる心掛よと思ひ、然《しか》らば御言葉に甘へて御邪魔仕らんとて、草鞋を解いて一泊の縁を結んだ。其待遇の叮嚀懇切《ていねいこんせつ》なる。到底旅館《とうていはたご》などの及ぶ所にあらず。同行衆等之を善根宿と唱へて、最も徳とするものである。我は之をロハ宿と唱へて世界万国に誇るべき美風と云はん。こは全く南無大師の御利益にて大師の戒にも四国遍路に道を教へ一夜の宿を貸し一粒一銭を施すものは寿命長久にして諸願成就すべきものとあり。大師の功徳も亦偉《い》なりと謂《いっ》つべしである。我は行先此善根宿の御利益に浴せんことを祈つた。

＊祝融＝火事、火災。鬼哭啾々＝浮かばれない霊魂の泣き声が聞えるような、鬼気迫ってものすごいさま。愁色＝心配そうな様子。

卍四国霊場巡拝記（十六）於阿波国板野郡羅漢町

▲阿波へ入込＝接待の持余《もてあまし》▼

四月廿八日晴　今朝東讃白鳥駅を出で引田、馬宿、坂本等を経て大阪峠にさしかゝる。登り十八丁下り二十四丁の難所なれど阿讃連絡の国道なれば、修理行届き左程困難ならず。峠の絶頂に達すれば前に阿波、後に讃州一目なり。殊に淡路島、小豆島なんどが水天彷彿《すいてんほうふつ》の間曖《あい》曃模糊《たいもこ》として出没するの景《けい》たる得《え》も云はれず。既にして大阪峠も打過ぎて、阿波国第一番の霊場に参詣するとて詠める。

けふよりはあふ坂越えて阿波に入り
　あはぬ仏にあふぞ嬉しき

けふと云ふ今日は旧暦三月二十一日恰《あたか》もよし宗祖弘法大師の御命日なればとて、近在の女子供等雲霞《うんか》の如く出で霊場参拝とて道路立錐《りっすい》の余地なきまでひしめき騒々しき限なる。忓《そ》が中にも田舎娘の赤腰巻《ゆもじ》に緋鹿子《ひかのこ》などが頬《ほお》被《かぶ》りしたる若衆などと縋《す》れつもつれつ、さゞめき合ふなどは却つて春永《はるなが》の日には一段の眺めにぞある。

1-2「せつたい」の垂れ　昭和40年代初期（前田卓提供）

上述の如く今日は恰度《ちょうど》南無大師の命日に当りたればにや過ぎ来し讃州路より阿波路にかけて、寄々《よりより》の農家町人共が例の接待を振舞ひ呉れしこと今日程多きはなし。基督教の聖書に与ふるものは幸なりとか云へるが受くるものも幸ならざるにはあらねど、今日の接待には頭陀袋も張裂けるばかり少々迷惑致せし方であつた。いでや施與《せよ》を得たる品々と数量を書き併《なら》べ見ん。読者乞食遍路の浅《あさ》猿《まし》しさと笑ふなかれ。其名も四国猿の面《つら》の皮は千枚張なり。

四月二十八日中施與を受し金品及び数量

一　鬚《ひげ》剃《そり》　一回　　一　塵紙　一折
一　小豆飯　一碗　　一　金子　五厘
一　塵紙　又一折　　一　白餅　三ツ
一　粟餅　二ツ　　一　小豆飯　又一碗
一　金子　又五厘　　一　甘藷《いも》　一碗
一　白米　一合　　一　白米　又一合
一　白米　又々一合　　以上

四国第一番の霊場と云ふは実に阿波国坂東在の竺和山霊山寺なり。こは弘法大師が天竺の霊山を移したる積《つもり》にて開創の伽藍なりとか申す。此処より八丁にして、阿波国一宮国幣中社大麻彦神社に詣づ。一寸した境内なり。第一番より第二番極楽寺第三番金泉寺第四番大日寺第五番地蔵寺と納札を打つ。其間各一里又は半里。地蔵寺には有名なる五百羅漢あり。今夜は地蔵寺門前の所謂羅漢町東屋と云ふに泊す。東の空の恋しくなりたればとてなり。此日行程九里。

＊水天彷彿＝遠くの水と空と接するあたりの境が見分けにくいこと。曖曃＝曖曖。ぼうっとかすんでいるさま。模糊＝はっきり見えない様子。雲霞＝人が群がり、集まるたとえ。

卍四国霊場巡拝記(十七)於阿州名西郡敷地村

▲四国の三郎＝庵寺の宿泊▼

四月廿九日曇　名にしおふ坂東太郎(利根川)筑紫次郎(筑後川)に次で大日本帝国の三大名流と称せらる丶ものは、即ち四国は阿州の四国三郎である。四国三郎俗名は吉野川蜿蜒《えんえん》流れて四十三里。阿州十郡の地を潤して、千里の沖積層良疇《りょうちゅう》を形成す。今日は四国六番の霊場安楽寺より七番十楽寺、八番熊谷寺九番法輪寺、十番切幡寺で、よくしんを只一すぢに切はたしのちの世までのさはりとぞ〔な〕る、など、詠歌を唱へつゝ、札を打納め（一番より十番の霊場までは道程五里往復にて十里にて世に十里十ヶ所と云ふ弘法大師開基の伽藍ある所にて、阿波衆の一日道に十ヶ所参りをするもの多し）。之より方位を南に取て進みければ、所謂四国三郎の流れ筋に来た。第一の渡場は粟井の渡しで吉野川の枝流である。第二の渡しが乃《すなわ》ち吉野川の本流であつて宮ノ島の渡しに出た。注《そそぐ》口《くち》から五里程川上である。此所河幅がざつと四百五十間河深《かしん》は三四尋《ひろ》で水流は緩慢で、帆船などが頻《しき》りに上下をして居る。誠に舟楫《しゅうしゅう》に便利なる川の如く見える。云はゞ阿波一国の富源《ふげん》は此川にあると云ふて宜《よ》からう。

有難いことには巡礼様には吉野川の渡場まで接待でロハであつた。ナーニ阿波衆は大師様さへ真向に振かざせば文句は無いので、今日は引続いて荷物まで二里程の間接待に擔《かつ》いで貰うた。誠に有難いことで之が此世ながらの極楽浄土であらう。今晩は十一番の藤井寺と云ふのを拝んで、山路にかゝつて阿州の名山焼山寺の山を三十丁ばかり登つて、長戸庵と云ふ庵寺で、本堂の前で通夜を申上げた。通夜の連中には旅の懸け連れで阿州撫養《むや》の婦人組が七八人であつた。四国猿が八字鬚《ひげ》の人相を彼是《かれこれ》評判して居つた。巡礼に八字鬚は見始めぢやと云ふて、頻《しきり》に氏素性《うじすじょう》を知りたがつてあつたが、我はお百姓様であつて、母の心願によつて四国巡礼をするのぢやと孝行ごかしにやつて見たが、承知しなかつた。おまえはんは官員《かんいん》さんぢやろとちやぼ〱阿波訛で無暗に饒舌《しゃべ》りだして碌々《ろくろく》夜の目も合はされなかつた。却々《なかなか》此道中には色々面白いことがあつて臍《へそ》が茶を沸かす。

＊蜿蜒＝ヘビがうねうねと曲がって行くさま。官員＝明治時代の役人、官吏。臍が茶を沸かす＝おかしくてたまらない。

卍四国霊場巡拝記（十八）阿州名東郡一ノ宮

▲随一の難路＝阿波の国訛▼

四月三十日晴　四国四州八十八ヶ所の遍路道には、川の難所が四百と八十八、山の難所が又四百と八十八と云ふてあるが、既往《きおう》二旬《にじゅん》余日の間は彼是難所も通つたが、弥々《いよいよ》四百八十八難中の親玉関所に来た。之が阿州で一二を争ふ高山焼山寺山である。山巓《さんてん》の四国十二番札所焼山寺に詣づるに、是非共通らねばならぬ難所である。崎嶇《きく》羊腸たる峻坂《しゅんはん》が、上り三里で下り五里であるが、阿波道はおまけに四十八丁一里の規則であるから、随分手ごたへ否《いな》足ごたへがある。

朝意気に元気よく上り三里を駆けて、吉野川の大原野を徳島、撫養の端々まで見下ろした時はほんに気色《きしょく》が宜かつた。さて下りにかゝつたが峠道で岩角《いわかど》を飛び〳〵歩くので二里も下ると既に跛《びっこ》を始めた。左右内《そうら》とか玉の峠とかを抜けて阿川に出たら、老媼《ろうおう》等が河原で豆腐汁の接待をしようと云ふので、空腹の折柄マズイもウマイもなしに四五椀《わん》貫ふて食べて昼餉《ひるげ》を相済ました。何処から何処まで行つても施與者善根人の多いには感服してしまう。是で長旅の疲も忘れ安心して貧生《ひんしょう》の巡礼が出来るのである。此阿川と云ふのも徳島の支流であるが、千仭断崖《せんじんだんがい》の間を水が渦巻て落つる景などを見た時は魂も天外《てんがい》に飛んで、自分が往年《おうねん》興安嶺峡《こうあんれいきょう》を通過した時のことを想起して、彼是懐古の念に耐へなかつた。

阿川を渡つて広野村に出ると立派な道路が出来かゝつてある。何れの県下でも道普請に精を出すのは結構なことである。既に夕景に十三番の霊場の一ノ宮に来た。所の宿引きがオヘンドハン、オマハン、コッチヘオイデ、ウチカタヘ泊リナハレ、お風呂もタケテアル、アスハヨソニタチナハレ、モーシ子ナハレ、ナーモン安ウニ泊メテアゲマス、と左右より八釜《やかま》しく騒ぎ立つので五月蠅《うるさ》ければ此夜は此所に一泊。此日行程九里（因に云ふ阿波人は峯《みね》をオと云ひ峠《とうげ》をタオと云ふ。総《すべ》て訛甚だし）。

＊二旬＝二十日。山巓＝山の頂。千仭＝山が非常に高い。
天外＝はるかかなた。

卍四国霊場巡拝記(十九)阿州徳島市

▲徳島の城下＝落紙の山積▼

五月一日晴　音に聞く徳島は四国第一の大都会と云ふてある。今日は始めて此市に入ることであれば、胸裡《きょうり》既に種々の想像を画《えが》きつ、気も勇み脚も軽く、一ノ宮の宿舎を出でヽ四国十四番霊場常楽寺、十五番霊場国分寺、十六番霊場観音寺、十七番霊場井門（ママ）寺と十町二十町の距離にて札を納め佐古町を徳島市に入る。

市は吉野川の注口にあてつて溝渠《こうきょ》四通八達運輸極めて便である。旧藩主蜂須賀氏の城趾は市の中央の小丘《しょうきゅう》である。県庁以下大小の官衛は其南麓にある。市の坤位《こんい》に当つて勢見山《せいみやま》と云ふがある。之は元暦の昔源平讃州屋島合戦の砌、阿州小松島に上陸せし源家の御大将九郎判官義経公と云へるあり。此山に登て味方の軍勢大に振へるを見て殊の外に満足ありしと云ふので当山を勢見山と名《なず》けしと申す。今は当山に国幣中社忌部《いむべ》神社と金刀比羅《ことひら》神社がある。

境内義経駒繋の松、北山の桜等がある。眺望の宜しきこと界隈随一であつて、遠きは淡路島、紀伊の国蜜柑《みかん》船の白帆まで波に戯るヽ、白鷗の如く手に取るばかりに見え渡る。近くは即ち徳島の城下西に東に町の端々《はしばし》人馬の歩みは蟻の行列とも見ゆ。其黒煙を吐いて吉野川を遡るものは其汽笛を揚げて大瀧山を廻るもの共に是れスチーブンソンの発明器である。其商業は甚だ活発なりと見えずとも其前途は大に望みあり。市の開展《かいてん》の区域は南に北に極めて広し。其人口現今六万五千有余。来て見れば聞く程でなし富士の山と云ふことがあるが、来て見れば聞きしに優る阿波の徳島かも知れぬ。

此日は旧暦三月二十三日にて地蔵菩薩の命日ぢやと云ふことで、寺々に参詣人が道路に憧々《とうとう》として踵《きびす》を接すると云ふ有様で、是等の衆が手々《てんで》に阿波名産の落紙を携へて、おへんどさんお接待とて施與せらる。此偏奴《へんど》は即ち南無大師遍照金剛を三唱して納札を渡して一々辞退なく頂戴す。既にして頭陀袋に満ち懐中《ふところ》に満ち手元に満ち満ち満て、容れる場所なければ其襦袢《じゅばん》をぬぎ其犢鼻褌《ふんどし》をはづし到々《とうとう》頂戴し得たる所無慮三四束、道中の使用には稍《やや》多ほ過ぎるの憾《かん》あり。さればとて人に与へんも口惜しく、さればとて市に鬻《ひさ》がんも裏恥かし。さればとて肩に擔《かつ》がんも荷重し。進退此に谷《きわ》まり昔西行法師となん云へる人が銀猫を児童に投げ与へられたりと云ふ馬鹿げた話にあやかりたいと思ふて清水の舞台を飛び下りた気に成て、到々落紙一折づゝを通行の小学生徒に分与した。中には落紙は元の御本家に帰つたのもあつたであろう。有為の世の中は兎角《とかく》斯う云ふものである。徳島を出て、小松島に宿泊。此日行程七里半。

＊坤位＝南西の角。鬻がん＝鬻ぐ。あきなう。

卍四国霊場巡拝記（二十）阿州勝浦郡生比奈村

▲立江の地蔵＝道中の悪戯《いたずら》▼

五月二日曇　世に人の信仰程恐しいものは無い。殊に侮るべからざるものは我国に於ける仏徒の信仰力である。我が東都の隅で塵ばかり喰《くら》つて居た中《うち》は、日本帝国は五十年を待たずして耶蘇教国《やそきょうこく》にでも致して仕舞うと云ふ様な「ウートピア」(ママ)も画いて見たが、真に夫は井底《せいてい》の痴《ち》見《けん》であつた。左様易《そうやす》くは烏賊《いか》の睾丸《きんたま》である。時には田舎廻りも経世家に取つて必要であるぞ。

阿州第十九番霊場立江寺は本尊行基自作の地蔵仏を安置してある。立江の地蔵尊と唱へて、其名近国に鳴り渡つてある。最も熱心なる信徒は却《かえっ》て阿波一円よりも紀州、播州筋に多い。四国猿が御参詣の日も日とて御誂向《おあつらえむき》地蔵大菩薩の御命日で、之に加ふるに信徒の膏血《こうけつ》を搾《しぼっ》て築き上た鐘楼の上棟式《むねあげしき》当日であつた。さしもに広き大伽藍の境内も雲霞《うんか》の如く群《むらが》り来れる善男善女の為に立錐《りっすい》の余地を見せぬ。遠きは中国筋近きは近郷の信徒衆が上棟式の祝儀にとて、山門に積む寄進物には米俵八千を越え酒樽も亦千より少なからず、炭俵あれば砂糖桶あり。彼等が狂するばかりの信仰の程度たる到底曲尺《かねざし》やメートル尺の測度するを得《う》べき限にあらず。流石《さすが》の四国猿の筆にも書き尽さんやうもなし。

四国猿は道中の徒然《つれづれ》なに楽しみも情けなや毎日三度の食事も精進で、学者の為の試験動物。せめてもの憂さ晴らしと、今日は京大阪の同行衆と道連れとなつたれば、これ幸いの鼻鬚を捻《ひね》り道中南無大師の御利益を説法しつ、一本杉など云ふ大師の古跡に来れば、連れ衆能《よ》く聞きぬ。有難くもこは宗祖弘法大師四国開山の砌此地御通行になりし時、既に夜陰になりぬれば、草の衾《しとね》に石の枕、一夜の野宿を此所に遊ばされ、後の紀念にとて携へられたる杉の杖を倒《さかさ》まに挿《さ》しけるに、忽《たちま》ち芽出で枝葉繁茂し、春秋移り移つて爰《ここ》に千年、斯《かく》の如く長生して候。各方《おのおのがた》光明真言を唱へつゝ此大杉の周囲を三七、二十一度繞《めぐ》れば道中脚の疲れを医《なお》してやらんとの、南無大師の御誓願であると説きければ、其連れ衆我先にと二十一度ドウドウ繞《めぐ》りをなす。軈《やが》て又弘法大師御腰掛岩と云ふあれば、連れ衆能く聞きね。有難くも此岩は大師四国開山の砌御通行あり。俄に御下腹の痛みに悩まさせ賜へば暫時《しばし》腰打掛けられ、御休息遊ばしけるに忽ち御痛み止むと申す古跡なり。依て後世の衆生、腰以下の病気あるものは此岩を撫で、己が腰を擦《す》ること三度なれば必ず全快せしめんとの南無大師の御誓願であると説きければ、こは勿体なしとて連れ衆腰を擦る。我は苦笑を忍んで、更に進みけるに四国十七番の霊場に母養山恩山寺と云ふありければ、連れ衆能く聞きね。抑《そもそ》も当山は勿体なくも南無大師の御母公玉寄御前の御骨を納め賜ふ伽藍にぞある。然《さ》れば御詠歌にも「子を生める其父母の恩山寺訪《とぶら》い難き事はあらじな」とあり、いと勿体なき札所なり。依て各方当山の安産守を受けられお国土産に持返られれば安産の御利益覿面《てきめん》にて此上もなき土産物ならんと説きければ、連れ衆何れも妊娠の女房あると相見え、又々先を争ふて御守札を受く。寺の小僧呆気《あっけ》に取られて小声に独言《ひとりご》ちつ之が当山開創以来安産守の売高ですと……我も亦呆気に取られ苦笑も致しあへず……。

読者以て四国猿の無用悪戯と譏《そし》る勿《なか》れ。四国猿は今日程立派な仕事をやつた日は無いと思ふ。若し夫れ我の此日の悪戯《いたずら》を真の悪戯とせば、「釈迦と云ふ大馬鹿ものが生れ来て多くの人を迷はする哉《かな》」は一休禅師の狂歌とは見るべからざるぞ。釈迦も亦悪戯小僧と云ふに止《とどま》るであろう。普門品《ふもんぼん》に云ふ。仏身を以て得度すべきものには仏身を以て得度し辟支仏身《びゃくしぶつしん》を以て得度すべきものには辟支仏身を現じて得度し声聞身《しょうもんみ》をもて得度すべきものには声聞身《げんみ》を現じて得度す云々……。人《にん》に依て法を説けとは此《こ》処《こ》のことぢや。

夫れ悪戯を以て得度すべきものには悪戯を現じて得度すべき耳《のみ》、識者は依て之を児戯《じぎ》に類すると云はざるべし。聊か悪戯の弁をなす。四国猿もさる者と読者は三舎《さんしゃ》を避けん。此日二十番霊場霊鷲山《れいしゅうざん》鶴林寺まで登り来り宿泊す。伝へ云ふ空海此地に錫杖を止《とど》め給ふ時、霊観光明を発するものを見たりと依て寺号となす。山容天竺の霊鷲山に似たればとて山号を名づく。荘厳なる大伽藍であつて風光絶佳《ふうこうぜっか》である。此日行程五里。

＊井底＝井戸の底、見聞のせまいたとえ。痴見＝おろかな見方。烏賊の睾丸(金玉)＝そうはいかないという時のしゃれ。「そうはいかんのきんたま」という。膏血＝人が努力して得た収益や財産。夜陰＝夜(の暗い時)。衾＝夜具。舎＝建物。

卍四国霊場巡拝記(廿一)阿州那賀郡荻野村

▲鍾乳の洞穴＝侯爵の失敗▼

五月三日好晴　昨日書いた四国二十番霊場霊鷲山鶴林寺の奥の院に月頂山慈眼寺と云ふのがあるが、此寺の灌頂ヶ瀧と云ふのは、界隈に有名なる瀑布《ばくふ》であつて、殊に旧阿州二十五万石の御殿様、蜂須賀小六何代かの孫君に当らせらるゝ、前の貴族院議長侯爵蜂須賀《はちすか》某《なにがし》の君の大失敗の旧跡として有名なのである。余計なことながら少々其曰く因縁を穿鑿《せんさく》し奉るに、先《さい》つ年侯爵閣下御帰国の其砌慈眼寺灌頂ヶ瀧に日光五色の虹を現はすこと見事千万なりと聞し召され、幵《そ》を見そなはさんと思召され、某の好天気を卜《ぼく》し数多《あまた》の供《とも》の者共召し具《ぐ》され、車を軋《きし》らせて威儀堂々《いぎどうどう》と瀧の麓まで乗込ませられぬ。軈《やが》て供の合力輩《ごうりきはい》御来光の御様子奈何《いかん》とて先づ登り見るに、けふは常になく七色の彩影極めて見事なるぞ。急ぎ殿を案内しけるにあら不思議や天の一方に墨を流がしたらん如き黒雲油然《ゆうぜん》として起り、日輪様は忽然《こつぜん》として御姿を隠し賜ふに、灌頂ヶ瀧の五色の虹も、かき消す如く消え失せぬ。殿は以《もっ》ての外の御憤《おんいきどおり》なるにぞ。供の者共も辟易《へきえき》して面《お》もそむけ得ず。心中瀧の観音の為にする所ならんかとて、何れも色青ざめ頗《すこぶ》る恐怖の色あり。昔平相国《へいそうこく》は八寸の扇面《せんめん》を以て西山に舂《うすづ》く日輪を呼びかへしたりなんど聞き伝ふれど流石の侯爵もステッキもて日輪を打ち出す手だても付《つ》かざりしにや。怨《うらみ》を呑でスゴ〳〵引上げ賜ひしとか。土人口々に一話柄《ひとつはなし》となし瀧の観音様は威張つた人をお嫌ひなさるげなと。

夫れと此れと話はかわれど、此界隈の山谷は極めて鍾乳石の洞穴に富む所であつて、何れも空海上人が無智無《むちむ》識《しき》の輩をして碣仰《けつぎょう》せしむる好材料になつてある。上述慈眼寺にある洞穴も行きが一丁ばかりで二十一番大龍寺《たいりゅうじ》の山麓にある洞穴も一丁足らずある。

空海先生其洞穴の内壁に無暗に仏像やら大蛇の鱗《うろこ》やら法螺貝《ほらがい》やらを彫刻して置て自然の流水の剝離《はくり》作用で、古色の付く所をいかにも天然に出来てあつたかの如く見せかけてあつて之が大蛇を封じ込み、みろく出世の暁《あかつき》まで必ず出る事無用ぞと、誓ひ賜ひし霊跡にて、悪蛇退治の合図にとて、吹き賜ひしは此法螺貝なり。諸仏は即ち此穴守護の本尊なりなど丶、説く講釈を勿体がり、随喜《ずいき》の涙に咽《むせ》びつ丶、穴の修行と唱へつ丶、案内に引かれて、穴に入り、手燭《てしょく》の穴から出る煙、鼻の穴の真黒に染るも厭はず穴さらへ、穴賢《あなかしこ》と申す也。

鶴林寺と大龍寺は那賀川を挟んで大対向し四国霊場中罕《まれ》に見る大刹《たいさつ》にして、共に眺望に富み風光明媚の仙境とす。此日は那賀郡新野村に下て泊す。行程六里。

＊穿鑿＝深くさぐる。つきとめる。卜し＝うらない。威儀＝作法、礼式にかなっている威厳のある立ち居振る舞い。奈何＝どうして。なぜ。碣仰＝高くぬきんでるを見上げる。手燭＝持ち歩けるように柄をつけた小形の燭台。

卍四国霊場巡拝記(廿二)阿州海部郡日和佐町

▲車力の接待＝赤札の同行▼

五月四日晴　今朝は四国第二十二番霊場泉山平等寺に参詣。此所の御詠歌に、

平等にへだてのなきときく時は

　　あらたのもしき仏とぞみる

と詠まれたるは、いとも我心を獲《え》たる心地して、其新野《にいの》村を立ち出で第廿三番の霊場にと志す。とある小坂を上れば音に聞く阿州那賀郡椿泊の浦々は、残る隈《くま》なく見え渡る。

　百伝《ももづて》の濱のうらはを漕《こ》ぐくれど

　　阿波の小島は見れどあかぬかも

となど詠まれたる古歌は此浦々の眺めを、いみじくも言《こと》の葉《は》に現はされたりなんと思ひ人磨の君は流石の歌仙にておはしけりなど思ひ浮べぬ。

　軈《やが》て坂を下れば広やかなる新道に出づ。後ろの方より三五人の車輓《くるまひき》共、お遍奴《へんど》サン〳〵と呼はりつ、人力車の御接待申さんと云へり。コハ忝けなきことかな東《あずま》の都などにては車輓とさへ申せば、乗客をゆすりて車賃をねだるを以て職権とも心得居るさへあるに同じ跣足《はだし》商売の間柄にても、弘法大師の御誕生ありしを云ふ此四国霊土《れいど》の車輓は流石は善根の心に深きものよ。未来は極楽浄土に成仏せんこと疑ひなし。あら頼もしの車輓や、去りながら猿共《わし》は年も若ければ車に乗るに及ぶまじ。其老翁《そのろうおう》此老《ろう》嫗《う》こそ施待《せたい》（猿案ずるに四国地にて金品の施しを施待《せったい》と云ふは施待《せたい》の転訛《なまり》にあらずや）に乗せて進ぜられよと。嫗翁《おうおう》四五人の巡礼其日車力の施待を受け、途の程三四里もロハにて輓き貰ひき。彼《か》の人等皆南無大師の御引合せと随喜の涙に咽ぶ。

　新道筋の深瀬と云へる所にて昼餉《ひるげ》をなす。之より伯州の人赤札の同行と道々談話す。（赤札と云ふは納札の赤きことなり。納札とは巡礼が各霊場毎に納むる札にて普通は短冊形の白紙に次の如く文字を記せるものである）。

天下太平	明治三十五年四月　日
奉徧礼四国八十八ヶ所霊場巡拝同行二人	
国土安全	東京二六新報社　四国猿

　其同行二人とあるは一人は弘法大師のことである。サテ其赤札の同行殿が、なぜ色違ひの納札を持参するやと尋ぬるに、こは既に四国霊場を巡拝すること七回以上に

及ぶ由にて、猿などは今回一度の巡拝にも山坂の嶮はしきにコリ〳〵せるに七回以上も巡拝すると云ふを聞て、其信仰の厚きを感じ入り、なほ詳細のことを聞くに赤札の上に白札、金札、錦札などの階級もある由にて、白札は二十度以上金札は三十度以上錦札は百度以上とは申せし。斯《か》かる人もあることなるやと尋ねしに其同行李の中より四国霊場巡拝人番付なるものを取出し猿《わし》に示す。誠や驚くべし世にも好奇の人もあるものぞ。明治三十三年四月の取調と云ふに七度以上巡拝をなせるもの日本全国の善男善女に五百四十六人あり。此内訳をなせば、

　五十度以上　三十二人　　三十度以上　四十人

　二十度以上　七十二人　　七度以上　四百〇二人

今五十度以上の巡拝人はあまりに殊勝なれば功徳の為に其住所人名を掲げて進ぜん。

百九十九度	信濃国戸隠中村	行者　光春
百六十八度	備後国芦田郡町村	五弓吉五郎
百七十度	周防国大島郡椋名村	中司茂兵衛
百廿六度	筑前国博多飯塚町	田中　フジ
同	肥後国上荘川村	大橋　チカ
百三十度	周防国玖珂郡小瀬村	楠　宗次郎
百十四度	備中国中田村	小野　又蔵
百七度	広島県広島市	早川重五郎
百度	越後国西蒲原郡吉江村	豊島　禅萱
同	丹後国宮津大谷村	大谷　勇助
同	丹波国天田郡坂生村	城山嘉兵次
同	伊予国風早郡中島村	村中　壱統
同	石見国大森	熊谷　倍常
同	石見国猪市村	沢津　両吉
九十一度	讃岐国吉原村	白井　幾治
八十五度	伊勢国川崎	浜口庄之助
八十度	大阪市福島	浜　光　院
七十五度	播磨国赤穂群尾崎村	阿蘇亀太郎
六十一度	伊予国宇和郡日出村	金　龍　院
六十六度	東京	宮木　秀成
七十五度	伊勢国海部郡清瀧村	左近　シヨ
六十二度	日向国臼杵郡田原村	田上国三郎

五十四度	大和国五條以裏町	井上　妙心
五十三度	大阪高津橋北詰	杉村　平八
同	阿波国七条村	七条　レイ
五十八度	讃岐国香川郡橋本	橋本　吉次
五十二度	淡路国三原郡市村	打越　亀蔵
五十四度	阿波国那賀郡	秋田国五郎
同	筑前国粕屋郡葉栗村	友野　妙覚
五十度	阿波国板野郡市場村	大島吉兵衛

彼等が一度巡拝するに早くも六十日を要するものとせば、一年中巡拝を職業となすと見ても、年に六度、十年に六十度《たび》二百度《たび》に近き巡拝をなすには三四十年の日月《にちげつ》を費さでは叶はず。彼等が一度巡拝するに少《すくな》くも三十円を費やすものとすれば、十度にして三百円百度にして三千円二百度六千円今頃の耄碌《もうろく》大臣の年俸と見れば固《もと》より高く、決して些細《ささい》の金額にあらず。此日月と此巨金を費やしてまでも四国浄土の巡拝をなす彼等の心根、本信にもせよ迷信にもせよ殊勝千万の至りにて、弘法大師の大徳の千年後の今日光明輝くめり。因みに云ふ此節日々の巡拝人三四百を下らず。一年を通じて一万人以上と云ふ。一人三十金を落すと見て、年に三十万円は四国四州の寺々と木賃宿が拾ふのである。是れ大師が生れ故郷への置土産と知れよ。此夕海部郡日和佐に泊す。行程五里。

卍四国霊場巡拝記(廿三)阿州海部郡日和佐町

▲暴風と暴雨＝一日の昼寝《ひるね》▼

五月五日暴風雨　「有漏路《うろじ》より無漏路《むろじ》にかへる一《ひと》やすみ風吹かば吹け雨降らば降れ」と悟りきつて見ても、風と雨とは行脚小僧の災厄にぞある。昨宵来真西の風強くも吹き雨さへ加はりて、戸障子も破れんばかり物凄く、今朝になりても更に止む気はいも波の日和佐潟、澎湃《ほうはい》として巌《いわば》を嚙《か》む音のみぞ聞えける。今日一日は巡礼も長路《ちょうろ》の旅の疲れとて昼寝の鼾声《いびき》高らかに響く車の輪転機、筆で飯食ふニヂトルの休む間とては、なか〳〵に、昼寝で御免を蒙ると云はうものなら、読者から督責《とくせき》受けんこともやと、けふも筆を追立てゝ、巡礼姿の説明でもけふの風にふくませて、けふの雨で書き流さん。四国巡礼の扮装《いでたち》は全く弘法大師四国開山御修行の時の御姿に依るものであつて、大師は麻の衣にあじろ笠背に荷俵胸に三衣《さんえ》の袋足《あし》中草履《なかぞうり》を召し賜ひ、金剛杖を右の手につき左の御手には珠数《じゅず》(数珠)を持たせ玉ふ。又首に竪六寸に幅二寸の札ばさみを掛け玉ふ。今の巡礼は固より麻の衣では無くて思ひ〳〵なり。足中草履は草鞋《わらじ》の如く脱ぎ穿きに手を汚さねば、正《ただ》しきものとすれど今は皆草鞋で行く。三衣袋も僧侶でなければ頭陀袋《ずだぶくろ》と云ふ方なり(頭陀袋は擻抖《ずだ》袋とも杜撰《ずだ》袋とも書くと云へり。其意は様々のものをつッ込めばなりと、此書方至極妙也)。笠も今は皆あじろ笠ならで菅笠なり。笠には次の如く文字を記す(上)。又札ばさみ板には次の如く文字を記す。

笠に書かれた四句

表

奉偏礼四国中霊場同行二人
年　月　日

裏

南無大師遍照金剛
国郡　附
仮名

今の巡礼は頸筋《くびすじ》に荷俵の外に七八分の足中草履をもかけるなり。コハ全く弘法大師の御脛料《おんはきりょう》と云ふ訳にて同行二人の意味なり。

さて又荷俵も一寸程のものにて道中食糧に不自由せぬやうとの用意なり。巡礼が背に負ふ荷物には雨具、寝巻、弁当、用紙などにて荷作り思ひ〳〵なり。尻介《しりすけ》とて前垂《まえだれ》やうのものを尻に釣り、手甲とて手袋やうのものを手に

遍路姿のイラスト

懸け、必ず脚絆《きゃはん》を穿く。其色は一様ならねど白を良しとす。サテ諸国の善男善女昨日の通信にも見えたる如く年に一万人も如上《にょじょう》説明の巡礼姿となり、三百余里の遠路四百八十八の山坂の難所を越え四国霊場の巡行をなす時は、如何なる御利益あるやと云ふに、其功徳にて四百四病の畏《おそれ》なく八十八使の煩悩も一霊場毎《ごと》に消え失せ、未来を待たずして此世から極楽界会《ごくらくかいえ》に入るを得ると云ふ。南無大師の御誓願とぞ聞えし。世の極楽浄土に行かんと心がくるものは一度は此霊場の巡拝をなすべきことにこそ。此日行程ゼロ。

＊澎湃＝水や波がみなぎり、さかまくさま。督責＝厳しく督促すること。

卍四国霊場巡拝記(廿四)阿州海部郡日和佐町

▲阿波の打留＝八坂と八浜▼

五月六日晴　今日日和佐の宿を出立《たちいで》て四国二十三番霊場薬王寺に詣づ。此寺を以て阿波国の札所打留とす。次は即ち廿四番霊場土佐国東寺となる。薬王寺の奥ノ院に玉津し山となん申す眺望絶佳の仙境がある。山辺〔部〕の赤人の歌に、

汐《しお》ひれば玉藻《たまも》苅《かり》つゝ神代《かみよ》より
しかもたふとき玉津島山《たまつしまやま》

之より路次極めて悪しく八坂八浜と云ふ。一大難所にさしかゝる。一に大阪と内妻《うちつま》の浜あり。二に松坂と古江の浜あり。三に芝朶坂《しだざか》と丸島の浜あり。四に福良坂と福良の浜あり。五に萩坂と城津保の浜あり。六に鍛冶屋坂《かじやさか》と芋綱《おづな》の浜あり。七に楠坂と桶島の浜あり。八に借戸《なきど》坂と三浦の浜あり。只さへ嶮岨《けんそ》なる難所なるに昨日来の大雨にて之ぞと云ふ道もなきまでに打崩る。某の浜にてあ

りき渓川《たにかわ》に水出《みずい》で、渡し舟とてもなければ、通行の男児《おのこ》、女児《めのこ》裾《すそ》かいまくりて脛《はぎ》あらはし、浅瀬を徒《か》ち渡るさまいとをかし。最早《もはや》土佐の国も近ければとて土佐日記のことなど思ひ浮べ紀貫之ぬしのものせる。ほやのつまのいずし、すしあはびをぞ、心にもあらぬはぎにもあげて見せけるとなん云へるも斯くこそありけめとをかしかりき。

八坂の中福良坂《うちふくらさか》の南の谷に人家あり。鯖施《さばせ》村と云ふ。其由来いかにと尋ぬるに、天平の昔僧行基此地を遊化《ゆうか》し賜ふ時、馬に鯖を負《おわ》せて過《すぐ》る商人に遭ひければ、其鯖を乞ひ賜ひけるに、其商人いなみ侍《はべ》りければ聖《ひじり》和歌を詠み賜ひける古跡であるゲナ。今此に行基庵と云ふがあつて鯖大師を祭つてある。時の行基の歌に、

　大阪や八坂さかなか鯖ひとつ
　　ぎやうきにくれて馬の腹痛《はらやむ》

とありければ忽《たちま》ち其馬腹いたみけるに商人大に怖れて鯖を施しけるに行基とりあへず喜色して、

　大阪や八坂さかなか鯖ひとつ
　　行基にくれて馬の腹止《はらやみ》

と口すぎみければ馬の腹痛《はらやみ》又た止《や》みぬと行基庵の茶屋に腰打かけ、行基が二千年の往時を思ひ浮べ、感深かりければ、後の紀念にとて一銭六厘もて餅八ツ買ひ八坂の難所早く越えたければとて、猿も人真似す。

　大坂や八坂さかなか餅八ツ
　　食《くら》はで腹が不《ふ》腹《ふく》云《い》ふ

　大坂や八坂さかなか餅八ツ
　　食ふて頭が頭痛《ずつう》云《い》ふ

今日は海部《うみべ》郡《ごおり》牟岐《むぎ》浦と云ふ所にて昼飯たべければ、歌に縁ある日とてまた猿が洒落云ふ。

　むぎ浦で米の弁当粟の餅
　　腹が大豆で四穀めぐるぞ

八坂八浜の難所を越えて、浅川浦、巴《ともえ》浦、高園《たかぞの》等の諸《しょ》邑《ゆう》を打過ぎ海部《うみべ》川を渡りて那佐《なさ》と云ふ小邑にて宿泊した。此辺海浜島嶼《かいひんとうしょ》点綴《てんてつ》松島も及ばぬばかりの絶景である。此日行程十里。

＊点綴＝程よく配列すること。

卍四国霊場巡拝記（廿五）土佐国安芸郡野根村

▲土佐の鬼国＝巡礼の地獄▼

五月七日曇　今朝は早く宍喰《ししくい》の坂と云ふを越えて弥《いよいよ》土佐の国に入込んで来た。入込みの在所は甲の浦と云ふて徳島通ひの汽船発着の良港である。

此土佐と云ふ国は四国の島でも、就中《なかんずく》南無大師に冷淡千万な国柄であると云ふてあるであるから土佐の人間が巡礼衆に施待《せったい》などすることは怪我にも無いさうである。施待が無いのみでは無く剰《あまつ》さへ木賃も渡し船も無暗に貪るさうで、夫が敵《かたき》の巡礼のことぢやでハヤ土佐に入込まぬ先から、よると触ると口々にのゝしり合ひ、土佐の鬼国と云ふ。結構な称号を付けて、此国にはいるのを地獄へでも行くやうに忌み嫌つて居る。元来土佐衆は南無大師の御利益なぞはどうでも宜しいと云ふのでもあらうか。四国巡礼の中にも笠に（と）の印があるものは罕《まれ》に見るので、精々一年中に三四十人を出でまいと云ふことである（四国巡礼にて特《こと》に伊予人は笠に（い）の印を讃岐人は（さ）を阿波人は（あ）を記るす。人間の符牒《ふちょう》のやうでをかし）。

お接待

1-3 美波町（旧由岐町）田井の浜での接待風景（旧由岐町教育委員会蔵）

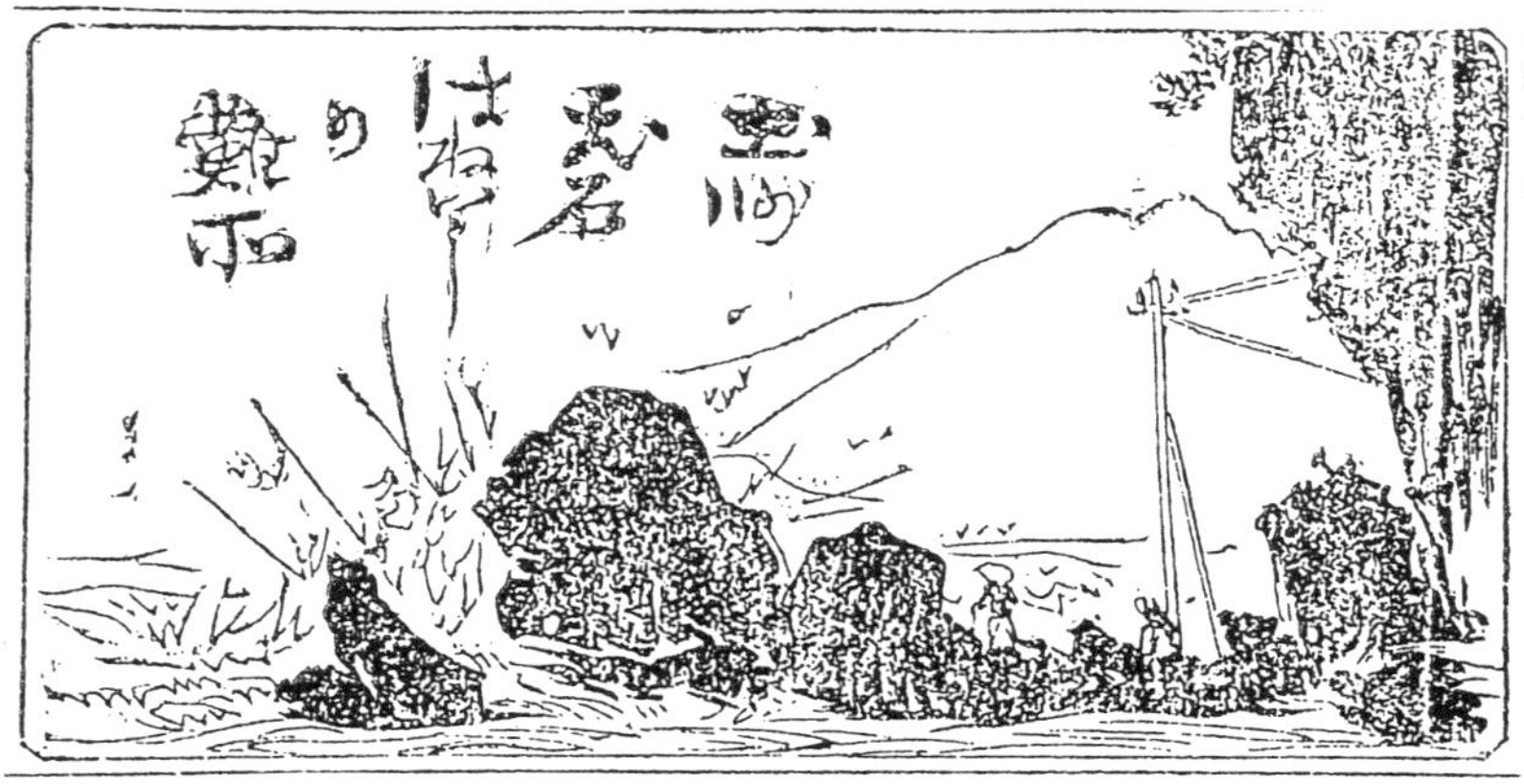

「土州　飛石はねいしの難所」のイラスト（中央右に遍路姿）

鬼国と云ふ訳であるか地獄の道路と云ふ訳であるか土佐にはいッて道路と云ふ道路は無い。鬼の足でフンばれば兎も角人間の到底歩めぬ道路に来た。之は世にも名高き飛石はね石ごろ〳〵石と云ふ難所なのである。之は東太平洋の巨濤《きょとう》が遠慮容赦もなく、岩角《いわかど》を噛《か》んで吼《ほ》え狂ふ所である。千尋《ちひろ》の海に引き退く波を避けつゝ、石礫《いしころ》の上を飛び〳〵歩くなどは、到底巾幗《きんかく》子弟の想像だも及ばざる所で、ホンに此世ながらの地獄である。今日は地獄の道に日が暮れて、其中途に太平洋を枕にして野根の沖に泊した。此日行程七里。

＊巨濤＝大きな波。千尋＝はかり知れない深さ。巾幗＝頭を包み囲む布。かみかざり。

卍四国霊場巡拝記（廿六）土州安芸郡那津呂村

▲落魄《らくはく》の美人＝室戸の絶景▼

五月八日雨　今日も亦雨天なりしが、既に払暁《ふつぎょう》より同宿の巡礼衆はボツ〳〵出発しければ、猿ばかり取残されんも口惜しと思ひ野根の宿を出で、左手には雨中の太平洋も一入《ひとしお》なりなど、眺めつゝ、磯辺伝ひに歩を運んだ。軈《やが》て道の程里余も来れりと思へる頃、右手の田の畦《くろ》に立ち並べる七八人の賤《しず》の女《め》、手々《てんで》に赤の握飯《にぎりめし》やうのものを持ち、且つ食ひ且つ談じ、サモ愉快らしく見えけるあり。偶々《たまたま》猿の通り合はしければ、くだんの賤の女等口々に、サモしをらしきお遍奴サンいでや赤飯の接待せんと呼《よび》はる。中に緑叢の紅一点、年は二八の花盛り。雨に悩める海棠《かいどう》か風に揉《も》まるゝ初桜か。其嬋娟《せんけん》なる両鬢《りょうびん》は今日挿《にさ》む苗の如く。其宛転《えんてん》たる双蛾《そうが》は今日眺むる太平洋の如く、沈魚落雁《ちんぎょらくがん》、閉月羞花《へいげつしゅうか》、窈窕《ようちょう》婀娜《あだ》など、普《あまね》く美人の形容詞を列ぶるも、尚《な》ほ飽き足らぬ心地ぞすなる。

一尤物《ゆうぶつ》今しも其が雪の如き手を飯櫃《めしびつ》の中にサシ入れ、妾《わたし》握飯して進ぜんとて、富士山の如き大なる握飯を作りつ猿の手に移し呉れぬ。其刹那《せつな》！其瞬間！彼女の瞳子《ひとみ》と猿の瞳子が一直線上に奈りし其刹那！其瞬間！猿の魂は是れ天外に飛びぬ。…猿は道々行々其握飯を囓《かじ》りつゝ、味も一入《ひとしお》よと賞《ほ》め稱《たゝ》へつゝ、サテ考ふ。世は是れ塞翁《さいおう》が馬なれや、蓑笠に襤褸《ぼろ》を纏《まと》ふ今日挿秧《そうおう》の一美人其生れも賤《いやし》からずは、王公貴顕の息所《みやすどころ》ともあがめられ、玉の輿よ、輦《てぐるま》よとナニ一つ不自由なき身にてありぬべきもの、田《でん》間《かん》に生立ち世間知らずの身の悲しさ。彼女の生涯は是れ遂に朴実《ぼくじつ》の一田婦に過ぎざるべきか。嗚呼落魄の美人！古人云ふ。一河の流れ、一樹の蔭も多少の縁と。猿に握飯を恵めこと彼の小女の土に我が同情のなかるべきか。猿も亦是れ一筒落魄の丈夫時に感慨は益弥深きこと其太平洋の如く徐ろに流す暗涙《あんるい》は今日の雨よりもしげし。嗚呼止みなん〳〵。

歩を運び運んで南方直駆《なんぼうちょくら》室戸に臻《いた》る。石崖峭立《せきがいしょうりつ》争ふて奇状をなしてある。或は俯して□で植争の如きであれば、或は俯して翔禽《しょうきん》の如きもある。其聳ゆるものは夏雲空に湧く如く。其駢《なら》ぶものは春荀《しゅんじゅん》を抜くものゝ如く。或は餓虎《がこ》肉を争うふに似たるものあれば渇驥《かっき》泉に奔《はし》るに似たものもある。実に之が天下の奇観であつて、宇内《うだい》の仙境である。所謂東方火山国の粋を此処に抽《ぬ》くものと云ふて然るべく。足此地を踏まずして日本風景論を云為《うんい》するなどは途方も無き間違いである。道路は数丈《すうじょう》もあらんと思《おも》る丶老松《ろうしょう》龍蛇《りゅうだ》の如く蟠《わだかま》れる間を縫ふものであつて、奇巌怪石其間に蹲踞《そんきょ》し、シャクナゲ樹は繁茂して偶々《たまたま》松の根〆《ねじめ》の如く、天然にして又人工の庭園を行く如く其岬《こう》端《たん》に出で丶山を登ること八丁、即ち室戸山御崎寺《みさきでら》（又名東寺）に達す。四国二十四番の霊場である。

法性の室戸と聞けど我れ住めば
うい の波風たゝぬ日もなし（空海）

雲も皆浪《みななみ》とぞ見ゆる海士《あま》もがな
いづれか海とといてしるべく（紀貫之）

東寺を下りて津呂村に廻《まわ》りけるに、途々三十路《みそじ》あまりの嫁御《よごめ》と遭ふ。今日は女子《おなご》と縁ある日にや其婦人猿の足元のしどろに乱れイタク疲れたる体《てい》を見て、今宵《こよい》一夜の宿を借さんと云ふ。コハ否《いな》むべくもあらずとて導かるゝ儘に其婦人許ゆく。コハ津呂の村に名だゝる漁夫大西の君の館と云ふ。即ち一泊を得此頃来漁獲したりと云ふ珊《さん》瑚珠《ごじゅ》などを観るを得て眼の正月をなしぬ。此日行程九里。

*落魄＝おちぶれる。払暁＝明け方。一入＝並々ではなかった事態の程度が更に増す様子。緑叢＝緑のくさむら。

1-4 昭和初期の津呂の港（『同行二人の遍路』より）

海棠＝バラ科の落葉低木。嬋娟＝あでやか。しなやかで美しい。両鬢＝耳ぎわの髪の毛。宛転＝変化してゆくさま。双蛾＝蛾の触角のように美しいまゆ。沈魚落雁＝女性の美しさに圧倒されて魚は水中に沈みかくれ、雁は列を乱して落ちるさま。閉月羞花＝月は雲間に隠れてしまい、花も恥らって萎んでしまう。美女。挿秧＝早苗を植えること。息所＝皇太子および親王の妃の称。朴実＝かざりけがなくまじめなこと。暗涙＝人知れず流す涙。峭立＝山が切り立って嶮しい。翔禽＝空を飛ぶ鳥。春筍＝たけのこ。渇驥＝咽が渇いた駿馬。宇内＝天下、この世。云為＝言動、言行。蟠れる＝とぐろを巻いてうずくまる。蹲踞＝うずくまる。しゃがむ。

卍四国霊場巡拝記(廿七)土州安芸郡安田村

▲僧侶と順礼の格闘＝近来の大診事▼

五月九日晴　此霊場巡拝の順礼は旧来各札所々の伽藍に経本を一部宛《づつ》納むるを以て本式とするのであるも、近時は省略に随《したが》ふて、各札所の印判《いんばん》を請《こ》ひ受けて納経に代ふるとなつてある。其捺印賃《なついんちん》は納経料と称して、寺院が勝手に取立てるのである。底《そこ》であるから納経料の高下《こうげ》に就ては往々僧侶と順礼の間に争論が起る。

爰《ここ》に土州は第二十六番の霊場に龍頭山金剛頂寺（通称西寺）と云ふのがある。今しも経堂に立て三拝九拝して納経銭の減額を懇願する一群の順礼あり。経堂の一僧何思ひけん。此阿呆遍奴糞面倒な事を申す。一切当山にては左様ナ事は相成ぬぞと無雑作《むぞうさ》にも怒鳴りたるは是ぞ此日の大格闘の緒《いとぐち》。此方《こなた》の遍奴もそが頭陀袋ならぬ堪忍袋の張裂けたるにや、阿呆遍奴とは能《よ》くもほざかれたり。身は墨染《すみぞめ》の衣にも似ず、白々しき云前《いうまえ》ならずやと詰め寄る。既にして双方口角《こうかく》泡を飛ばして罵倒讒謗《ばりざんぼう》の声、一山を動さんばかりにぞ。院内挙《こぞ》つて二三百人ならで三四人の大小の円顱《えんろ》或は木魚《もくぎょ》或は撞木《しゅもく》などを携へて味方の軍に馳せ加はる。最前《さいぜん》より門内に繰込める諸国の順礼同類の危急《ききゅう》赴き救はずんばあるべからずとて、是れ亦思ひく〳〵に金剛杖を真向に振かざした。活劇は始まれり活劇は始まれり。伊予国西宇和郡卯之町梶田弥二八の女房クマ（三十五）は如何なる塗端《とたん》にてありしか、僧侶軍の為に飛石二三間跳ね飛ばされたるにぞ、イタク脛《すね》を打て鮮血淋漓《せんけつりんり》として滴る。そが媼《おう》は泣く。そが子は叫ぶ。清浄の浄土は忽《たちま》ち変じて修羅の巷となる。不埒《ふらち》なる糞坊主其処動くなとて已《すで》に金剛杖は八方より円頂顱《えんちょうろ》を御見舞せんとし今しも二四八葉の花はちす。血に染む穴は明かんとせるにぞ、最前より高見の見物とすまし居たる此猿も、今は捨て置かれずと思ひ、両軍の間に飛び入て居中《きょちゅう》調停を試む。猿が口髭も此《ここ》に功徳の顕はれて、喧嘩は解脱《げだつ》の時を得ぬ。然《さ》りながら果報つたなき此僧侶壁に耳ある譬《たとえ》も知らず。其身の勤めも打忘れ喧嘩口論事とするより、悪報は端なく廻る順礼の新聞記者に廻《めぐ》り合ひ、広く恥をば晒《さらす》なり。

西寺住職は権大僧都《だいそうず》古川鉄道共に喧嘩仲間たりしとは何事ぞ。嗚呼傾く運の西寺や夕日の前の古川も水は浅せぬと見えにける。嗚呼日本の僧侶は斯《かく》の如く腐敗せり。祖師云ふ釈尊の滅後正法千年像法千年末法万年と末法万年を待たず嗚呼。

今日は西寺を下り羽根浦などの名所を過ぎ、

　まことにて名に聞ところはねならば
　　飛がごとくに都へもがな

などの土佐日記の歌など思ひ浮べ、此処の室津此処の奈半などには風波の為貫之ぬしが、十五日も止まりたる所なりなど追憶して古今の感に堪へざりき。此日安田村と云ふに宿泊す。行程十里。

＊罵詈讒謗＝相手に悪口をあびせ、あしざまにそしる。円顱＝丸い容器。淋漓＝血が滴る。円頂顱＝頭のてっぺん。居中＝中間にあって、偏らないこと。

卍四国霊場巡拝記（廿八）土佐高知市

▲高知の天神＝此処も於騒▼

五月十日晴　此日四国廿七番霊場神峯寺へ参詣し順路夜《や》須《す》の高松、宇多の松原等を見物した。是等は土佐日記にも見ゆる名所とて兎角の感を浮べた。

　見渡せば松のうれごとに住鶴《すむつる》は
　　千代のどちとぞ思ふべうなる（貫之）

宇多の原久しき蔭にあしたづの
　住みし昔の恋しくもがな(猿)

けふは道の程七八里を歩み、安芸郡下分と云ふ所で宿泊した。此日、外に記事が無い。

五月十一日晴　朝掛けに廿八番大日寺廿九番国分寺、卅番安楽寺と札所〳〵を軽く打て、早く山内一豊以来廿万石の高知旧城下に出た。高知の城下でも土佐天満宮の千年祭と云ふ騒ぎで、けふが丁度其終日であつた。市中は山車屋台《だしやたい》で大変な雑沓《ざつとう》である。天満宮は城西の青き筆山の麓、清き鏡川の岸に宮柱太しく祭祀されてある。此地は全く菅公の長子高視朝臣《たかみあそん》の土佐権守《ごんのかみ》として貶謫《へんたく》せられた所であつて、公《こう》の遺物の恩賜の御衣《ぎょい》と宝剣及明鏡が此宮に納つてあるゲナ。

　高知市は大して広くも無いが、清潔で宜しい。溝渠《こうきょ》が四通八達で運輸上の便利を得て居る。港も全く東京湾を小さく致したやうな格構《かくこう》で至極の良湾である。昨今は港内の浚渫《しゅんせつ》、桟橋工事などをやつてるから、益々商船の停泊には便利を得る方であらう。夫から其市の中央の旧城趾の下廻《したまわ》りには、三三伍々隊を組で、黒染木綿の窄袖《さくしゅう》短袴《たんこ》生が徘徊するのを見たが、彼等は商業学校、中学校、海員学校、農業学校等の生徒ぢやゲナが、其素振はいかにも活発で土佐書生の真面目を現はして居るが、此中から一人の坂本龍馬も出でぬことは請合だ。

＊貶謫＝左遷された土地でわびずまい。溝渠＝溝、ほりわり。窄袖短袴＝狭い袖に、短い袴。

卍四国霊場巡拝記(廿九)土佐国高岡郡須崎町

▲天子の謫所《たくしょ》＝須崎の良湾▼

五月十二日晴　此朝高知市を出で、四国卅一番霊場五台山竹林寺に詣でた。浦戸湾に文殊島の浮べるのを瞰下《みお》ろすなどは、却々《なかなか》の絶景である。次に卅二番禅師峯寺を打つと其湾の入口に来て小舟で横ぎつて対岸の浦戸港に渡る。此港が昔紀貫之ぬしが、都に上る時纜《ともづな》を解いた所である。夫から里許にして卅三番高福寺又里許にして卅四番種間寺である。何れも不信心の土佐人のことであるで、堂塔伽藍朽廃《きゅうはい》に任してあるので、

みほとけのむかしはいとゞ遠けれど
　土佐の寺々幾世経ぬらん

と云ふたやうな訳で、更に記すべきことも無い。夕景仁《に》淀川《よどがわ》を渡つて高岡町に宿つた。行程八里。

＊謫所＝流罪になって流された所。纜＝船を繋ぎとめておく綱。

五月十三日晴　土佐の国には古来上つ《こらいうえつ》方《がた》の謫流《たくる》された場所が極めて多い。畏れ多い事ながら、花山院やら一條院などが謫流されてをはしたと云ふ御跡を今日□ふた。夫は横波三里と云ふ高岡郡南端の内海にあるのである。今朝三十五番の清瀧寺から三十六番の青龍寺を打て、午後其横波三里の渡しにサシ掛つた。丸で瀬戸内海の旅行のやうで両浜の風光は明媚であつて、土佐国に思ひ掛ない御馳走であつた。暫く行くと右の浜に出見村と云ふのがある。此地は花山院の崩御遊ばした所であると伝へてある。

(御製)土佐の海に身は浮草のゆられきて
　よるべなき身をあはれとぞ見ん

土佐の海の花山ならぬ野山路に
　さすらふきみの跡を出見《いでみ》ん　(猿)

更に一里程舟が進むと其左舷に何となうおごそかに見ゆる宮がある。之は即ち一條院の亡骸《なきがら》を祀れる鳴無《おとなし》の宮と云ふのである。

(御製)名にしおふ人の知ぬもことわりや
　浦のうちなるおとなしのみや

一條のみかどの君のみやはしら
　おとなしとても音づれてみん(猿)

舟が湾の西詰の中ノ浦に着くと陸行《りくこう》二里須崎港に出る。此港は水深くして大船巨船の碇繋《ていけい》に適するので、土佐の国で第一の良港なので市街も一寸賑はしい。

＊謫流＝官吏が罪で流される。碇繋＝碇を繋ぎとめる。

卍四国霊場巡拝記(三十)土佐国幡多郡佐賀村

▲此猿の足痛＝田園の文学▼

五月十四日曇　今朝は津野刑部少輔在原元実《ありはらのもとざね》居城の地たりし、須崎の港を出で、、昔の城趾は其処此処ならんなど、評判しながら、四国三十七番の霊場仁井田の五社に向て出発した。

猿の木登りと云ふことはあるが、猿の坂登りと云ふことは無い。猿の我身が坂登りに巧者《こうしゃ》であらう筈《はず》も無いに、何かの因果で四国の途に迷ひ出で、登る山坂四百と八十八難。此上も無き苦行に昨今は両の御足に底豆、田舎豆、都豆、隠元豆、宝来豆などの豆の数々を生じ、脚の運びも意に任せざるに、剰《あまつ》さへ鬼国に入りてよりは、一日とて山坂越さぬ日は無きに、今日はまた思ひがけぬ、須崎坂、焼坂、添蚓坂《そうみみずさか》などの難路にかゝり、こよもなう打悩み猿の面の赤きも蒼《あお》ざむるまで息苦し。床鍋村よりは新道あり。漸く日暮に及び窪川村に着し、仁井田五社を遥拝《ようはい》し神仏取別けの為、今は札所となれる岩本寺にて納経を為す。此日行程七里。

五月十五日雨　天は我に幸いするか。今日は大雨。外々《ほかほか》の順礼も此駅に一日を消すべく見えたれば、我が気も揉《う》めず、足を揉み揉み今日は一日を揉み消す。

五月十六日晴　今日は昨日に打て変りし好晴なれば、一日を揉み消さんも流石《さすが》にうしろめたければ、足を引ずりながら出立す。見る人脚気病哉《かっけやみかな》と評判しあひ、気持宜しからねど、旅の恥のかきずて、殊更《ことさら》に跛《びっこ》をひくもをかし。幡多郡佐賀駅に出しは日輪西山に舂《うすづ》くの頃にてありき。行程は僅に五里。

五月十七日晴　流石の猿も四国の路《みち》には、閉口頓首《とんしゅ》したれば、今日は下行《しもゆき》汽船便を借て、鬼国を逃げ出して早く伊予路にかゝらんと思ひ、正午過発欄《はつらん》の汽船に打乗らんと心構へたるに、果して乗後れて開た口も閉ぢず。南無大師の御利益は斯《かく》も覿面《てきめん》なるものかなと我と我が気を咎《とが》め元の宿に引かへし、近郊に漫《そぞろ》み歩きし、此頃盛なる田植の態《さま》を見る。

若き老いたる賤《しず》の女等《めら》が二十人も其上も打交り裾かいまくりて苗を挿《はさ》みながら田植唄面白う唄ふ。我を忘れて耳を欹《そば》だてて聞く。昔白楽天は枕を欹て、遺愛寺の鐘を聴いたと云ふが、文学者は昔も今も其揆《そのき》一轍田植唄にも文学の趣味を探るかと自惚《うぬぼ》れつ、之を田園文学と唱へつ、聞き取りたる二三の田植唄を書き付けつ、

○飯のけたのはづれたのは
　しようことの無いものよ
○いぐいは打たれず、もじやふられず
○五月には之が芽出たい
　思ふ人と田に立つ
○田に立つも殿御が出来るも
　今年が始めて恥かし

其外は多く猥褻《ひわい》で、令嬢方の手前此処に書き兼ねる。元来田植は農民の舞踏会と云ふて良いもので、大分此時に怪しい交《なか》と成る男女があるが取別《とりわ》け土佐国の此地方では、妙な習慣があつて、田植始めに泥祭りと云ふことをする。夫は全く、娘子等《むすめこら》がなじみの殿御に泥を塗るのである。猿は現に其実況を目撃したがイヤ他愛も無いものである。

＊猥褻＝下品でみだらなこと。

卍四国霊場巡拝記（三十一）土佐国幡多郡宿毛

▲最後の土佐＝兼山の事業▼

五月十八日晴　高知市より南土佐各港に通航の汽船は隔日出帆《しゅっぱん》の規定であるから、本日はひとひを佐賀の港に暮さねばならぬので、イカニモ残念なればと思ひ、此近在にあると云ふ、尊良《たかなが》親王の配所を穿鑿《せんさく》して見た。古跡と云ふものは矢張古跡で折角訪づれても主人の君のおはすではなし。憐れ悽愴幽閴《せいそうゆうげき》の感に打れ過ぎにし昔の偲ばるゝものである。

佐賀港西一里有井《ありい》の庄と云ふ所にある、黒本《くろもと》の御所蹟と云ふのは、当時有井の庄司が営み奉りし尊良親王の御殿の跡である。新葉集に詠まれてある、

　我庵はとさの山風寒けきに
　　軒ばも月の影こほるなり

とあるのは、矢張此処の配所での御詠《ぎょえい》であらう。又

　啼けば聴く聞けば都の恋しさに
　　此里過よ山杜鵑《やまほととぎす》

に至ては、当時の其一の宮の君の御心事《ごしんじ》の程、気の毒と

も覚えていづれ涙の種である。

五月十九日雨　今日は午下《ごか》二時に果して土佐汽船会社の汽船日高丸が佐賀港に着たで直ちに南八里の下田港に向ふた。下田港は土佐第一の大河四万十川の注口に位《くらい》する港である。之は南土佐で須要《すよう》の港であつて船舶の出入が多い。一寸見た所で黒龍江口のニコライスク港か利根河口の銚子浦と云やうな地形である。伊予行の船客《せんきゃく》は此港で乗換と云ふことで、今日は又下田港に一泊した。

五月二十日曇　前夜来の暴風《しけ》模様で汽船が出帆せぬので、今日も空しく旅亭《りょてい》の片隅に転《ころ》んで居たが、セメテモの腹癒《はらい》せにと思ひ、宿のおなんサン(土佐国にては家の主婦のことをおなんと云ふ。猶《な》ほおかみサンと云ふが如し)に命じて此地方、本家本元の土佐節の爺親《おやじ》の鰹を味ッて見たが、却々《なかなか》に旨《うま》かつた。

五月二十一日晴　今朝五時に汽船土陽丸に搭《とう》じて土州の南角蹉跎《あしずり》岬を一廻《かい》して伊予国境に向ふた。蹉跎の岬は世に名だゝる絶景である。蹉跎山金剛福寺は四国三十八番の霊刹《れいさつ》であつて弘法大師此所に求聞持の法を修し給ふ霊蹟と聞くから、甲板上より謹んで霊拝した。

岬を西に廻ると、船は清水、川口、小才角《こさいつの》、古満目《こまめ》などの小港《こみなと》に着けるが、其の沿岸の奇岩怪巌《かいがん》、千態万状《せんたいばんじょう》をなして、蒼溟《そうめい》に浮ぶの観たる。到底紙筆《しひつ》に尽すべき版園《はんえん》で無い。此絶勝を探らずして日本風景論などを蝶々《ちょうちょう》するのは沙汰の限りである。薄暮船は土佐最南の一港宿毛に投錨《とうびょう》した。此地は林有造などゝ云ふ天下の傑物(?)の産地であるから宿毛とて馬鹿にはならぬ。

此夜十一時汽船御荘丸に乗移つて伊予の宇和島に向ふた。其処で土佐の国の紀行は今晩で終る。其最後の土佐記に一筆致して置きたいのは、彼《か》の野中兼山の事業である。猿は兼山の名を聞くこと久しく、兼山の事業を親しく見たのは、今回が始めてゞある。彼が一代の学殖《がくしょく》を振ふて剣を夷《たいら》げ蕪《ぶ》を開き、港埠《こうふ》を築き、溝渠を疎《そ》し、又津渠を修したるの跡は、此国東端の安芸郡より西界《せいかい》の幡多郡まで到る所に見うるゝ。実に彼の如きは所謂公益を広め世務《せいむ》を開きたるものである。此国でも民権論の退助さんや、廃娼論《はいしょうろん》の枝盛さんや、征韓論の象二郎さんや、国会議長の健吉さんや、五百万円の弥之助さんやを製造したが、ミンナはしたもので云はゞ兼山の足元にも寄付ける品で無い。土佐の黒袴《こくこ》子弟《してい》口吟《こうぎん》すらく、

果決詢公不顧身、　敢排群議運経綸、
半生心血注溝洫、　一代学風開洛閩、
巳有事功施後世、　何須著作貽来人、
動労只今鐫金石、　却使遺孤為遂臣、

＊悽愴＝すさまじく、痛ましい様子。御心事＝心に思う事柄。須要＝必要であること。必須。千態万状＝千状万態。種々様々の状態。蒼溟＝青い大海。版園＝印刷の範囲。投錨＝錨を下ろす。学殖＝身についた学問上の深い知識。夷げ＝除き、払う。蕪＝荒地。疎し＝水が流れ通じる。世務＝社会のためになすべき仕事。黒袴＝黒子。口吟＝詩歌を口ずさむ。

卍四国霊場巡拝記(三十二)予州北宇和郡宇和島町

◀国境の糞塚＝偏路の悪戯▶

五月二十二日曇　土佐を鬼国と唱へる来歴は、其源を探ねると、単に四国順拝の偏路が虐待されるからと云ふに起つたのでは無いゲナ。旧藩時代に在《あっ》ては土佐の国は其民口《みんこう》の滋殖《じしょく》を患《うれ》ひて、一夫婦に子供二人と云ふ制度を立て、三人目の子供からはミンナ摑殺《つかみころ》したものであるゲナ。之は今頃欧州の某々国に行はれてある「ツアイ（ママ）、キンデル、システム」とも似て至《いたっ》て妙な習慣であつたが、其残忍酷薄固《ざんにんこくはくもと》より人情の軌道を外れてある。底で土佐が鬼国と云ふ美号を得たのであるが、今日では四国巡礼衆の呼びならはしのものと成て来たのも可笑《おか》しい。

四国巡礼は土佐の国では他三国で費した費用よりも多くを要すると云ふて、小言だら〳〵で一時も早く土佐の境界を逃げ出さんと気をイラツて居る。であるから土佐の札を打納めて伊予路にか丶るとヤレ安心ぢやと云ふて、紀念碑を留めて行く。之が則《すなわ》ち所題《しょだい》の糞塚《ふんづか》である。

偏路が糞塚を築く位置は、土、予、境界の待王坂《まつおうさか》と云ふ坂の頂上である。伝を見るに、元弘の昔時《むかし》一ノ宮尊良親王が土佐の幡多郡に遷徙《せんし》とありし砌、河野伊予入道道《みち》治《はる》、土、予境上に親王を奉迎《ほうげい》したと云ふてある。則ち夫

が取も直さず待王坂である。其当時紀念植付ノ松と云ふのが今緑深く栄えてあるが、其翠黛《すいたい》の蔭に、幾百の「ゴルデン、モニユーメント」(金色紀念塔と翻訳《ほんやく》致《いたす》置《おき》候《そうろう》)が、並列してあるは、松の緑と相映《あいえい》じて却々の壮観である。其の「ゴルデン、モニユーメント」の建立者は取も直さず通行の巡礼衆にて、土佐の国に謝恩の為めであると云ふてある。であるから其「モニユーメント」の正面は土佐の方を向てある。何れも鼻持のならぬ臭気があるが蘭奢《らんしゃ》の薫《かおり》とでも云と、勿体ならしい。之が所謂土、予境上の糞塚であるが、猿は此糞塚が東京にも築かれて欲く思ふた。其位置はと云ふと無論藩閥内閣の玄関先が至極であるが、今の青年にはサテ其「ゴルデン、モニユーメント」を千代田城下の或所に築設《ちくせつ》すると云ふ、心意気があらうか。若し其心意気あれば不肖猿時に率先して其拝任技師たるを辞せぬ。否玄関先のみならず藩閥大臣の禿顱《とくろ》に所謂「ゴルデン、モニユーメント」を築いて蘭奢の薫が嗅《か》がせてやりたいとも思ふよ。

　伊予の平城村に四十番霊場観自在寺を拝し汽船御荘丸にて宇和島港に廻はる。海上廿五海里。碇泊せし所、岩松、福浦の諸港、此辺海陸交錯、島嶼《とうしょ》点々布置《ふち》、又絶佳の景色である。本船宇和島港に入る。上陸当夜は此港に宿泊。

＊民口＝人口。滋殖＝ますます増える。酷薄＝残酷で薄情なさま。所題＝扱うテーマ。遷徙＝移ること。翠黛＝みどりのまゆずみ。蘭奢＝蘭の香りの贅沢。禿顱＝禿の頭。島嶼＝島々。布置＝配置。

卍四国霊場巡拝記(三十三)於予州松山市

▲大洲と藤樹＝伊予の耶馬《やま》▼

五月二十三日晴　伊予の宇和島は一寸人間を製造した所である。伊達春山翁は此処の旧藩主で今の大学の穂積博士等兄弟児島惟謙《いけん》君なども此藩の出身であるが、猿などが就中《なかんづく》慕はしく思ふのは故末広鉄腸居士である。居士《こじ》の前に居士なく、居士の後に居士なく他の人間を失ふても居士は失ひたくなかつたのである。往年自分が肥前旅行中平戸の菅沼貞風の墓参を致したことを想ひ起し今回もセメテは墓参をと心掛たに到頭《とうとう》捜索し得なかつたのは近来の遺憾である。多少猿も前程《ぜんてい》にサシ急ぐことがあつて、今日は汽車汽船を利用して飛鳥《ひちょう》旅行をやッて、宇和島から吉田大洲を経て晩景伊予の中央行政地松山市に来た。打《うつ》た札が四国四十一番は宇和郡戸雁《とかり》の稲荷、四十二番は同則《そく》村の佛木寺、四十三番は同明石村の明石寺四十四番は菅生山《すがおさん》大宝寺明玉集の「朝なぎに漕《こぎ》出で見れば伊予地なる菅生の山に雲のかゝれる」てふ藤原為頼《ふじわらためより》の詠《えい》も此処のことよと思ひ、四十五番の岩屋寺は無論伊予の耶《や》馬渓《まけい》と云ふので四国霊場中の絶景であれば、彼是書き付くるまでもないと思ふ。其押分岩《おしわけいわ》に穴禅定《あなぜんじょう》、金の鎖や雲の梯《かけはし》などの大師が愚民済度の悪戯、見ぬ人には有難味も薄し。

数十里程携痩藤　遥来霊地避炎蒸
仙人開闢中岩寺　龍女桃残半夜燈
万仭懸崖穿霧聳　一條嶮路踏雲登
松杉風外暁堂月　山鳥声高仏法僧

之が岩屋寺に題した南源大禅師《なんげんだいぜんし》の詩である。四十六番は浄瑠璃寺にて四十七番は八坂寺四十八番は西林寺、四十九番浄土寺五十番繁多寺、五十一番石手寺でザット光明真言を繰《くっ》て松山にころげ込んだ。今日の日記を終るに当り、一寸其途中の大洲の町のことを云はねばならぬ。之は加藤左近太夫貞泰《さこんたいふさだやす》以来世々六万石の城下で、喜多郡肱川《ひじかわ》の流れに瀕《ひん》した、風景に富んでる地である。大洲で聯想《れんそう》さるゝのは例の近江聖人中江藤樹である。藤樹の父與右衛門吉長《よえもんよしなが》は加藤遠江守《とうとうみのかみ》に仕へ此大洲に来てあつた。藤樹は底で全く肱川の水を飲で育つた人で、其長ずるや父と別れて、大洲侯の支封地《しほうち》新谷(大洲を去る二里の寒邑《かんゆう》)に移つて加藤織部正直泰《おりべのしょうなおやす》に仕へたが、晩年例の樹静《きしず》まらんと欲すれども風止ず、の一件で近江の土に化して仕舞つた。今は大洲にも新谷にも其尋ぬべき跡は無《ない》が、足其地を踏《ふむ》と思《おもい》其昔に及び、亭竚《ていちょ》纏綿《てんめん》の情とかに耐えぬものであるソウナ。

＊前程＝行く先。前途。亭竚＝物見の台で竚む。纏綿＝複雑にからみ付くこと。

卍四国霊場巡拝記(三十四)於伊予国松山市

▲偏奴の演説＝蛍雪の中学▼

五月二十四日晴　諸君！余は本校第四期の卒業生にして、指を僂《かがな》ふれば、恰《あたか》も九年目にて、其昔蛍雪の苦学を積みし、当校に来たのである。余たるもの豈《あ》に多少の感懐《かんかい》なからんや。慥《たしか》に薩摩守忠度《ただのり》と記憶してあるが、さゞなみや志賀の都はあれにしも昔ながらの山桜花と云ふ古歌の意はイカニモ能く其昔住み詑びし都の感懐を現はしてあると思ふ。

余が本校の校門を入ると直に其果樹此花卉《かんき》は悉く余の胸裡《きょうり》に過去となり現在と成て往来した想種《おもいぐさ》であった。余は栄えゆく志賀の都を見て、余の感懐は悲観的にあらずして、喜観的《きかんてき》であッた。余は余に斯の如く多数の有為《ゆうい》俊髦《しゅんもう》の後進諸君のあることを見て、其喜び何にもたとへやうが無い。今日計らずも本校長野中久徴君の御依頼に依て諸君に一場の「スピーチ」をなすことであるが、之は余より寧ろ希望する所であるで、余は余の旅装のイカにも異様にしてイカにも卑陋《ひろう》千万にして諸君に失礼であるにも拘はらず、敢えて此演壇に登つた。併し余は只今は偏奴の身分であるから、四国霊場巡拝の偏奴即ち巡礼に縁故の談話をなしたいと思ふで、余即ち偏奴が談話を為すにあらずして、偏奴を評題にして弘法大師が諸君に説教するものと思ふて謹聴《きんちょう》して貰ひたいのである。

(上略)弘法大師は余の郷里即ち瀬戸内海のコルシカ島に生れたと云ふ説もあるが、先づ讃州屛風浦《びょうぶがうら》の善通寺と云ふてある。彼は幼少の時より苦学をなしたものであッて、廿歳《はたち》の時に泉州槙尾の勤操僧都《ごんそうそうず》に随ふて、出家得度して空海上人と改名したのであッて、既にして本朝に就て学ぶの師なきに至り、彼は延暦二十三年大日経を携へて、唐に入り青龍寺の恵果《けいか》阿闍梨に就て、一代の教派真言秘密の教法を授かッたのである。彼が帰朝の後真言宗なるものが始めて日本に広がった。(中略)

彼は其身四国に於て産声を挙げたから、所謂鳥は南枝に囀《さえず》り馬は北風に嘶《いなな》くと云ふ如く、其郷貫《きょうかん》の思はれて、八十八ヶ所の霊跡を四国の地に残し、其草莱《そうらい》を開き、其荒蕪《こうぶ》を夷《たいら》にするの、一方便《ほうべん》として、四国の土地人民に利《り》徳《とく》を得せしめんと致せし訳合《わけあい》に相違無い。惜しい哉《かな》彼はアマリ悧口《りこう》になり過ぎて、昔も今もの四国人の知識才力を独りで、背負つて出たものであるから、今の四国人には殊の外、ナマクラが多く、議会などに出て居る動物も、動物ならマダシモであるが何れも土人形同然でイヤハヤ面目次第も無いことである。ドーカお互青年の先輩には愛即ち「ラブ」の為に高野の山に即身成仏までされた、偉大なる人物、日本は愚か世界に罕《まれ》なる大人物弘法大師があれば、セメては其万分一でもアヤカリたいと思ふ。人は「ラブ」の為に働く位立派なものは無い。「ラブ」の為に働く人は稍《やや》もすると空前絶後の事業を為すものである。余は不肖ながら弘法大師に次で空前絶後の生涯を世界歴史の上に止めると云ふ自信を立て通す積《つもり》であるが、諸君も前途遼遠《りょうえん》であるから、其大希望を以て世に立ち賜へ。諸君の個人々《インデイビユアル》に就ては御相談とあらばお話も仕つらむ。余は今時《こんじ》帝都に空前絶後の大業《たいぎょう》を目論見つゝある、二六新報社に筆を舐《ねぶ》て居るから、上京したら訪問して呉れ賜へ。只諸君の今日に望む所は、弘法大師の常に訓《おし》へられたる、人はラシクあれ、と云ふことである。諸君は今日は生徒ラシクあれ、諸君の目的上の心掛に就ては紀念の為め今一つの「イングリッシ、フェーアリー、テール」を語るから夫を書取たまへ（英語譬話《たとえばなし》略）

我は昨年京に空前絶後の病を得、今年空前絶後の旅行を遂げ。今最明寺《さいみょうじ》時頼《ときより》を気取つて、今日空前絶後の演説を為す。我果して空前絶後の人たるに恥ぢず。其自惚《うぬぼれ》の筆鋒《ひっぽう》実に空前絶後なり。読む人又以て空前絶後の苦笑を為す。誠に空前絶後の事実である。之を今弘法の空前絶後宗と云ふ。

＊僂ふ＝日数を指折りかぞえる。花卉＝全ての草。有為＝才能があって将来の役に立つこと。俊髦＝すぐれる。ぬきんでる。卑陋＝表現・性行などが下品であること。謹聴＝慎しんで聞くこと。夷＝土地を平にする。前途遼遠＝はるかに遠いこと。今時＝この頃。現代。舐て＝なめて。

卍四国霊場巡拝記(三十五)於予州越智郡今治町

▲道後の温泉＝松山の名残▼

五月二十五日晴　伊予国温泉郡の道後温泉は太古大山津見《おおやまつみ》と鹿屋野比売《かやのひめ》の二柱の命《みこと》が、白鷺《しらさぎ》の霊験に依て、御発見に相成《あいなっ》た所で、後、少名彦命《すくなひこみこと》は此温泉に浴されて、蘇生《そせい》されたと云ふてある。夫から歴代の天皇が御幸《みゆき》になッたことは、数かぎりも無い。行基律師の和歌にも、

神《かみ》さぶる伊よの湯げたのそのかみを
　　思いへば遠き御幸《みゆき》なりけり

とある。デあるから、帝国幾多の名泉中にも最も古く且つ其来歴の奥床しい分では、此温泉の右に出るものが無い。今は宏壮な建築も出来てあつて諸国の浴客《よくきゃく》は四季共に入込んで、公園の桜を狩り、石手の水に釣りし、湯ノ山の月を眺め、松ヶ枝町の動物を弄《もてあそ》ぶと云ふ塩梅《あんばい》で、却々の賑まひであるナウヂ、ある。

猿もゲニ九年目に此地に遊び所謂一昔前に中学の「クラス、メート」等と一円二十銭の小倉服を着けて、意気揚々として此温泉に乗込み、名物甘酒の一杯も啜《すす》ッて、

1-5 遍路が休養した道後温泉

舌打しながら、ナント今日は良い日曜であッたナと云ふて、大満足を致して居たがと想ふたりして在松《ざいしょう》の旧友と湯あみした。昨日は中学で野中校長に九年目に寄宿舎の飯を喰ッて見んかと云はれて、彼是関聯《かんれん》せる昔のメモリーを呼起して、懐旧《かいきゅう》の情は一入《ひとしお》も二入《ふたしお》も深かッたが、今日も亦同感に打たれた。

自分の立身と深き関係を作ッて居る松山に久し振でやつて来て、其恩師其旧友と久し振りに語らふてマダ名残も尽きぬに、ハヤ今朝は絞る袂を振切ッて、金剛杖の導く方向に出立せねばならぬことで、勝山城の其昔にかはらぬ松の緑の雲霞《うんか》に見え隠れるまでも低徊顧眄《ていかいこべん》、フト大山寺の神幸石《しんこうせき》に跪《ひざまず》いて、ドッコイ浮雲《あぶな》い。コリヤ何時の間にやら五十二番の霊場に来た、と独言《ひとりごち》つザット般若心経を繰《く》ッて、同郡和気村円明寺に廻ッた。当山は沙門行基の開創で四国五十三番の霊場である。五十三番から五十四番越智郡阿方村延命寺まで、道が九里二十町ある。伊予の北角を繞《めぐ》る海岸筋で、久々にて瀬戸内海の美景にお目に懸るしジツニ愉快であッた。

途中の堀江、風早、北條、菊間、大井は一筋町の宿場である。北條の腰折山は猿の出迎へに来たのであらうかとも思はれた。

伊予の湯を灌《そそ》ぎかけなば伸ぬらん
難波のうたるこしをれの山　（西行法師）

菊間の遍照院は弘法大師自作の自像を安置してある。山縣サーベル隊長の自像とドッチが値打が上であらうか。

黄昏《たそがれ》四国五十五番大山祇神社地の御前別宮山南光坊《ごぜんべつぐうさんなんこうぼう》に来て、之で今治の町となる。此行程十一里半。

＊宏壮＝建物などが広くて立派な様子。浴客＝温泉に入りに来る客。懐旧＝みんなが若かった昔をなつかしく思い起こすこと。立身＝社会的に認められる、いい位置につくこと。低徊顧眄＝行きつ戻りつ顧みる。

卍四国霊場巡拝記(三十六)於予州越智郡今治町

▲今治の細雨＝点茶の一席▼

五月二十六日曇　今治の埠頭＝国府の山門と云ふ。標題を打て、四国霊場巡拝の筆を起こしたのは、既にハヤ四十余日の過去となつた。以来時計の針のたゆみなく廻るが如く、廻る時針の方向に廻り廻つて、三百〇四里と五丁。四国四ヶ国の山川を膝栗毛にかけて、到頭当初発靭の今治の埠頭に帰着して、年来志した霊場巡拝の大希望もザット片付けたやうなものである。

明日の日にも昨夕打留めた、四国五十五番別宮山の奥の院、界隈に其名も隠れなき、伊予の大三島に鎮座の大《おお》山祇《やまずみ》大明神を拝んだことなら、先づ此名物男の名物旅行も一段落を告ぐると云ふ次第である。今日の細雨濛々《もうもう》と云ふやうな、鬱陶《うっとう》敷《し》き日を満更《まんざら》の旅の空に過さんはあぢきなき事なれど、今治の地は猿が所謂コルシカ島より出で、小学教育を受けし、イトも深き縁故ある土地柄なれば、彼処此処《かしこここ》に語らふ人も多し。中にも此処の寄宿石原《いしはら》信文主《のぶふみぬし》と云ふは、猿が乳臭《にゅうしゅう》少年の時より愛寵《あいちょう》を受けし御方にて、広く和漢の学に通じ、風流の道さへ心得らるれば猿が長途の旅行を様々と労われる犒《ねぎら》はれ、茗香《めいこう》の一点を進ぜんとて、ソガ茶席即ち数奇屋に招《しょう》ぜられた。

主人の導《みちび》かるゝまゝに、数奇屋のにぢり口より上れば、其左は床にて床脇はスグ勝手口にて、勝手口の正面は炉で風炉先《ふろさき》窓も形の如く、しつらへてある。三畳の小数寄屋であるが、柱、天井、壁色及腰張まで、簡卒粗樸《かんそつそぼく》を貴ぶ茶道の趣意に叶ふやうに見えて、猿が身分にも無き、茶を好む精神と能く照応したべく感じた。床間の心中無一事の一幅《いっぷく》は禅味を帯びてアツて、四国順礼に茶の饗応として、ふさはしき掛物でアツて主人の注意周到なるを示してある。主人が今しも懸けた釜は、慥《たしか》に黙兵衛で珍らしきものである。主人が今しも持出したる河太郎棗《なつめ》は夜桜模様で美しいものである。其他水壺《みずさし》、建水《こぼし》、茶碗、茶杓《ちゃしゃく》、柄杓《ひしゃく》に至るまでも数寄を尽くしたものらしく見ゆる。一応主人の炭手前《すみてまえ》濃茶平手前《こいちゃひらてまえ》を拝見して、其手練《しゅれん》に敬服し、一点の茗香を頂戴した時は、長途の疲労も打忘るゝばかりの味が致した。之は猿に取つては実に旅行以来の快味《かいみ》で、世の中の不風流物《ぶふうりゅうもの》に此快味を探らせんと思へばこそ、今日は点茶日記を物した。決して之は無茶な文字では無い。

＊茗香＝おそくつみとった茶の香り。風炉＝火を入れて燃やし続ける装置。簡卒粗樸＝飾り気がない。無一事＝何もない。棗＝抹茶を入れる茶器。快味＝よい味。

卍四国霊場巡拝記（三十七）於予州越智郡大三島

▲奥院の絶景＝三島の明神▼

五月二十七日晴　今治の埠頭から、朝六時発の福盛丸便に乗ると、海上七里はや大三島に到着する。御串山《みくしやま》の緑《りょく》翠《すい》は滴《したた》らんと欲し明治川の白沙は磨けるが如く、相映発《あいえいはつ》して一種神霊の気を含んであるから、瀬戸内の小島とて馬鹿にはならぬと見えたりしが、果たして此処が日本総鎮守伊予一の宮と聞く。国幣中社大山祇《づみ》神社の宮柱の底《そこ》津岩根《ついわね》に太しく建てる所ぢやと申してある。社頭の華表《とりい》は高さ四丈径三尺の石材にて、帝国無類と云ふてある。其正面に日本総鎮守大山祇大明神の十一字を書た銅額が掲げてある。之は参議藤原佐理《さのすけ》卿の船板額と云ふ八釜《やかま》しいものを写したのである。ヅーッと境内に入込むと、蒼《おう》欝《うつ》たる密林であって、千年二千年乃至《ないし》は三千年の年所《ねんしょ》を経たりと思ふ。数十囲の予樟《よしょう》百余株もある。実に稀代《きだい》の珍物では無いか。社殿は聊《いささ》か高台にある。之も宏壮なるもので、五百余年前の建築と申伝へてある。猿は斯《か》かる僻陬《へきそう》に斯かる、厳かなる大社が何故あるのであらうかと云ふ疑問を解釈するべく小首を傾げた。祭神大山祇命《おおやまづみみこと》は読者も知る如く、畏れ多くも人皇一代神武天皇の父神鵜蘆葺不合命《うがやふきあえずのみこと》の御后木花咲耶姫《おきさきこのはなさくやひめ》の父神でましまし。日本書紀などに伊装諾尊抜レ剱斬二軻遇突智一為二三股一其一股是為二雷神《いかずちのかみ》一一股是為二大山祇神一一股是為二高霊《たかみむすび》一とある。其大山祇神であるから由緒はイカニモ古めかしいものである。此神多分は邈焉《ばくえん》たる神代の昔しに伊予の二名州《にめいしゅう》を四国猿のやうにウロツイテ居られた時に、此風光明媚の三島の土地が住居《すまい》に格好と見そなはした訳であろう。

其御鎮座の時に霊鷲《れいしょう》止つたと云ふ。鷲ヶ峯は社の背面に兀立《こつりつ》してあつて、島内第一の高巒《こうらん》である。一遍上人が、発心の頃建立されしと云ふ五輪の大石塔は三基ある。コハ本地太通智勝仏《だいつうちしょうぶつ》の光りを輝し、明神の威徳を遺《のこ》しをかれたものであると云ふてある。

西に行く山に岩かどふみ見れば
　苔こそみちのさはりなりけれ

と云ふ和歌は略《ほぼ》磨滅《まめつ》して見えぬ。

あはれとや三島の神の宮柱
　唯こゝにしも巡り来にけり　（安嘉門院四条）
伊予路ゆく大山づみは三島江の
　あきしもなどか鳥をとるらん　（定家卿）
三島江の暁深しこゑふけて
　神さびわたる鈴の音かな　（池原殿）

などの和歌は此社に詣でゝ思ひ浮べられる。

弘法大師は例の両部神道説を振廻はして、無論此大社を四国霊場の札所に繰込むことを抜《ぬ》からなかッた。然《しか》るに明治二年神仏取別《しんぶつとりわ》けの際に三島大明社に安置した本尊大日如来を同所の東円坊に移して、此処が四国五十五番の札所と成つてあつたが、此島海上の渡しで不便であるから、と云ふので、本札を三島地の御前なる今治の別宮山に移して此地は今は五十五番の奥院となつてある。四国偏路も段々脚を運んで参詣するべく見える。

＊蒼欝＝草木がむらがりしげる。年所＝年数。歳月。予樟＝くすの木。邈焉＝はるかに遠いさま。兀立＝他のものから飛びぬけて高くそびえていること。高巒＝高い連なる山々。

卍四国霊場巡拝記（三十八）於予州越智郡大三島

▲明神の大祭＝宝物の縦覧▼

五月二十八日晴　今日と云ふ今日は恰も陰暦四月二十二日に相当し、其大三島鎮座の大山祇大明神の臨時大祭日であるさうで、猿も歩けば棒にあたる、と申しては変だが丁度此大祭日に此処に来合はしたのも御大師様の御引合せであらうか。ナニセ幸なことである。

大三島の大祭と云ふのは関西方に於ては、讃州金比羅、芸州厳島の夫と伯仲の間にあるものゝ由で、事に依ると人出は大三島が一等であらうかと云ふ一般の評判であるが、けふは実際を目撃するので確実ナ批判が出来る。

サシモニ広き明神の境内から海岸に至るまでの五、六丁の一筋の両側は、前夜来興行物と屋台店にて寸隙《すんげき》を残さぬ。云はゞ平常寂寥《せきりょう》の島影は俄に京の浅草阪の道頓堀を写し出したと云ふ始末である。正午前後にかけて、ドヤ〳〵雲霞の如く繰込む群衆、肩摩穀撃《けんまこくげき》とか云ふが其穀撃は無いが、肩摩の方で或は摩擦電気でも発《おこ》しはせぬかと心配致したが、大明神の御利益で先づ〳〵無事に参詣を相遂げるらしい。

サテ不審議《ふしぎ》なことは島内挙て三万の民口《みんこう》、イカなれば斯かる人出あるやと云ふに、コハ中国筋、四国路、九州路の信徒が和船にて漕《こ》ぎ寄《よ》するので十三里が島の津々浦々は紅白藍の旗印を翻へせる大小の船舶が舳艫《じくろ》相銜《あいふく》んで即ち十三里に列《つらな》り、其壮観美観、之を鷲峯の頂角に立て瞰下《かんか》するに於ては瀬戸内海の一大花彩島《かさいとう》と見るべかりけりで見事千万ナ者である。

大山祇神社の宝物には甲冑武器稀代の珍品を蔵するを以て、天下に聞ゆ。其国宝に属するもの無慮百十点の多きに及ぶと云ふを以ても全斑を推すことが出来る。是れ大日本六十余州の神社仏閣に比類なき所では無いか。今日は祭日で宝物展覧がある。三島禰宜《ねぎ》の案内にて逐一拝見したが、皆目《みなめ》を眩《げん》するばかり、魂を奪ふばかりにて、到底見ぬ人に三寸の口や五寸の筆で御紹介は出来ぬが、セメテ目録ばかりでも書て見ようか。

源義経朝臣奉納緋縅鎧一領　源頼朝公奉納色々縅鎧一領　源頼家公奉納同一領　奉納者不明薫革縅胴丸二同色々縅腹巻二　同紺糸縅膝鎧二　和田義盛奉納箙一箇　奉納者不明大圓山形兜(作家十代物)　同胴丸(眉白綾裾藍革縅)　同腹巻(肩紅白藍革縅)大森彦七奉納野太刀一口　多々羅朝臣奉納国吉作刀一口　奉納者不明宗延作刀一口　同恒真作刀一口　小松内大臣重盛奉納水建二箇　孝謙天皇御奉納鳥獣葡萄鏡一面　高倉天皇御奉納御宸筆一巻　御西院天皇御奉納御宸筆一巻

以上は無論盡《ことごと》く国宝で其外は一々列挙せぬ。国宝になつて居ない部分に面白さうなものは、荒木村重の野太刀、佐藤忠信の太刀、塙団右衛門の野太刀、城州淀城主稲葉正邦奉納の太刀、小松重盛奉納の薙刀、巴御前の薙刀、平景清の薙刀、木村長門守の薙刀、武蔵坊弁慶の薙刀及野太刀、源義家の弓、能登守教経の弓、那須与市の弓等で其他名刀には加藤嘉明奉納の太刀、松平隠岐守奉納太刀、頼国光作宝刀、正宗作短刀、助宗作短刀、備前長船祐定作宝刀、参州長吉作太刀、頼太郎国行作太刀、相州正次作小刀、備前則光作小刀、皆抜けば玉散る氷の刃で希世の珍宝でがな御座らう。

　其外当社は今の助平侯爵の祖先伊予の守護河野家歴代の祈願所なるを以て、河野通信以来御奉納の甲冑武器固より多い。通信の白旗などを見ると、弘安役の昔を目前に見るやうである。助平侯爵も其祖先の祈願所に奥方梅子の方の腰巻でも奉納して、後の今を見る今の昔を見るが如く、閣下漁色の紀念とでもせぬかい。嗚呼々々今頃祖先は地下に長嘆息せることにてあらむ。猿は此地に菅原道真第三子敦茂公の遠孫あるを知り、千年祭の折からとて其霊廟をも拝んだ。

〇　佐々木信綱

なつかしき母のみ面わふと消えて
　燈下くらし梅雨のおと

〇

なき妻がぬひさしたりし夏袷
　こはかくながら残しおかまし

＊縦覧＝思うまま自由に見ること。寸隙＝わずかなすきま。舳艪＝へさき。船の前部。瞰下＝見おろす。眩する＝まばゆい。まぶしい。緋縅＝緋に染めた革や組み糸を用いて、鎧のさねをつづったもの。

卍四国霊場巡拝記（三十九）於予州越智郡大三島

▲三島の名所＝入日の瀑布▼

五月二十九日晴　伊予の三島宮大山祇神社を勧請したのが、伊豆国加茂郡の三島神社及摂津国三島郡三島神社で何れも有名な大社である。尚ほ扶桑紀に依ると持統天皇詔《みことのり》して我朝一州毎に大山祇神を移し賜ふとあり。是に仍《よつ》て伊予国の三島に鎮座の大山祇神を大三島宮と崇め奉り、大元《おおもと》の宮の意を明《あきら》かにすとあり。又同紀に成務天皇詔して伊予二名州の各郷毎に三島の神を遷徙《せんし》祭祀して一郷一宮と崇むるとあり。是に於て全く日本総鎮守の称号空しからざる大社である。

　斯かる大社のある所であるから、山水の明媚に至ては、毛唐が世界の楽園《パラダイス》ともて囃《はや》す瀬戸内海中でも、亦随一のパラダイスで、最も風景に富んで居る。就中《なかんずく》世に三島八景と云ふやつは天下の絶景である。一に社頭の桜花、二に鏡山の明月、三に安神山の夜雨、四に鷲峯《わしがみね》の暮雪《ぼせつ》、五に横島の白帆《はくはん》、六に浦戸の夕照《せきしょう》、七に鼠山の燈明、八に入日の瀑布《ばくふ》と云ふ顔触《かおぶれ》である。デあるが其入日の瀑布と云ふのが先づ時節柄の見物《みもの》であると云ふので、笻《つえ》を之に曳いた。

　断崖高サに十丈幅に亦十丈甚だ高からず甚だ広からずと云へども、雌雄雨水白糸を懸くるが如く、清響《せいきょう》冷々《れいれい》、自ら糸竹《しちく》をなし、岩角に激して砕点飛灑《さいてんひしゃ》、其美其壮得て語るべからず。瀧の前景を装飾するものは、大蛇の如く匍匐《ほふく》する一大老松である。水霧は散じて松翠《まつみどり》に白《はく》玉瑩《ぎょくかがや》き、両々相待《りょうりょうあいまつ》て好箇《こうこ》の画題《がだい》を存す。是れ一ヶ完全なる所謂瀑布の模型である。

壁立峻厳半脱藍。千尋白練妙談真。
正知只此山中境。即是舎那浄法身。（某僧）

名にしおふ入日の瀧のしら糸を
　繰返し見る今日ぞたのしき（某女史）

茶も酒も入日の瀧の地蔵尊
　いらぬと人の見る斗《ばか》りなり（某女史）

酒さかなお茶もお菓子もみなつきぬ
　つきぬは瀧のながめなりけり（四国猿）

何時しか、四国八十八ヶ所霊場巡拝の夢醒め、此日猿は己が故郷所謂コルシカ島の大三島に在て、入日の瀑布前に清宴を張り仟《そ》が親戚仟が故旧と親しく飲み、睦まじく語り、五十有余日長途の旅を犒《ねぎら》はれつゝ、ありしのである。某僧は猿の友にて某女史は猿の叔母（小原氏）。猿の友人にて慰労の席上彼《かの》絶句此詠吟を得たらしく見ゆ。大山祇神社の大三島宮は猿が産土《うぶすな》の神なりき。鷲峯は猿が此麓に産声を揚げたりとて、己が雅号とする所が、印度の霊地鷲峯《わしみね》と相もぢりて面白し。此猿遂に四国霊場の巡拝を了《お》へて己が故山《こざん》に安着し、己が故郷自慢をなし読者に勿体らしく奉読せしめぬ。太き野郎、ブ太き此猿めと読者が今更眉《まゆ》に唾《つば》も可笑《おか》しき業《わざ》よ！

明日よりは旅行の終結披露として、面白可笑しき余歴を綴り、永々大喝采を博したる四国霊場巡拝記に一入《ひとしお》の花を咲かしめんこともがなと。鷲峯《わしがみね》の麓に鷲峯生《しゅうほうせい》申《もう》す。

＊清響冷々＝清らかな音の響き渡るさま。糸竹＝弦楽器と管楽器を演奏すること。砕点飛灑＝石を砕き、水を注ぎ洗う。匍匐＝枝が地面をはう。両々相待て（俟って）＝双方とも。好箇＝適当なさま。画題＝絵の題名。故旧＝旧友。産土の神＝生まれた土地の守護神。故山＝ふるさとにある山。

卍四国霊場巡拝記（四十）於予州越智郡大三島

▲四国の縁起＝空海の才識▼

今日から、四十余日行脚旅行の面白可笑しき、雑話を物する筈であるが、其前に先づ、此勿体なき四国八十八ヶ所の縁起を委しく説いて置く必要がある。イカニ其空海が才識に富んで居て、イカニ能く大法螺を吹たかゞ之にても分る。

猿《わたし》は此頃の巡拝記に空海の弘法大師が、四国霊場を開いたのは、全く彼が其生れ故郷への忠義であると書いたが、成程夫もあッた。併し其数が五国でも無ければ、三国でも無く、四国《こく》であッたのは、其四の数が偶然ながら、面白い。仏法の方に四悪趣と云ふ、言葉があるゲナが、高祖大師は即ち四国巡拝に依て下根劣慧《げこんれつえ》の我等を其四悪趣に堕さしめず仏法に値遇《ちぐう》し、順次往生を得せしめんが為と云ふ趣考である。夫から又其八十八ヶ所に霊場を局《かぎ》つたのが面白い。今此法螺大師の申分に依ると、凡そ一切衆生が四悪趣に沈むのは五利使五鈍使の見惑煩悩を断せざるに由るのであつて、澆季《きょうき》の凡夫は見惑煩悩をも断ずることが難い。見惑と云ふのは貧瞋痴慢疑《どんしんちまんぎ》等の十使を四諦三界に経て数へる時は、住相の定説、欲界に三十二で上二界に各二十八で、恰度合《ちょうどがっ》して八十八使となるのであッて、即ち此八十八使見惑煩悩の数から致して八十八ヶ所を割出したのであると云ふてある。

愚舎論《ぐしゃろん》とか云ふ本に破㆓見《けん》惑《なくをやぶる》㆒故《ゆえに》離㆓四趣悪《しあくしゅをはなる》㆒と釈

述してある。法螺大師は此論拠に依て八十八ヶ所の霊場を開き、八十八使の見惑煩悩を断ずるの方法とし、随て四悪趣を離れしむと。依て自ら大法螺を吹て曰く。余《われ》諸仏の告を蒙て、末代の凡夫を利済の為に、四国八十八ヶ所の霊場を開く。若し後世の凡夫一度四国霊場を巡拝する時は、見惑煩悩を直接に断ずること能はずとも余《われ》の加持力に依て、自から見惑已断《いだん》の人と其功斉《ひと》しく、必ず四悪趣を離れて、未来は浄土往生の素懐《そかい》を遂げさすべしと。

夫から其霊場開きには、大師が延暦二十三年に入唐の後引続いて天竺鷲峯の霊地に入り釈尊遺跡八塔の霊場を巡拝した時、其八塔の土を持帰り、八の数を十倍して元の八塔加へて八十八の数とし、其砂を夫々に敷て八十八ヶ所の伽藍を建立したとも伝へてあるが、八十八ヶ所の伽藍には大師以前に開創されたものも、固より多いから存外当にならぬが、此位の才智は無論あつた男でもある。

又四の数に就ては四智四仏と云ふことがあり、二四八葉の蓮の三一里四重に清き心の曼荼の数に擬《なぞら》ふとも申してある。ナニセ此坊主存外小利功ナ法螺を吹たもので、八十八の霊場配りの塩梅《あんばい》などでも、実際巡拝して見ると却々都合能くやッてるので、或は河或は海、山から里と終始変ッた風景を眺めて、更に飽くことの無いやうにやッて、中には十里に十ヶ所とか七里に七ヶ所とか、又二十一里札所なしが四国の道に三ヶ所あるとか、七里の打戻りが二ヶ所あるとか、何れ一思案したもので、自ら物見遊山の間にザットした病気が癒《なお》るやうに、理屈をあはして置て、当時の愚民に之が南無大師の御利益とやッた手際は敬々服々の外無之。流石の猿もヒョトとすると後に瞠若たるかも知れぬ。況《ま》して明治の御代は愚か二千五百年の歴史を通じて、彼の如く巧に大法螺を吹き、五尺の人間を恰も伏見人形の如く、其数も何万人をも、年々己が製造した四国の舞台に引廻はすなどが一寸類の無い話で、唐土には死したる孔明、生きたる仲達を走らすと云ふことがあッたが、ヨシ肉身成仏にもせよ、死したる空海が生きた人間を操《あやつ》るなどは世界の歴史にアマリ承《うけたま》はらぬ。怪しからぬ話サ。

註に云ふ。四悪趣とは地獄、餓鬼、畜生、修羅。四諦とは菩薩、集諦、滅諦、道諦。

＊下根劣慧＝仏道修行の素養・能力が劣って、世俗に迷うこと。値遇＝出会う。已断＝断ち切る。素懐＝以前からの願い。

卍四国霊場巡拝記(四十一)

▲霊場の拝礼＝お勤の文句▼

巡礼が霊場毎に其《その》本堂大師堂の前に跪《ひざまず》いて礼拝する時に、ドウ云ふ、お勤の文句をうなるか、猿のは定めし風変りであろう。読者は夫が聞きたいと云ふであろう。サヨウ猿のお勤は無論八釜《やかま》しきもので、一身一家の冥福を祈るのとは事違ひ、天下国家の為に祈願したのであるから、其猿御自作のお勤文句は、読者が無論拍手喝采すべきものであるが、夫は明日の紙面に譲ッて、本日はお勤の前座だけを書いて露払ひと致サウ。

先づ劈頭《へきとう》第一に玉音朗らに奉納此処《おさめたてまつるはこのところの》本尊、大師、太神宮、鎮守総而《ちんじゅそうじて》日本国中、大小神祇、天皇皇后、文武百官、父母師長、六親眷属《けんぞく》、乃至《ないし》法界平等利益、と云ふ祈願文を読む。此文元来、天皇皇后、文武百官の処、天子将軍、国司主君とあるのであるが、今時《こんじ》将軍や国司もはづまぬから、自分で斯《こ》う直した。併《しか》し外の順礼は相を変らず、天子将軍をやッて居る。此ところ寧ろ可愛らしい。

右祈願文の次は懺悔文で、我昔所造諸悪業、皆山無始貧瞋痴、従身語意之所生、一切我今皆懺悔　弟子某甲《むこう》、盡未来際、帰依仏、帰依法、帰依僧、弟子某甲、盡未来際、帰依仏竟、帰依法竟、帰依僧竟、弟子某甲、盡未来際、不殺生、不偸盗、不邪淫、不妄語、不綺語、不悪口、不両舌、不慳貧、不瞋恚、不邪見、

とやる。之が済むと、例の光明真言おんあぼきや、べいろしや、なうまかぼたら、まにはんどま、じんばらばらばりたやうん、を二十一返繰《く》る。

次に南無大師遍照金剛を七遍繰ッて、十三仏真言を唱へるのである。十三仏真言はかう云ふ。一不動、二釈迦、三文殊、四普賢、五地蔵、六弥勒、七薬師、八観世音、九勢至、十阿弥陀、十一阿閦、十二大日、十三虚空蔵な

うまくさんまんだばざらだせんだんまかろしやだそはだや、うんたらたかんまん、なうまくさんまんだぼだなんばく、おんあらはしやなう、おんさんまやさとばむ、おんかゝかびさんまやさとばむ、おんまいたれいやそわか、おんころ〳〵せんだりまとをぎそわか、おんあろりきやそわか、おんころ〳〵さくそわか、おんあみりたていせいからうん、おんあきしゆびやうん、おんあびらうんけん、ばざらばざらだとばん、なうぼあきやしやきやらはやおんをりきやまりぼりそわか、と云て、唐人の寝言ではなくて天竺人の寝言をうなる。

之で一通りお勤が済むのであるが、御叮嚀《ごていねい》ナ人は、之から般若経やら観音経、真言安心和讃、光明真言和讃、弘法大師和讃等を無別矢鱈《やたら》に怒鳴ッて居るが、目に一丁字なき輩にして、ヨクモ記憶の出来たもので、流石の猿さへ漸《ようや》く前条記述のお勤《つとめ》文句だけをヤット記憶したことであッた。

卍四国霊場巡拝記(四十二)

▲風変のお勤＝此猿の祈願▼

昨日は一般順礼の一般お勤を物したが、自体此猿のことヂャで、一般お勤を怒鳴る位に四五十余日も日子《にっし》を費やし、伊予、讃岐、阿波、土佐の浦々まで、御苦労千万にもうろつく訳も無い。夫は読者がトクに御推量の通りに、猿かぎり南無大師に特別の祈願があつたので、此大願成就すれば今一度御礼参《まいり》を致してやる位は、勿論子々孫々まで云ひ伝へ大師の御恩徳を仰《あお》がしめ、露西亜《ロシア》のツアールも独逸《ドイツ》のカイゼルも英吉利《イギリス》のキングも亜米利加《アメリカ》のプレシデントも此猿が蘇秦《そしん》張儀《ちょうぎ》の弁舌を鼓して遊説して、盡《ことごと》く南無大師に帰依せしめ三宝の奴《やっこ》にあらで、大師の奴たらしめ、御生前貴殿がヨクも大法螺を吹き天下の愚民を欺いた紀念に、高野山の絶頂に口径一丈程の純金製法螺貝模型を建立せしむる為に莫大な寄付をなさすむべく、「ツアール」などは小弟《しょうてい》より申込めば無論二ツ返事でダー〳〵〳〵〳〵ハラショー、コスポータ、サルとおいでる筈に御座候。前口上は休題《さてお》き、此猿祈願の本文を次に恭《うやうや》しく書き立つる間、読者斎戒沐浴《さいかいもくよく》して奉読し賜へかし。

四国猿御祈願文

第一願　天下の傑物、明治の俊髦《しゅんもう》、二六四層楼城の驍《ぎょう》将《しょう》仮名《かな》ろしや男事亥の年男〇〇〇殿の当病即癒、直ちに入京。其博学其大才其健筆を以て、準弘法大師と云ふやうな大法螺を、我二六紙上に鼓吹《こすい》し江戸八百八町を煙に巻かしめんこと、親友の間柄懇願に不堪《たえず》、殊に彼の露西亜の「ツアール」はろしや男一年臥蓐《がじゃく》の隙間に桂なんぞに小ざかしくも日英同盟を締結せられ、重々も遺憾に思召《おぼしめ》す由にて、ろしや男ありたらんには此嘆きはあるまじきものと、流石の男泣に泣き居る由にて、ろしや男の健康倍旧の上、彼《か》の馬鹿気たる日英同盟を破られんことをと、朝夕祈願の趣、風の便に承り及候條、かた〴〵彼《かの》名物男の上に覿面御利益を与へられ、早晩彼が新婚のデアレスト、フレンドと手を相携へて、「ホ子《（ママ）》ームーン」にでも出掛けるやうに、護《まも》らせ賜へや護らせ賜へ南無大師遍照金剛〳〵〳〵。

第二願　近頃此娑婆にサーベル組なるもの有之《これあり》。無暗にサーベルを振廻し、剣呑《けんのん》千万に有之候へ共、昔から云ひ習はしはの通り、馬鹿に付ける薬もなく、また水におぢよ、火におぢよ智慧なきものには尚ほおぢよと。拙者共の祖先云伝《いいつたえ》の家訓ある故、ヂット我慢して、彼が為すまゝに任したること、爰《ここ》に三十有余年にも及び候へ共、今以てサーベルを盛に振廻はし昨今却て聊《いささ》か増長の気味あり。新カヅラ党と申すやつは、攀援纏綿《はんえんてんめん》して、内閣台の椅子木を放さぬ寄生植物に御座候処、先達てもヲ、ウラ、コウラなどゝと云る。其カヅラの小生などが、猪口才《ちょこざい》にも二六城の雪隠《せっちん》にからまり付《つき》候《そうろう》故、城内の小僧がわるさに無暗と糞尿をヒリかけ候処、食傷して、目下枯死《こし》せんとする間際《まぎわ》に御座候。何れ此一組のゴロツキ連中近年の中冥途《うちめいど》に出立致させ度《たく》候間、其節は彼等娑婆にてサーベルを賞翫《しょうがん》したる褒《ほう》美《び》により、閻魔大王に於ても特別の御慈悲を以て、地獄谷に廻はし、剣の山にハ子《（ネ）》込むやう、閣下南無大師より御執《おんと》り計らひ被下度《くだされたく》、サスレバ彼等一門郎党も嘸《さぞ》かしサーベルの味ひに満腹すると存じはべり。彼等が現世よりの本願成就の義と他人の猿《わし》までが嬉しく候。南無大師遍照金剛(祈願文明日につゞく)

＊小弟＝自己を謙遜していう。斎戒沐浴＝神聖な仕事などをする時に、湯や水を浴びて体を洗い清めること。驍将＝強く勇ましい大将。鼓吹＝意見を宣伝する。臥蓐＝寝床。床につくこと。剣呑＝危険なさま。攀援纏綿＝つかまり登り、複雑にからみ付くこと。猪口才＝小才があって生意気なこと。雪隠＝便所。かわや。賞翫＝よさを味わい珍重すること。

卍四国霊場巡拝記(四十三)

▲此猿の祈願＝伊藤と大隈▼

第三願　日下娑婆に井戸広踏《いどひろふみ》なるもの有之候。此男既に歳も耳順《じじゅん》に近く、四五年を待たずして、冥途の方に派遣致す都合に有之候間、予め南無大師に御紹介致置候。此男生来の好色物に有之一見目尻の下ッた所は、看板に疑なしと申して宜しき。奇体の動物に有之候。此男が七十年の存生中其生来特得の大才を発揮し、物の見事に漁色の誉を挙げたる事蹟は今更猿の蝶々《ちょうちょう》を待たず。南無大師に於かせられても、先刻風の便に御聞及びとは存候《ぞんじそうろう》が、目下彼は娑婆にて助平侯爵の大名《だいめい》を博し居り、其勲功《くんこう》にて大勲位妾《しょう》二位にまで経上《へのぼ》り居候傑物に有之候へ共、外々の勲功とは事違ひ。実は閻魔王に御執奏を願ふも、裏耻《うらはじ》かしき次第にて、万一有《あり》体《てい》に御執奏被下候《くだされそうろう》ては、早速不邪淫戒を犯したる大罪人なりとて地獄の責苦に御遭はし賜はることならんが、サ候《そう》ては誠に以て可哀想千万の義にて、実は彼《あの》男《おとこ》も維新以来八方美人政治やら衮龍袖隠政治やらをやッて、国家に大小の功労有之。殊に猿も一面の識を遂げ居候間、彼是に免じて、罪状御酌量《ごしゃくりょう》あッて閻魔大王の秘書官に召つかはれ、相当の御役目仰付けられて相当役に立つ餓鬼かと存候。彼男《あのおとこ》の役目と申せば無論、日々冥途に通過の女子人相の鑑定に御座候。之なれば十に七八は鑑定間違有之間敷《これあるまじき》御裁判の御参考に相成可申候《あいなりもうすべきそうろう》。尤《もっと》も彼男め冥途に於ても其持前の特有性を発揮致すやうのこと有之候ては遺憾千万に付、此頃日本国政府制定の牛馬去勢法を予戒令同様に彼の身上に御執行可然《ごしっこうしかるべく》、御手許《おてもと》には鬼将軍沢山はんべれば無論執行上に於ては雑作無之《ぞうさこれなき》かと存候。右は呉々も御注意致置候。南無大師遍照金剛〳〵。

第四願　次に、また娑婆に一名物男大熊鬚内《おおくまひげない》とまをす厄介者有之候。此の男南無大師閣下にかぶれたと相見え、却々の大風呂敷屋に有之候。此男は閣下と一つの法螺宗に候へば猿めが御紹介致すまでもなく、先年此大熊が閣下に対面すると触出して、高野山に登りたることも有之候へば定めし其節閣下は肉身成仏の御身に候へば、無論ヒヨロ〳〵本堂に顕はれて声容髣髴《せいようほうふつ》の間に髣髴たる相方の大法螺を闘はされたる義と存候。此名物男も空前絶後の色男《いろおとこ》井戸広踏《いどひろふみ》と同じく耳順《じじゅん》の齢《よわい》に一つ二つ少く、彼是れ間もなく、冥途行の汽船に搭乗般若波羅密陀の都合に御座候処猿の申上ぐるまでも無く閣下と御同宗の事に候へば、閻魔大王に可然御執奏《しかるべきごしっそう》の義と存候。乍去《さりながら》猿改めて猿の祈願の程も御参考までに申述候《もうしのべそうろう》。此男存外剛情者にて兎角痩我慢の方に有之。多年政党政治を日本国に創始せんと計画致居、八方美人流や衮龍袖隠流《こんりゅうそでかくれりゅう》を排斥致居候為一寸当今に向悪《むきあし》く、今に売行無之候へ共勿論品物は広踏抔《ひろふみなど》よりはシッカリ致候。広踏が和製なれば彼は舶来品位の相違有之候。成べくは彼が素懐を遂る迄娑婆に止置候やう、祈願候へ共、万一の事有之候へば何卒閻魔王に御執成《おとりなし》あつて、彼が娑婆にて狙撃に遭ふたり、火事に逢ふたりして大分難義致せし事有之候へば、彼が生前に不妄語戒を犯したる罪はサシ許され、井戸よりは一等待遇を宜しく致され、高等官五等の閻魔王秘書官に御召使あつて相当御役に立つべく候。彼の役目は無論亡者の戒諭師にて、彼の堅白《けんはく》異同の弁は相当に戒諭の功を奏せしむべく、生前自ら大教育家を以て任じたる面目も整ふの道理。彼の満足此上もなかるべく、早稲田のスチユーデンツ香花《こうけ》を取つた甲斐があると申すべく候。南無大師遍照金剛〳〵。

＊耳順＝異なる意見に耳を傾け、それを素直に理解できる

こと。またその年齢、六十歳。漁色＝欲望のため、見めよい女性を求めまわること。蝶々＝しきりにしゃべる様子。執奏＝意見、書き物などを取次いで貴人などに奏上すること。袞龍＝龍のぬいとりをつけた衣服。髣髴＝よく似ていること。堅白＝節操を固く守り、潔白であること。香花＝仏前に供える花。

卍四国霊場巡拝記（四十四）

▲此猿の祈願＝八十と八願▼

猿が巡拝記を物するに当《あたっ》て、首途《かどで》の挨拶中にトクと述べて置たで、今尚は読者の記憶に新なる事であろうと思ふが、抑《そもそ》も猿が御苦労千万にも、玕《そ》が玉体を運搬して、踏み慣れぬ難路を辿り誰にも頼まれもせぬことに、四国霊場の巡拝を志されたと云ふ訳合は、決して一身一家の私利冥福を祈るが為ではなくて、昨今サーベルが跋扈《ばっこ》したり、色男が徘徊するので、一世の風紀蕩然《とうぜん》地を掃《はら》ひ、上《かみ》、政《まつりごと》に荒《すさ》むものあれば、下《しも》、太平に飽くあり。ナントなく亡国々々と云ふ悲哀の音声を聞くので、之は捨て置かれず、今頃国が亡びてもアンマリ感服仕らぬで、社長秋山定輔《ていすけ》殿とも熟議を凝し、五千万同胞の代参として、霊場古今に隠れ無き、四国霊場の巡拝をなし、南無大師三密の加持力を以て此国を大師有縁の浄土となし、別段長い御注文は致さねど、五十六億七千万年の後、猿の子々孫々がザット種切れになる時まで、此国を守らせ玉へと云ふ。公平無私なる祈願にて、此祈願を細目に分ッて大願四ッ小願八十八となし、トックと大師様の胸に納得の出来るやうに、致したのであッた。其大願四ッと云ふのは昨日までに読者に紹介して、置た都合である。之は四国の四に因みて、巡拝中一国を踏み切る毎に一願成就の願望を立てたのである。小願八十八の方は八十八ヶ所の一ヶ所霊場に参拝する毎に一願成就と云ふ仕組に致したものであつたのであるが、其八十八願を盡《ことごと》く、足曳《あしひき》の山鳥の尾のしだりをの、なが〱しくも書き立てたらんには夏の日長しと雖も、読み尽すべからずと云ふ嫌もあれば、次に八十八願中の八願だけを、ホンの要点だけ、カイつまんで、書て置かうと思ふ。

其一願　日本国備中倉敷の産辰の年男俗名秋山定輔法名挫強扶弱居士事昨今娑婆にて、有財餓鬼、サーベル餓鬼と血戦罷在候処《まかりありそうろうところ》、国名の日本国にも似ず、日輪の光薄く、世は烏羽《うわ》玉の暗《やみ》にて、暗の獄舎《ひとや》に一度は幽囚《ゆうしゅう》されんとも致し、甚だ以て痛心の至《いたり》に不堪《たえず》。何卒大師秘密の修法を以て、大日如来の御身にて二六五層楼城に出現まして、一切衆生に説法を施し、終始二六城一面の塁を守らせ玉ひ。二六社同士の義挙に御加勢あッて、彼の宋江にも比すべき、秋山の素懐を貫かせ玉へ。

サ無くては差詰《さしづ》め猿の如き宋江部下の豪傑も早速兵糧に窮し三寸の口を乾かすやうの事出来《しゅったい》し、遂には祖先の遺風を顕彰すること相叶ふまじきのみならず、祖先の位牌祭も出来ぬ始末と相成、不忠不孝此上も無之候。嗚呼杖とも柱とも頼むは、南無大師遍照金剛。

其二願　生国不明生年月不明只星亭《ほしとおる》と自称する怪物《モンスター》。去年の夏、大導師伊庭想太郎《いばそうたろう》殿閣下の引導を受け冥途に出発致せし都合に御座候処、目下如何相暮し居候哉。此頃恰度一周忌にも相成、此男の遺族子分の者霊前に法要を営むに際し、頻りに冥途よりの音信を相待居。此度猿が霊場巡拝の好便に托し、南無大師より音信を承ッて呉れ。また未来極楽界会に入るやう執成《とりなし》頼むと云ふ。彼等の御無理なる依頼に有之候所。実際彼男《かのおとこ》何と相暮し居候哉。定めし冥途に於ても、血の池の埋立や、六道辻の電気鉄道などに手を出し、相当のコムミツションでも着服しては無之哉。根が葉から、遺族の方へ為替送金の事の無之模様にては、地獄界の幾多伊庭想太郎の為に流石剛愎《ごうふく》の星も、手も足も出しかね、大往生を遂げ居る事かと存候。

併し、猿の取別け閻魔大王に嘆願致したきは、成程彼は娑婆に存生《ぞんじょう》五十年の中大小不偸盗戒《ふちゅうとうかい》不慳貪戒《ふけんどんかい》不《ふ》邪見戒《じゃけんかい》を犯し候かは存じ候はねど、元来五濁悪世の時に果報つたなく生まれたる彼の不幸にて、彼は故に今日時世の権化とまで、申され居。彼一人の罪業にも無之候へば、何卒其罪一等を減じ、大王が大宝閣の玄関番にでも御用《おもち》ゐ被下候《くだされそう》はゞ、井戸、大熊の二秘書と共

に、大王門下の三傑とも相成、本人の面目は勿論、遺族一周忌の法要も爰《ここ》に手向の花を咲かす訳合に有之候
南無大師遍照金剛　（残六願は明日紹介）

＊跋扈＝悪いものが思うままに勢力をふるうこと。蕩然＝ほしいままであるさま。幽囚＝とらえられて、閉じ込められること。義挙＝多くの人を救う目的で個人的な利害・打算を抜きにしてする計画・行動。剛愎＝頑固で人に従わないさま。

卍四国霊場巡拝記（四十五）

▲此猿の祈願＝露帝と頑陋《がんろう》

其三願　猿が寝ても醒めても忘れられぬのは例の、露西亜国の「ツアール」御身の上である。此仁《ひと》当年取て三十四歳。仁徳東西に隠れなく、深く一切衆生を恤《あわれ》み、自らイエス、クリストの権化《ごんげ》なりと称する曲物《くせもの》に有之。マカリ間違へば五大洲を掌握せんとする、可愛らしき男に有之候。少々宗旨違にて恐縮に候へ共大法螺を吹て愚民を欺いたる点はキリストも閣下も同様に有之。無論下根劣慧《げこんれつえ》の拙者どもの目よりは同穴の狸と怖れながら、拝察致され候。依て事の序に祈願致候。元来「ツアール」が五大洲を握らんと致候も、決して私栄を衒《てら》ふ次第にては無之。娑婆世界十五億の生民《せいみん》、互に追剝《おいはぎ》強盗を事とし、更に生命財産の安全を得ず。イカにも可哀想千万にて、之を見るに見兼ねたる「ツアール」父祖伝承ラブの衷情《ちゅうじょう》に燃え、斯《こ》を苦海より救ひ、倶誓《ぐせん》の船に乗せんとて、我はクリストの所謂メシヤなり。我は三地の菩薩なりと名乗出で、万国平和会議などを首唱し、昨今娑婆の生仏《いきほとけ》と崇められ居候。「ツアール」の存念は無論南無大師に於ても御同感のことと存候条、大師三密加持《さんみつかじ》の不思議にて、無尽の功徳円満し、「ツアール」一門の息災安全を守らせ賜へ。南無大師遍照金剛。

其四願　日本国に頑陋株なる株有之候。何れ古色蒼然苔に蒸せる古株に御座候処、薩長士の生立《うむたち》とか申し、根が肥沃の土に生長せしものと相見え、枯れさうにても却々に枯れず。尤も日本国の衆生も、骨董国の骨董好

に有之候へば、事の外鄭重に保護し、折節新聞草などより毒汁をサシ込む事有之候へば、早速サーベルにて害草と見るものを艾除《かいじょ》する事に専ら相勤め居候へ共、何れ寿命限りある老木のことゆゑ、四国五十五番の奥院大三島宮の大樟と同じく、ボツ〳〵立枯れ往生を致す予算に有之候。コは誠に残念なれど詮方も無之。依て其死骸取片付方に就て、少々南無大師に御相談申《ごそうだんもうし》上度候《あげたくそうろう》。コイツ樟の株などゝは事違ひ、樟脳などは無之候へば存外金には相成がたく、当世柄不向の品物に有之候。依て閻魔王に熨斗付進上《のしつけしんじょう》致候ても、イカニ婆婆で薩長土ヂャと申して栄燿《えいよう》栄華を極めたにせよ、ソンナ土《つち》は極楽浄土の土《つち》と和合《わごう》せぬから、真平《まっぴら》御免なりとて早速地獄の方に御廻はし相成事と存候。乍《さりながら》猿古人云ふ一樹のかげの雨舎《あまやど》り一河の流れをくむ人も深いえにしぞとあり。共に此猿も此頑陋株と十年なり二十年なり、婆婆に同棲したるが腐れ縁なり。

猿が唱へし光明真言は其儘《そのまま》冥途の道しるべ。猿が唱へし功力《こうりょく》にて、罪障深き彼等なれど速得《そくとく》解脱を得せしめ玉ひ精々地獄の釜の焚料《たきりょう》か若くは材質の良き分は三途の川の渡し舟にでも其使用被下候《ごしようくだされそうら》はゞ本懐に御座候

南無大師遍照金剛。

（残余四願紹介、読者吹出すべからず）

＊頑陋＝頑固で卑しく劣っていること。権化＝仏・菩薩が衆生を救うため、仮の姿に変え現れる。衒＝誇ってみせびらかす。生民＝人民、国民。倶誓＝連れ立って。首唱＝真っ先に唱える。艾除＝草を刈る。栄燿＝栄えて、贅沢な暮らしをすること。功力＝手柄。速得＝即得。ある状態に到ったその時即座に、あるものが得られること。

卍四国霊場巡拝記（四十六）

▲此猿の祈願＝福沢や灰殻《はいから》▼

大願四　小願八十八の筋書をザンザラ雑卜書かうと思ふて、ツヒ〳〵既に両三回に亙り、読者の頤顎《おとがい》がオツコチさうであるが、滅多に落ちても、近頃恐縮千万であるから、なんでも今日は、残余の四願を単簡に申述べて、祈願の分は不取敢終了を告げ、明日より其面白可

笑しき、旅行逸話を紹介して、十返舎一九以来の戯作《げさく》の名を售《う》り、洛陽の紙価を高からしめずんば、近頃文士貧乏の為め、文士保護などゝ云ふ下らぬことを申出て、貧乏の国家益々貧乏せんとす。是に於てか猿が椽《えん》大《だい》の筆、実に千金の価《あたい》あり。殊に弘法大師の御利益により、当巡拝記の流暢《りゅうちょう》華瞻《かせん》サ加減に至ては、晋《しん》の田弁が天口の弁、斎《さい》の斐頠《ひき》が林藪《りんそう》の詞《ことば》も固より三舎を避け四捨五入の算盤法《そろばんほう》によるも、猿に及ぶ数にあらず。我最愛の二六十二万読者たるもの斎戒沐浴にも及ばず。床中睡眼《しょうちゅうすいがん》を小擦《こす》り〳〵、須《すべか》らく先づ二六紙を取て、其一面の総司《そうつかさ》四国霊場巡拝記を読むも笑止《しょうし》や。是れ蓋《けだ》し惟《おも》みるに、猿の妙筆然らしむるにあらずして、事全く南無弘法大師の御霊験に出で、昨今二六紙の売行も北は北緯五十度五十六分北海道の占守郡《しむしゅぐん》アライト島より、南も北緯廿一度四十五分台湾南岬ベールレート岩の間に於て、ザツト四百八十六枚ほど売行《うれゆき》増加したれば、販売部長は頭を転がし、南無大師の功徳没すべからず。我二六社未だ鎮護神なし。正一位稲荷大明神も事古めかしく、岩谷馬鹿天狗までが商一位と看板を出す故、寧ろ無位無官の此大師を鎮護神とするに於ては、日本国平民党の本部としてイト似合はしく、将来何時サーベル党が我二六城を襲ひ来たらんも知らざれ共、此節は大師三密の加持力にて、封じ玉ひなば、彼の奴等立往生をなし。神田通新石町二六城見附前に人門の羅漢が出来、武蔵坊弁慶ならぬ大浦小浦が幾千百人にて押寄せ来るとも、四海波静かにて平民党の旗幟《きし》麗《うら》らかに、輪転機は幾千万斯年《しねん》の後までも運転を止めざるべしと。一社の評議一決したれば、二六城の天主閣は近日祭神否祭仏御本尊弘法大師と相成、社長以下毎朝拝跪《はいき》三礼し、二六十二万読者の為に取別け冥福を祈るべし。難有哉《ありがたや》二六新報、勿体なや二六新報、嗚呼南無大師遍照金剛〳〵。

其五願　福沢諭吉の儀は別段大勲位も侯爵も無之候へ共却々の尤物《ゆうぶつ》にて、凡そ明治御維新以来娑婆で頭を擡《もた》げたる郎党《やから》にて就中《なかんずく》の悧功《りこう》者にて、佳《か》なりの法螺を吹き全く南無大師閣下の子分に有之候。此男一通り役目相済み候故昨年不取敢《とりあえず》冥途の方へ相廻はし置候間、定めて御見知《おみし》り被下　候《くだされそうろう》義《ぎ》と存候が、何分冥途の旅も地下三千有旬《ゆうじゅん》と申居り、日本国の里程に換算してもザット三千里余に御座候へば、今頃はまだ死出の山の裾野辺《すそのへん》にてウロツキ居る事かと存候。大師に於ては此仁は如何御処分ある御了見に御座候や。此仁は猿共考ふる所にては、日本国明治の新文明と新思想を輸入した隋一の手柄者に有之《これあり》訓蒙《くんもう》窮　理《きゅうり》図解以来幾多の著述を貽《のこ》し、識者の尊崇浅からざる所にて、毎度時事新報の手前味噌を相待たざる次第に御座候。依て大師は閻魔王に此仁優待方御執成被下《おとりなしくだされ》。大宝閣に御止め置かれ、婆婆以来の拝金宗に付、大宝閣金庫番と閻魔家執事を兼ねさせ、出納役を命ずる時は遺算無之《いさんこれなく》と存候。但し彼男如何程功労ありとても、位階など賜はること無用にて、彼男無論辞退すべく。依て其節には少々拝金させなば、彼屹度《きっと》慶應義塾基金の中へとて逓送《ていそう》致すべく、其辺が彼男の最も得意とする所に御座候。

次に又彼が得意とする例の修身要領は配下の亡者に一応説教致させられ候はゞ本人此上も無き面目にて時事新報社員一同も随喜の涙に咽《むせ》ぶべく候。以上猿が御推薦致せし、大熊の戒諭師、井戸の姦婦鑑定役、星亨の玄関番、福沢の金庫番にて大宝閣の四傑、閻魔王の四天王と相成、皆日本国出身にて日本国の大名誉に有之候。

けふもツイ前書に筆が辷《すべ》り、祈願文終結せず。残余三願次回紹介灰　殻《ハイカラー》未来の身上も其節判明　仕《つかまつる》べく間ハイカラーの頸《くび》長々とさし伸べて相待たれよ。

＊頤顎＝おとがい、あご。售り＝売り。華贍＝文書が華やかで内容が豊かであること。笑止＝ばかばかしくて、笑うべきこと。旗幟＝旗、のぼり。斯年＝この年。拝跪＝ひざまずいて拝むこと。訓蒙＝子供や初心者を教えさとすこと。また、その目的で書かれた書物。窮理＝物事の道理、法則をきわめること。遺算＝取りはからいに不完全なところのあること。逓送＝手から手へ順々に送ること。

卍四国霊場巡拝記(四十七)

▲此猿の祈願＝灰殻と男妾▼

其六願　日本国東京毎日社アンベラ公の命名にて、頃日《このごろ》娑婆国に灰殻奴《ハイカラーやっこ》なる奴組出来《しゅったい》致候。此奴等却々の気《き》障《ざ》にて、我こそは日本一の色男業平の化身再来なりとて無暗に仏縁因果めかし、其名業平の君平《きみひら》から望小太《もちこた》とて鼻持のならぬ奴さん等の歴々株にて、日本国は東京の土地より外は一向見たことも無いくせに、タマサカ亜米利加《アメリカ》西海岸の片隅で、英語のハシクレを学んだとて、西洋々々と振廻はし、頸の振廻はしもつかぬ様なハイカラーを引かけ、意気揚々としてハイカラーはゼンツルトマンのキャラクターをサプライムに致すものである。

　日本服なんぞはペラペラいけ無い、日本人は野蛮である、人情の自然に反抗してることが多い抔《など》をと無暗にカイカラー論を振廻はし、日本帝国と其五千万同胞をケナス役甚だ以て合点行かず。彼奴等其デイヤレスト、フレッドの持参金に噛《かじ》り付、居候《いそうろう》奉公をすることを最も得意にて、ワイフの機嫌を取ることは至極妙にて、延《ひ》いては女性の間に入てスカサズ取持つこと至極の長技《ちょうぎ》に有之候。依て満更捨たものにも無之候へ共、日本帝国は今や殖産工業を興し、国の富強を進めざるべからず国民挙げて勤倹《きんけん》貯蓄をせねばならぬ時代に有之候まゝ一寸此等の遊民徒食《としょく》の奴等は不用に付、成るべくは閻魔王の方へ引渡したくと存候に付、其節には大宝閣殿にて閻魔夫人其他女官方の傍《かたわら》に置かれ、伶人《れいじん》として御召使被下候《おめしつかいくだされそうら》はゞ、至極本人等も本望にて随分手腕も振ふべく大宝閣の賑はひ一入《ひとしお》に御座候。但し冥途にてハイカラーの櫓《ろ》引《び》洗濯出来せざるに於ては、日本国政府は彼等へせめてもの手向に引受けてやらんかと、閣臣《かくしん》目下協議中に有之候へば委細後便。

其七願　こゝに亦日本国にサブ、ハイカラーとでも称すべき、鼻持ちならぬ、色男有之候。是は大師も予て御存知の男妾と称するものに有之。日本国にて一寸名だゝる金穴《きんけつ》三井、三菱、渋沢、浅野などゝ申す有財《うざい》餓鬼の所望を受けて、婿殿に貰はれると云ふ、イトモ浦《うら》山敷《やまし》き艶福男《えんぷくおとこ》に有之候。此分は大抵赤門出身の名士に多く聞けば赤門の教員にも既に其仲間有之候由にて、類を以て聚《あつ》まると云ふ訳でもあらうかなれど、イヤハヤ鼻持ちのならぬ品物にて、其腰抜けサ加減、伊能忠敬先生でも測量に苦む由にて、是れ又厄介物に有之候。独り厄介物のみならず、彼等が一寸男妾となッて当分栄耀栄華に暮すを見て、意気地なき天下の青年が、相競ふて彼等にアヤカランとし、士気蕩然地を掃《はら》ふ昨今の風景に有之。日本帝国の為嘆はしき義に有之誠に憤慨に不堪。何卒南無大師は灰殻諸共《もろとも》此準灰殻一同をも日本国の火山脈伊豆の国は大島、利島《としじま》、新島《にいじま》、高津《こうず》島《じま》、式根島《しきねじま》かの何れかの島へ御招待あッて、此程の西印度マルチニーク島セント、ペール山のやうな灰殻の御馳走を致してやらるゝと至極妙に候へ共、左様旨くは烏賊《いか》の睾丸《きんたま》なれば、章魚《たこ》の足に縁ある八十八ヶ所霊場巡拝の御利益に依て、彼奴等《きゃつら》が発心するやう御祈念あらせ玉へや。南無大師遍照金剛〳〵。

其八願　最後の祈願は申すまでもなく二六十二万読者の身上也《みのうえなり》。凡そ我二六新報の読者は我日本国にて、最も有識有心の名士のみ有之。将来二六内閣の擁護者に有之候条、南無大師は格別の御《お》いつくしみを彼等の一身、一家、一門の上に垂れられ賜ふは勿論、彼等が先祖代々菩提の為、誦呪《じゅしゅ》念仏、浄土結縁の身となし、家運長久、智慧愛敬、息災、延命、且つ易産《やすさん》と祈らせ賜へ。南無大師遍照金剛〳〵。

＊出来＝外に現れていないものが出てくること。長技＝得意な技能。特技。徒食＝仕事をしないで、ぶらぶらと暮すこと。伶人＝音楽、特に雅楽を奏する人。櫓＝舟をこぐ道具。艶福＝男が女に愛される幸せ。易産＝安産。

卍四国霊場巡拝記（四十八）

▲巡拝の余瀝《よれき》＝門衛の権幕▼

今日から弥々《いよいよ》巡拝道中の逸事《いつじ》を書立てる。大分読者の向に抱腹絶倒するものがあろうかと思ふ。ソハ御勝手たるべし。

所は阿波の徳島、此町に入込んだのは、慥《たし》かに五月一日で、まだ宿泊には日輪も高いからと云ふので、徳島県庁在勤の一友人を訪ふて見やうと思ふて、今しも庁門を潜つた。先刻来欠伸《あくび》たらぐ〜用なきに苦める門衛殿、斯《かく》と見るよりスカサズ、これや遍奴《へんど》貴様は何用あッて此処へは這入《はいっ》た。ハイハイ之は恐れ入ます。手前は少々此お役所に訪ねる人が御座りまして参りました。(門衛)ナーニ訪ねる人がある。フム小使か小使は左の方へ廻ッて垣根を右へ折れるのぢや。其姿で玄関へ行ッて相成ぬぞ。(猿)ハイハイ畏《かしこま》りましたトテ、猿云はるゝ儘に小使部屋の方に廻はり、在勤の某々を訪ねたるに出張中なりと云ふ。依て其儘引かへし本門を立出《たちいで》んと致したるに、件《くだん》の門衛大喝一声更に喚《よ》び止めコリヤ遍奴貴様は此処を何処《いずこ》と心得居るぞ。忝《かたじけな》くも徳島県庁の玄関先なるに笠を被るとは何事ぞ。早く脱がぬか此物知らずめト。

猿一度ならず二度までも此男に怒鳴られ一寸癪《ちょっとしゃく》に障《さわ》ッたれば、己れ道中の腹癒《はらい》せ、慰《なぐさめ》半分に一ッお灸をすゑて呉んずと、徐《おもむ》ろに菅笠を脱ぎ、頬被《ほおかぶり》を取り、キツト門衛を睨《にら》め付け、コレハ門衛殿某《それがし》を何者とは思召《おぼしめ》すぞ。忝くも或筋の内命を受けて、斯《か》くは身を旅の一遍路に扮《やっ》し、四国四県地方長官以下其他諸役人等の行蹟如何を探偵に出張致した者ではある。先刻来見受ける所、貴公はイカニモ職務を厳格に守り、拙者を二度三度まで叱責せられたる段、拙者誠に以て満足に存じる。凡そ県庁の門衛たるものは斯く空威張《からいばり》を為すこと最も必用なり。左なくては元来値打なき県知事抔《など》が一層安ぽくなる。ハ、、、夫は冗談ぢや。兎に角貴公に御褒美として、不取敢《とりあえず》今日途中接待に貰ひ受けた落し紙三折些少《さしょう》ながら進ぜる。何れ帰京の後は更に相当の恩賞を賜はる様取計らふ間左様心得べしと、其落し紙を彼男《かのおとこ》の机上《きじょう》に投げ出しけるに、彼男今更猿の臥蚕《がさん》の眉《まゆげ》、八字の美鬚《びしゅう》に只人ならじと驚けるに、剰《あまつ》さへ其イカメシキ口上を承つて、サテハ此人千代田御殿の御侍従職様とやら申す御方にてもおはしけるかやと、始めて合点のいたらしたく、今更平身低頭、下げた首《こうべ》を擡《もた》げ得ず。今までの権幕にも似ずシヨゲ返りて見えければ、猿はサテコソと金剛杖の音も響けと突き鳴し、悠然門を出でゝ行く。

卍四国霊場巡拝記(四十九)

▲小豆の霊水=眼病の妙薬▼

阿波の十里十ヶ所と云ふ札所を打ち始めて第九番の法輪寺から、十番の切幡寺にサシかゝる坂路の傍に、一寸した菴寺がある。其傍にすぐ弘法大師小豆洗の御水と云ふ標札を建てた水溜がある。菴住の老僧は玕が薬罐《やかん》頭からパク〱と湯気を沸かしながら、猿の前に来て、サモ勿体らしく小豆洗ひの云はく因縁を説き初めたで、菴住待ちね拙者に講釈致した所で、御賽銭にはならぬ、アレ〱那所《あすこ》に遍路の一群が来るアゝ若し若し之はお遍奴衆見受る所が上方の御同行アゝ貴公は眼病やみであるやうな。サゝコッちへ来給へ、伴《つ》れの衆も皆耳を清《すま》して能く聴きね。一体元来此所《ここ》の大師小豆洗ひの水と申す因縁、今より一千歳《さい》の大昔高祖大師当阿州十里十ヶ所の伽藍を御建立遊ばされたる砌、九番法輪寺より十番切幡に巡錫ある御途《おんみち》に御手づから井《いど》を穿《うが》たれ御持合せの御小豆を洗ひ御仕度《おしたく》遊ばされたる。御遺跡即ち此水溜なり。各方《おのおのがた》見玉へ水は今に小豆色をなしておはせり。各方若し眼病をわづらふ者あれば、此小豆洗ひの御水を戴き、其眼を洗はるれば立どころ平癒さしてやらんとの南無大師の御誓願で御座るぞ。依て当時流行のトラホームは勿論普通一般のはやり目、たゞれ目、のぼせ目、ち目、かすみ目、つき目、汗いりていたむ目等は即座に平癒如何なる難症にても、此御水の点眼にて治《じ》せずと云ふことなし。(遍奴衆云《いわ》く勿体なし〱)若し遠国の者にて四国巡拝を為

1-6 **荻原井泉水が描いた小豆洗大師堂**(『大法輪』昭和14年8月号)

すこと能《あた》はざる輩《ともがら》に於ては、之なる菴住より御守を貰ひ受け夫を一応此小豆洗の水に浸して乾かし持帰り、当病者の眼《まなこ》に押し当て丶やるべし。成べきは徳利、瓶《びん》の類に此御水を入れ携へ帰られんには効験著しけれど、夫も遠路のこと荷物となッては如何と思ふと、猿が立板に水の弁舌《べんぜつ》をさわやかに流せば、水の霊験一層深くなりしと相見え先刻の眼病やみ早速頭よりザブ〳〵と小豆色の御泥《おんどろ》水《みず》をかぶさる。此男の次に立ち居たる老媼《ろうおう》云ふ。之は旅のお遍奴様、オマハン良《い》イ事教ヘテ下ハル。ジツアワツチに当年八十歳の色男ガオマス。此男若イ時道楽シタサカイ、梅毒ノヨリガ来ヤシテナ。オマハン長年眼病をワヅロウテオマスが、ワツチもナ、オマハン一人の亭主であるサカイ、少々の臍栗《へそくり》もホウリ出してナ、オマハンも知ての大阪の緒方病院カラ、東京の井上病院ニモカケテ見ヤシタガナ。一向物ニナリヤヘンデ、到頭《とうとう》庚申ノ歳ノ女ノ生キ血マデ飲マシテゲスガ矢張元の木阿弥デ、ジデアルサカイニ、早速斯カル眼薬ノ霊水ニ出遭フトハ矢張大師様ノ御引合セデオマスッイナ。ノウ同行衆ドウナ一二升此オ水ヲ戴キヤスカナ。同行衆口々にーーさあ〳〵ワツチモジッア、セドノ梅吉隠居ノ近眼ヲ直シタイサカイニナ。ワツチモウヱノお竹媼《ばあ》ノ盲目《めくら》が明ケタサニナ、ワツチモ本家ノお松ノ鳥目ガ嫁入りマデニ直シテヤリタイサカイニナ、夫《それ》では菴住サン御無体ジャガ一つ一升徳利をハヅシテ下《くだ》ハリませへんかとて菴住のシキセの備前徳利のホロキタナキを大枚《たいまい》五十銭にて譲り受け、傍なる肥杓《こえしゃく》にて小豆水を灑《つ》ぎ込む。又思ひ〳〵に守札を受けて小豆水をします。菴住が意外の金儲けに薬鑵《やかん》頭を転がすなど却々の観物《みもの》なりき。

＊老媼＝年をとった女。無体＝無理なこと。

卍四国霊場巡拝記(五十)

▲土佐の泥祭＝男女の遊戯《ゆうぎ》▼

恰度此節は農家田植の最中で、古歌に所謂「きて見れば家には人もなかりけり野田も小田もさなへとるころ」であるからして、今日は一ッ田植に縁ある記事を挿《はさ》んで見やう。土佐の高知市以西の田間《でんかん》には妙奇的烈《みょうきてれつ》ナ習慣が存じてある。コレハ一寸其名前丈《だけ》を、日外《いつぞや》の日記の端に書たことがある様に思ふが、所題の泥祭と云ふ一件である。

左様アレガ慥か五月十二日頃であつた。土佐国は一帯暖国であるからして、稲も一年に二回実ると云ふ位であるから、大分田植も早い。であるから此日高知市を出で、在所に廻つて見たら、ヲチコチに早苗取る美人が見える。今しも、とある在所にさし掛ると、田の畦《くろ》に幾十人と云ふ数を知らず。今日を晴れと装ひ、面《おも》深く頬被《ほおかぶり》し、裾元短かにからげ、赤の襷《たすき》を十字にあやどり、手手にさゝやかなる手桶を提《ひっさ》げたる娘ッ子が見える。さては何事やらん。昔で云へば宮城野《みやぎの》、信夫《しのぶ》の両人が志賀団七を討ち取らうとでも云ふたやうナ、男々《おお》しき扮装《いでたち》なるが、固より四海波静かに治まる明治の大御代《おおみよ》復讎《ふくしゅう》禁止の義は、去《さん》ぬる六年正月七日を以て、慥かに御布告に相成つたと記憶してる。が併し根が鬼国の事であるから、何事を仕出《しで》かさんも知れず、之ぞ近来の観物ならめと、物見高い猿はあたりの木蔭に身を寄せて、凝視した。ひまもあらせず何れよりともなく、ムラ〳〵とドヨメキ出《いず》る一群《むれ》の若衆あり。察する所、あたり在所の百姓が若殿たちなるべし。白縮緬《ちりめん》のヘコ帯なんどを、しだらに結び、あるは瓢《ひょう》箪《たん》なんどをブラ下て、足許《あしもと》しどろに乱れつ、大声を揚げて、下《くだ》らぬ端唄《はうた》ナド唄ひあへり。今しも此美男子群と件《くだん》の娘子群とは真近に相迫り、韓信が背水の陣にはあらねども一河の流れを後にして、旗鼓《きこ》堂々互いに掎角《きかく》の勢を張つた。スハ戦は始まれり。此方の美男子等思ひ〳〵に、ヤツト掛声をなせば、那方《かなた》の娘ッ子等思ひ〳〵に手桶の泥を摑んで相手の殿御に擲《なげう》つ。見る〳〵次第に入乱れ中には情婦が情郎に秋波《しゅうは》を送るなどの光景、猿も気が揉《も》めて筆にも写し得ず。詩人ゴールド・スミスが所謂

The swain mistrustles of his smutted face,
While secret laughter tittered round the place;
The bashful virgin's *side-long* looks of love, ...

とは此等の事を写したのであらうかいなァ。さても馬鹿を見たるは猿なり。他人の嬉戯《きぎ》に見とれ道の一里も踏後《ふみおく》れたれば重ね重ね馬鹿々々しきことよと小言残して立

つ。其途々老人に就て聞くに、之は土佐の泥祭とて田植初めの祝ひに神田《しんでん》を祭るとて西方《にしがた》に専ら行はれ、古来よりすたらぬ習慣なりと云へり。而《しか》して此日其泥を最も多く被《かぶ》さり頭のドン先より、足のツマ先まで泥まみれとなりた泥鼠どのは、此日の月桂冠を頂くものにて、大の漁色家《いろすき》の名声を博すと云ふ。イヤハヤおどろしき戯かな。京童は云ふ井戸広踏侯泥祭に出陣せば無論月桂冠を頂かんにと。以て侯の為に之を惜む。

＊妙奇的烈＝奇妙奇天烈。変わっていて不思議ということを強調した言葉。旗鼓＝軍旗と太鼓。敵味方として互いに戦場で出会う。掎角＝前後から敵を制すること。秋波＝女性のこびを表す色っぽい目つき。流し目。ゴールド・スミスの詩文＝顔に煤を塗られ、そのあたりで／くすくす笑いが起っても気がつかぬ若者、／頬あからめた娘の恋心を含んだ流し目、

卍四国霊場巡拝記（五十一）

◆巡礼と娘子＝土佐と阿波◆

傾城阿波の鳴門を思ひ出《いで》すではないが、二八ばかりの娘っ子等が、巡礼姿に装たち、菅笠被り、小手脚絆、草鞋を穿《は》いたのも、却々にしほらしくッて、乙《おつ》なものである。

四国の遍路街道では勿論此等の娘巡礼に出遭ふことは珍らしく無い。西哲ゾイメでは無いが現世の地獄極楽は

1-7 大正末期の乙女たちの遍路（写真集『くぼかわ今昔』より）

兎角女と云ふ文字の中に探るべしで、高祖大師はナントと云はしやらうと、女こそ実に現世の因縁因果の問題に相違無い。今日は底で不取敢娘巡礼のことを物する。年盛りの娘ッ子が、四国の途に迷ひ出ると云ふ原因は、無論良縁を求むるので、弘法大師も時には月下氷人《げっかひょうじん》の代理をして、出雲大社の御株《おかぶ》まで横取をすると云ふ塩梅《あんばい》で、彼是御用多《た》であらうと思ふ。併し南無大師の利益は覿面と見えて、巡業中大分《だいぶ》ヤヽコシイ交《なか》と相成て、芽出度《めでたく》帰国するのもあるゲナ。夫は先づ夫と致して、此に不思議ナことは、四国の娘巡礼と云へば阿波衆が一等で土佐娘は皆目無い。之はドウ云ふ因縁であるかと云ふと、旧国主蜂須賀小六が至て善懇人であッた故《せい》かしら阿波衆は、南無大師を真向に翳《かざ》せば、水火も厭わぬと云ふ世にも珍しき信心者であるから、親にしても娘ッ子を持つものは、必ず年頃となれば一回四国霊場を巡拝せしむ。サすれば南無大師の御利益にて、結ぶ縁の蔦かづら、月の輪御殿玉すだれ、玉の輿にも乗ると云ふ。滅多に乗られぬ御迷信。之に引かへ土佐衆は四国の道を悲観視し、不倶廃人にあらざれば四国巡礼などはあせものと心得、珊瑚鰹節の本尊龍宮は崇《あが》むれども、弘法大師などはマー当時用向が無いと云ふたやうな調子である。デあるから年頃の娘ッ子が四国霊場の巡拝にでも、出掛けやうものなれば、土地の大評判となり、彼女《かのこ》はどこかに業病があるなどゝ云ひ立てゝ、嫁御に貰ひ手が無いのみならず、延《ひ》いては一家一族に累《るい》を及ぼし、家のなをれとなると云ふ始末なり。かるが故に、土佐娘は四国の途に、薬にしやう程もなし。マー居ないので幸ひ。一体元来土佐娘と云ふのが、磐永姫《いわながひめ》も跣足《はだし》で逃げると云ふたやうな、御嫖《ごひょう》致で、醜婦展覧会に一等賞を得ること必《ひつ》せり焉《えん》と云ふ逸物《いつぶつ》のみである。同じ四国の土地で而《しか》も其国境を背腹に相接して、阿波は美人の産地云はゞ女の極楽、土佐は醜婦の本元女の地獄とは、天の悪戯も奇々妙々到れり盡せり焉。

＊月下氷人＝媒酌人。仲人。翳す＝何かの目的で、手に持った物を頭上に構える。御嫖＝うかれる。必せり＝かならず。間違いなく。焉＝これ。文末にそえて語調を整える。逸物＝特にすぐれているもの。

卍四国霊場巡拝記(五十二)

▲女人の禁制＝天下の奇観▼

昨日は女人の事を書て、土佐は女の地獄であると云ふたが、誠や土佐は女の地獄である。女の刷毛序《はけつい》でに今其奇観を物しやう。四国の巡礼が口々に四国巡ッて行かれぬ寺は、土佐で西寺東寺と云ふ唄を唄ふものであるから、実は西寺東寺に来る迄は、ドウ云ふ訳合ナのであらうかと思ふて、疑問の雲も晴れず風も無《なか》ッたが、弘法大師が「法性《ほっしょう》の室戸と聞けど我すめば有為《うい》の浪風《なみかぜ》立たぬ日もなし」と一首抒《ひね》ッた其二十四番室戸山東寺に来て、其浪風とやらに当ッて、登山の途中に疑ひの雲が晴れかゝッて見れば「此所女人禁制に付巡拝の女人は右に行くべし」とある。之は怪《け》しからぬ。開くる明治の大御代、普天《ふてん》の下率土《そつど》の浜《ひん》、明治、聖天子の御領地にあらざる所なきに、徒《いたず》らに女人のみを禁制《はッこ》し、女人足踏のならぬ地を存すなど、は、以ての外の次第なり。某大勲位ならぬ助平猿の女贔負《ひいき》のあまり、怒髪天《どはつてん》を衝《つ》き、冠《かむ》れる菅笠中空《なかそら》に舞はんとすれど、サテ詮なし。頃日《このごろ》の世界のいろ〳〵を見ればフライハイトの本尊独逸国《ドイツこく》にては女人の政治集会に踏込むことまで、差許したりとあるに、あまりと云へばあまりにて、大本山の高野山さへ御維新以来、女人の登山を許し、聖天子御新政の賜《たまもの》なりとて、冥途に迷へる苅萱《かるかや》までが閻浮《えんぶ》により先年登山二世の夫《おっと》加藤左衛門繁氏に面会して、石童丸のことなど談じ合ふたりと云へり。之さへあるに土佐の浦方、イカニ千代田城に遠ざかり、維新新政の余沢《よたく》に霑《うるお》はずと雖《いえど》も、其野暮加減もまた甚だしく、自由首唱《しゅしょう》の退助ドン、女権拡張の枝盛サン等が、御出馬の国柄とも見えぬでは無いか。嗚呼大日本の女丈夫鳩山春子はイヅコに居る。山脇房子はイヅコに居る。ハヤ名乗出で、勝負あれ。今頃クソ坊主などに後れを取ては女丈夫の顕官《けんかん》も免職せしむべし。笑止々々。

＊刷毛＝要点を押えた上で簡単に物事を処理する意味に用いられる。率土の浜＝陸地にそって行ったはてまで。怒髪天を衝き＝憤怒のさま。閻浮＝人間世界、現世を意味する。余沢＝先人の恩沢。おかげ。顕官＝高位の官職。重要な官職。

卍四国霊場巡拝記(五十二)

◆耶蘇の説教=弘法の冥罰《みょうばつ》◆

左様あれが慥か土州高岡郡須崎の宿であつた。此日は横波三里の渡しに手間取てハヤ黄昏時《たそがれとき》となつたが、到着の中ノ浦には是ぞと云ふ歇家《やどや》も無い所からして、十四五人の諸国順礼衆と共に暗夜《やみよ》に三里程の途を駆《か》つて、其須崎の宿に着た当夜のことである。宿では俄に泊り客が繰込んだもので、彼是の大騒ぎて、向三軒両隣から手伝人が来ると云ふたやうな訳で、中には四十の坂に二ッ三ッ足らぬと思ふやうな、一寸気が利《きい》て、間が抜けたと云ふやうな男が宿帳方の手伝に見えてあッた。猿の方を頻《しきり》にギョロ〳〵見詰めて、何やらん物云ひたからん様子であッたで、今晩もコイツ新聞種が出来るナと思ふたで、ナンの無雑作《むぞうさ》に当方から火蓋《ひぶた》を切て、時に宿帳サン貴公《おまはん》今日は手伝かナ。ハイ私は此隣の方の写真屋で一寸頼まれて手伝に、時にお偏奴ハンお見受け申す所が、貴君《おまはん》は鬚など立て丶御様子が何となう外々の偏奴ハンとは変ッてるし、お四国廻りに御出でになる方とは見えませぬが、矢張り貴君宗旨は真言ですかの。猿曰く。ヒーヤ拙者の宗旨は真言でも一向でも門徒でも法華でも天理でも金光でも黒住でも乃至《ないし》は波羅門《バラモン》でも回々《フイフイ》でも無い。矢張当時大流行の耶蘇《やそ》教《きょう》様!(写真屋)やーソリャ私の宗旨と一ッですが信者がナンデ又下らぬ四国霊場などを。(猿)ソリャ底に底ある石川風呂で、写真屋サン先づ底を敲《たたい》て錚々《そうそう》たる鐘の音を聞き賜へ。(此時同宿の偏奴皆仏壇に進み鉦を敲て念仏申す。是偏奴のお勤にて必ず投宿すると直に始《はじ》む)貴公も耶蘇宗とあれば話が合が、一体元来弘法大師など丶云ふ糞坊主は、大に世人を誆誘瞞着《きょうゆうまんちゃく》したものである。譬《たと》へば四国の途に出で丶精進せぬと肛門が塞《ふさ》がるとか、婦人を相手にすると身体が膠着《こうちゃく》するとか、ヤレ立江ノ橋で白鷺を見れば地蔵の責罰《せきばつ》ありとか、ヤー灌頂ヶ瀧に不動明王を見ぬものは信なきなりとか、途方途轍《とてつ》も無いことを云ふて、ドウせなくつと□馬鹿ナ国民を弥益《いやまし》馬鹿にする。実に此弘法位嘘つきの大罪人は無い。

拙者は実は身をワザト偏路に扮《やつ》し、偏路仲間と為《なつ》て彼等の迷信の程度を探ッて居るのであるが、イヤハヤ驚くべきものである。依て拙者は到る処魚類もやれば肉類もやる。時に依ては大師の叢祠《ほこら》に小便をひつかけんものでも無い。新日本の文運は永くコンナ下らぬ厭世的《えんせいてき》の宗旨の下に霊場巡拝などを存すべきもので無い。一日も早くお互いの信仰する時世に適切なる楽天的耶蘇教の拡めをせねばならぬ写真屋サン以て奈何《いかん》と為すと説き立てれば、彼が土佐の田舎に常に四面楚歌の間に在り、今日始めて盲亀《もうき》の浮木《ふぼく》に遭ふたる心地でも致したのであらう。

彼は雀躍《こおどり》して悦び、余東京に写真術を学び某教会に受《じゅ》洗《せん》し、帰国すれば一人の共に宗教を談ずべきなし。アーメン〱とて頻りに彼亦《また》耶蘇の功徳を云ふて弘法大師をけなす。列座《れつざ》の順礼猿等が声高く耶蘇教演説を為すにアッケに取られ、念仏もソコ〱にして傾聴し、切歯扼腕《せっしやくわん》座に耐へざるもの丶如く、只囁語《せつご》して此両人必ず大師様の罰を蒙《こうむ》らんと云ふ。

明旦《めいたん》醒《さ》むるに及び猿独り床にあり、頻りに煩悶《はんもん》に堪へざる情をなし、コリヤ苦しい今日は立てソウに無い。ア、苦しいと喊《わめ》き叫ぶ。同宿の偏奴等相踵《あいつい》で立ち口々に罵《ののし》ッて云ふ。ア、大師様のおあてがひは覿面ぢや、勿体ない〱南無大師遍照金剛。

猿其既に偏奴衆が二三十丁行くと思ふ頃ノコ〱起きて又行く。昔一休和尚ワザト高野山無明の橋に躓《つまず》き、頓《とん》死《し》の体を為したと云ふが、猿はソンナ事迄を知《しっ》て居る博学者では無い。依て真似事と云ふ嫌疑は受ない。

＊錚々＝金属や楽器の音がさえて響くさま。誆誘（誑誘）瞞着＝欺いて誘う。盲亀の浮木＝極めて得がたい機会に巡り合うことのたとえ。列座＝列席。切歯扼腕＝憤ったり、残念がったりするさま。囁語＝ささやく。ひそひそと小さな声で話す。明旦＝明日の朝。煩悶＝深く思いわずらい、悩むこと。

卍四国霊場巡拝記（五十四）

▲弘法の功徳＝随喜の感涙▼

須崎の宿で耶蘇の説教をやッて、弘法の冥罰を蒙たで、其翌日即ちあれが土州幡多郡窪川の宿に着た日であッた。雨も降るし、通行の偏路衆皆早く宿を取ッて、無《ぶ》聊《りょう》に苦んでる模様でアッた折からして、各々方今晩拙者が、高祖大師様の功徳を少々説教しましやうかナと申出でた。ジッ自分は之で昨日の埋め合せをしやうと思ふた。スルト同宿の諸国偏奴皆又初面のものにて、猿が昨日耶蘇方であッたともしらぬで、只其八字鬚に推されて、南條博士なんと、云ふ桑門《そうもん》の大デモ学者とでも思ふたか、皆々勿体無い〳〵と云ふて、耳を欹《そばだ》てた。

各々方《おのおのがた》能《よ》く聴きね。四国霊場の開基、高祖弘法大師は、御父は佐伯の善通卿《よしみちきょう》御母は阿刀《あと》の姓にして玉依《たまより》御前と申し奉り。一夜の夢に御仏を胎内に孕《やど》すと見玉ひて、宝亀五年甲寅六月十五日寅の刻、讃州屏風浦に誕生し玉ふた。其御年七ッの其時に既に衆生の為に、身を捨て、千尋の谷へ落んとしけるに、釈尊出現まし〳〵不思議の助命あり。

御年廿歳に槇尾《まきのお》の勤操僧都《ごんそうそうず》に随ひ、出家得度の式を了《お》へ、名を空海と改め、延暦二十三年御年三十二歳の時藤原姓の加能等と震旦船《もろこしふね》に乗り入唐ましまし真言秘密の教法を恵果阿闍梨に受け玉ふた。夫から天竺鷲峯《てんじくしゅうほう》の霊地に入り、釈尊遺跡八塔の土を持帰られ、吾日本の国民に普《あまね》く結縁《けちえん》させたまはんとて、お開き遊ばしたのが即ち此四国八十八ヶ所の霊跡で御座る。之は各々方も能く能く御承知あるべき筈にて、各々方が此八十八ヶ所の霊場を経廻《へめぐ》り、四百と八十八の山阪川の難所を巡る功徳により、四百四病の畏《おそれ》なく、八十八使の煩悩も一足《あし》づゝに消え行くと申すイトモ有難き南無大師の御誓願である。

昔大師が国中大旱魃《だいかんばつ》の砌、勅《ちょく》を受け神泉苑に雨乞《あまごい》し甘露の雨を降したることは云はずもがな。各々方も能く御存知のいろは四十八字の金口《こんく》四句の偈《げ》は同じく高祖大師のお作り遊ばしたもので、日本国五千万の国民一人とて此御恩に浴せぬものは無いので御座る。ナント勿体ないでは無いか。各々方尚ほ四国の大師様の事を委しく聞きたいと思召さば東京の二六新報と云ふて、東京で売出しの新聞があるが、之に日本のえらい方が委しく四国の事を書て居らるゝから国元に帰つたら購読なされ。又御親戚御知合の向へも同様御披露あるが先づなによりで御座る。各々方モシ長の旅で足に痛みあり歩行に苦しむと申すものあれば、拙者が特別の施しにて今晩だけお呪禱《まじない》にて癒《なお》して進ぜよやう。——偏路皆勿体ない〱とて脚を持て来るもの多し。猿ソガ三銭五厘の珠数《じゅず》〔数珠〕をツマぐりながら、をんころ〱せんだりまとをぎそわか、をんあびらうんけん、ばざらだどばん、ユー、ビテフル、シンブルトン!、ユー、フーリッシ、フェーロー!などゝお勤めを云ふ。明日覚るに及び、前夜呪禱を受たる者来て我に三礼しお蔭様にて誠に痛が取ましたア、勿体ない〱と云ふ。。

＊無聊=何もすることなくて、時間をもて余す様子。退屈。
桑門=僧侶。欹て=傾ける。金口=仏の言説。仏の教え。

卍四国霊場巡拝記(五十五)

▲新民と転寝《ごろね》=操一の奇術▼

阿波の焼山寺の山は、上り三里に下りが七里と云ふて四国の難所に数へられている一ッである。焼山寺の山を越すと、スグ祖山《そざん》で此谷合には昔讃州屋島の戦に敗北した、平家の一門徒党《ととう》が今に部落をなして、残ッてると云ふてある。夫《それ》かあらぬか那処此処《をちこち》に「たちわたる霞のうちにかすめるは遠山里《とうやまざと》のけぶりなりけり」を認める。夫は先づ夫として、其表看板の奇術の一曲に取掛かる。其焼山寺の山登りにサシかゝッたのが、四月二十九日のことであッた。小雨もイヤにぼろつくから、夕景早く山を三十町許《ばかり》上ッた所で長戸庵と云ふ庵寺に一夜の宿借ることとした。スルト晩景までに、老若取合はして、十四五人ばかりの御婦人組が、同じく此庵寺に繰込んだ所からして猿共をつッ込で前後二十人許の偏路衆が一しよこたに十畳ばかりの本堂南無大師の御宝前で、今宵一夜の御通夜を申上げんければならぬ次第となッた。弥々《いよいよ》之から表看板に疑無い転寝《ごろね》及び奇術の一曲が始まる。世の一口話にも、「畳の縁《へり》が国境」と云ふことがあるが、成程旅の木賃宿などでタテ込むと、随分寝るに窮屈ナことが度々ある。デあるが今晩は畳の縁どころか、畳の内に国境を見ると云ふたやうな始末で、期する所は北海道の鰊《にしん》が、紀州の蜜柑《みかん》か、上海の水密桃《すいみつとう》か、加里福尼亜《カリフォーニア》のオーレンヂかを積んだやうな塩梅《あんばい》式に所謂転寝をやるより外に手が無い。

既にして転寝の一曲が始まる所からして、猿は常用の空気枕に風を吹込んで、次に虫除袋を取出して、全身をスックリ夫《それ》に嵌《は》めて、頸の辺で一寸〆《しめ》た。スルト猿の頭の方と右脇と左脇及び足の方に居つた、ホロ臭い、老媼《ろうおう》等が不取敢着目した。アレ〳〵、オマハン、アレ、オミナハレ、コノオヘンドハン、テヅナ(奇術《きじゅつ》)ヲシナハルと阿波訛《なまり》で触廻《ふれま》はすものであるから、ジャグラー操一ならぬ猿一は忽《たちま》ち視線の焼点《しょうてん》となツた。彼等は口々に云ふアラ不思議なるかな今迄布子の切れと見えしもの忽ち膨れて枕子《まくら》となり忽ち張ッて體嚢《ふくろ》と変す。此お徧奴サン貴公《あなた》ナニなさるのと云ふ。流石の猿も此等田舎者の無智無識には殆んど呆れて、何と答んやうもなかりしが、サテこゝで一説教も一興ならんと思ひ、皆々能く聴ね。此の枕子の儀は当時西洋新発明の品にて、器械の作用にて一寸拙者が口を当ると斯《か》く膨れて唐土《もろこし》は邯鄲《かんたん》夢の枕となり終夜悪しき夢を結ばぬこと至て妙なり。此體嚢《ふくろ》の儀は当時天竺新発明の品にて、薬物《うわぐすり》の作用にて斯く拙者の五体を包むと、賽の河原は地蔵の子袋《こぶくろ》となり、此世ながらの餓鬼畜生は勿論蚤《のみ》、虱《しらみ》の類皆遁走《とんそう》すると云ふ至て妙奇的烈《みょうきてれつ》の安全袋なりと、猿が尤もらしき講釈に一同開た口も閉じず。毛唐人《けとうじん》はえらひものナーモシとて只管《ひたすら》感嘆するのみ。異口同音に云はくヤレヤレ今晩は大師様のお蔭で珍しきものを見やした。孫等へ土産話にせんければなるまいとて一同眠《いちどうねむり》に就く。翌朝彼等先づ出発し、猿後れて立つ。「庵住さん夜前《やぜん》の衆は何所《どこ》の田舎者でしやう、」「アレハ貴公《おまはん》阿波の北方《きたかた》と云ふて、極く山中の新百連中で年々今頃七ヶ所参りと申して登山しやす、」と嗚呼々々サテハ新民にてありしか。ア、臭い臭い、紛々たる昨宵《ゆうべ》の余香《よこう》今尚此に在《あり》とて、

新民と一夜の宿のよせ枕
　　利益は今も新なりけり

＊邯鄲夢の枕＝人の世の栄枯盛衰のはかないことのたとえ。遁走＝逃げはしること。只管＝いちずに。余香＝後に残るかおり。

卍四国霊場巡拝記(五十六)

▲往来の売品＝浄土の体相▼

四国の路《みち》で山間僻地《へきち》に踏み込むと、無論商店歇亭《みせやちゃや》の類があらう筈は無い。併し一寸草履を買ふなり、お菜を取るなり、更に不自由のことは無いなりに出来てある。夫《そ》はどうであるかと云ふと、主人も番頭も居ない露店が其処此処《ここここ》に出来てあるのである。店によるとお甘藷《いも》、里芋の煮たのがあれば、梅干、沢庵の皿盛もある。草鞋がブラ下げてあれば落紙も積んである。併し主人も番頭も居ないのであるからコレ幾銭厘《いくら》と云ふて聞くことも出来ぬが、チャント品物の傍に建札があッて例之《たとえ》ば一銭五厘の代価のものなれば、其面に寛永通宝の形が一五文書《か》いてある。底で明盲《あきめくら》でも探ッて見れば、お値段が判ると云ふたやうな理詰で、「まけぬと云ふたらほんまにまけぬ」と云ふ看板を出すことも又現金儲値なしを書き出すこともない。真に之が世界無類珍無類のワン、プライス、ショップで、お値段と代物がお気に召した御客様はサッ〱とお金を出して、其の店先の竹筒に投げ込で、其の代物を持て行くのである。時に代物ばかり持出して代金を払はずに行ッても誰も咎めるものは無い。

1-8 無人販売所　昭和40年代初期(前田卓提供)

猿は此手をやらうと思ふたが、ナンダカお大師様が見て御座るやうナ気がして所謂楊震《ようしん》の四知の講釈も思ひ当ッて、到頭《とうとう》ちよろまかすことが出来ナかッた。独りちよろまかすことが出来ナかッたのみでなく、時によると八厘の品物を買ふに小銭がなくッて、おしなげに一銭銅貨を投げ込で釣銭を貰ふ訳にも行かず却て先方《さき》にちよろまかされて行き過たことが度々ある。コイツは大分理屈の宜しい、云はゞ極楽浄土のワンプライス、ショップで、銀座の中央《まんなか》にでも開店したら無論品物は忽ちにして捌《さば》けるであらうと思ふ。併し竹筒には何時《いつ》までたッても小銭は愚か小銭の鋳銹《さび》も溜る気遣ひはない。夫が溜らぬのみならず都合に由《よ》ると竹筒まで何処かへ引越して了《しま》うであらう。夫が嘘ヂャと思ふならば何様《どなた》でも一つ始めて御覧じろ。論より証拠ぢや云はゞ前者は乃ち此世ながらの浄土の体相顕はすものにて、後者は乃ち此世ながらの地獄の体相顕はすものである。読む人以て奈何《いか》に観自在菩薩般若波羅密多、恐怖遠離《くふおんり》、一切転倒の世や。

＊楊震＝中国・後漢の政治家・学者。

卍四国霊場巡拝記(五十七)

▲廃人《かたわ》の陳列＝修羅の道場▼

猿始め四国の霊場など巡拝するものは、無論世の慈善家俗に云ふ善根者である。であるからして、世の鰥寡孤《かんかこ》独《どく》、不具廃人等、三地の菩薩に廻《めぐ》り逢ふた積《つもり》になッて、千里を遠《とお》しとせず、国の東西南北より集り来ると云ふ自然の勢になるのである。底であるからして四国の霊場に重立ッた伽藍となつてある所では、其仁王門前から本堂まで、両側がスッカリ廃人《はいじん》の陳列場となッてあるのである。如上の陳列品中には却々目も鼻も当てられぬと云ふやうナ尤物《ゆうぶつ》があるので一寸目録を挙げて見ると、蹇人《あしなえ》、跲跛《びっこ》、雙瞽《めくら》、紅爛《めくさり》、黴瘡《かさかき》、掐鼻《はなくちゃ》、兎唇《いぐち》、落架風《あごはずれ》、瘋癲《ふうてん》、瘖瘂《おし》、聾漢《つんぼ》、乃至《ないし》は台湾坊主、薬研坊主、偏翠《かたきん》、瘰癧《るいれき》に至るまで出陳《しゅっちん》せぬと云ふことなし。就中《なかんずく》其全身の腫起腐《しゅきふ》爛《らん》せるもの膿汁《のうじゅう》の横溢《おういつ》するものに至ては、殊の外の優等品なるべし。今や医術大に進歩し土郎中《やぶいしゃ》は比々概《おおむ》ね然り。遂に此等業病《ごうびょう》難病を治するの法を知らず。コツボにキタ砂糖を盛て飲ます位では博士は向き過ぎる。国手諸君よ勉旃《べんせん》勉旃、と云ッた所で急に遺伝性の宿疾《しゅくしつ》を治《じ》する抗毒血精療法と云ふたやうなものが発見さるゝものでも無いから、ナントなり臨時の処分を為すことは経世家の務めである。斯う云ふ怪体《けたい》ナ品物を清浄潔白ナ四国霊場などに置くことは、大師のお咎めはいかばかり。参拝者の気持にも無論好くは無いと云ふ所で、底で猿考ふるには外でも無いが当分博愛慈善の亜米利加政府へ預けることは至極妙であらうと思ふ。聞けば同政府は南洋に如上の癩病《らいびょう》患者ばかり蒐集《しゅうしゅう》してる避《ひ》病院を持つてるサウであるから、かた〴〵宜からうと思ふ。ナンボ亜米利加でも昨今外交はインペリアリズムでやッて、慈善事業はモンロー、ドクトリンを固持するとも云ふまいから。

猿は畢竟《ひっきょう》するに、早晩《そうばん》帝国癩患者の処分に就て、其一法として上陳の如く考案もあッたからして、人員調査の必要があると思ふて、四国霊場に出ると寛永通宝一円即ち千文を準備し置き、廃人一人毎に必ず一文を喜捨することに致して置いたが、八十八の霊場を廻ッて居る中に其千文が百三四十文に減ッた。差引則《すなわち》八百七十人もの廃人が居た訳になる。此等の処分は具眼者が決して忽《こつ》諸《しょ》に付すべきものでは無い。

＊鰥寡孤独＝つれあいに死なれた男または女。膿汁＝はれものなどから出る汁。横溢＝溢れる。勉旃＝勉め励む。宿疾＝前世からの病気。怪体＝不思議な。畢竟＝紆余曲折があっても、最終的に一つ結論に達する様子。忽諸＝ないがしろ、おろそかにすること。

卍四国霊場巡拝記（五十八）

▲遍路の無用＝押掛の宿入▼

「土佐は鬼国宿が無い」とは昔から四国遍路が口癖《くちぐせ》にする俗謡《ぞくよう》であるが、開けゆく明治の大御代に、イカニ土佐なればとて、旅人《りょじん》の宿泊すべく場所だに無きこともなかるまじとは、人も思ひ自分も爾《し》かく想ふて居たことであッた。幸に土佐の遍歴、ソガ八九分は兎に角相当の宿を貰ふて雨露を凌《しの》いで来たに、今二三分の境になッて果して宿ナシ坊になッた。

アレガ慥《たし》かに五月十九日のことであッた。少々足痛《そくつう》の為、土佐は幡多《はた》郡《こうり》伏賀《ふせが》村から汽船に搭《とう》じ、一寸海上七八里の間を御免蒙つて同郡下田港に来た。日も日とて恰度盛に雨降り風さへ吹きしきりて却々物凄い日であつた。下田港に上陸した時は既に点燈時《ひともしとき》であつたから、早速に宿求めんと、不取敢《とりあえず》埠頭際《はとばぎわ》の旅店《りょてん》に就て、明間《あきま》あるやと尋ねた。此家の主人サモ長揖《ちょうゆう》に遍奴は真平《まっぴら》なりと云ふ。コハ怪《け》しからんと思ひながら、隣の木賃宿を尋ねたるに之も遍奴は真平なりと云ふ。已れ木賃宿の癖にまた拙者の御投宿を拒絶するなどは不埒至極《ふらちしごく》なりと思へども、旅の空の是非も泣く〳〵次へ次へと下田の港にあるとあらゆる宿屋招牌《しょうはい》を吊してある内二十四五軒儘《ことごと》く訪問したに、皆是れ異口同音に遍奴は真平と云ふのみである。情け無い哉《かな》五尺の軀幹《からだ》是《ここ》に於て終《つい》に置き所なしと云ふ始末で、斯夜《こよい》一夜は流石の四国猿も甘露の水に打たれて立往生的難苦行をなさねばならぬと云ふたやうナ仕儀になッた。サテ好い分別もあるまいが、どうやら雨衣《かっぱ》に雨が浸みて来る。着物もヂトヂトする。オヤ天窓《あたま》が冷い。コリヤ堪らぬ菅笠も漏り出した。サテ斯う致しては居られまい。なんとしやう。若し御通行の姉はん隣村まで何丁ありますか。ソレヨ、ポント、一里半、ナー二一里半土佐道は五十丁の一里。大分えらいが、こゝいらで猿の立往生もゾットせぬからと云ふ所で、篠衝《しのつ》く雨を犯し朧月《おぼろつき》を踏んで、隣村へと志して一目散に駆けた。所でお腹はヘコツク五色の息をつく。着くは隣村に着たが、瓦斯燈《がすとう》ゲナものがある宿屋ゲナものが只一軒其村《むら》端《はず》れにあるのみのやうだ。コイツ此処で「遍奴は真平」をキメ込まれては夫こそ大変であると云ふもので、一寸猿は小首を傾けるべく見えた。

御免下サレ拙者は旅のもので今夜は一泊をと云ひながら、猿は雨衣を脱だ。ゴソ〳〵草鞋の紐を解きかけた。おナン様戸井端《いどばた》はと下駄を提げて無造作に足を洗ふて来て、ヅルリ坐りこんだ。宿のおナン(土佐にては家婦《かふ》のことをおナンと云ふ此事前回も説明したり)呆気《あっけ》に取られて、オマハン何処ナト云ふ。拙者は以南(土佐にては幡多郡南角地方を以南と云ふ)のもので実は途中で日が暮れてと、オツに澄して土佐弁めかしてやッてのけた。但し菅笠、頭陀袋、負子《おいこ》、金剛杖はソツト表の櫺子下《れんこした》に隠して這入《はいいった》のだ。

下田浦蟹の名所と聞くものを
　猿の宿かり以南だもよし

*長揖=腰を曲げ、上体を前方に傾けて頭を下げる丁重な敬礼。招牌=文字を書いて掲げる札。櫺子=窓や欄間な

どにとりつけた格子。ひさし。

卍四国霊場巡拝記(五十九)

▲お酒の異名=遍奴の特権▼

讃州琴平の旅館に泊ッた時であッた(此日は木賃宿ではなかッた)。夕餉の支度が整ふと「旦那胡麻酢《だんなごまず》は如何ですか」と宿の女中の質問であるから、ナーニ「ごまず」「ごまず」とはソリヤ何の事だと問返した。スルト「オヤ旦那お遍奴は初めてゞあると見える」「知れたことよ遍奴を商売にして居ッて溜るか」「ヂャテ、貴客《あなた》胡麻酢を知らいではあんまりですよ」「どうも乃公《おれ》には判らんナニカ芸者か何かの事でもあるのか」「ヲホ、、ホ、ナンノ貴客《あなた》お遍奴サンに芸者などお薦めしやうものなら罸が当りますワ、旦那おさゝのことですよ」と彼女はサモ嘲弄《ちょうろう》ゲに白状した。「ウフ酒のことを胡麻酢と申のか。琴平と云所は胡麻の蠅《はえ》が多い所と承ッて居たが酒まで矢張ゴマ的の名が付てるのう」と、猿も亦嘲弄ゲに買詞《かいことば》を極め込んだ。スルト件《くだん》の下女は、サテ立腹《はらたち》げに「旦那爾《そ》うぢやありませんよ。琴平ヂやッてお酒は上方一般におさゝとか御酒《ごしゅ》とか申しますワ。四国のお遍奴サンに限て胡麻酢と云《いう》んですよ」「爾うかソリヤ存知なかッた全く初耳だ。併し姐《ねえ》さん乃公《おりや》禁酒会ぢやがどうしやう」「禁酒会でも差支《さしつかえ》はありませんワ。酒では無い胡麻酢ですもの、大師様でも酒は許さんが胡麻酢の名前で許すとの御《ぎょ》意《い》であッたのですから、幸ひ胡麻酢々で召上れば、仔細はありませんワ。大師様なんどは、却々《なかなか》えらいもので一切衆生の為に斯《こ》う云ふ間道《ぬけみち》を拵《こしら》へて置かれたので、耶蘇などよりは大分捌《さば》けて居ましやうがナ。旦那お釈迦様でも飯酒一杯吾許之《われこれゆるす》と御意になッて、酒の事子ハ醍醐《だいご》乳味《にゅうみ》とか般若湯《はんにゃとう》とか申したさうですや。貴客耶蘇なんぞは開けませんよ。禁酒会なぞはお止しなさいナ、ハ、、、旦那酒なくて何の己が桜哉《さくらかな》と云ふ、小唄もありましやうがナ。太閤秀吉は千生匏《せんなりひさご》の馬印《うまじるし》を押立て、藤田東湖が瓢《ひょう》や瓢や我汝を愛すと仰《おっしゃ》つた。白楽天が酒を指して此君と崇《あが》め、又天に酒旗《しゅき》の星あれば地に酒泉《しゅせん》の郡あり。人に旨酒《ししゅ》の徳ありとも唐土人《もろこしびと》は云ふてある。是れ酒の功徳円満にして、所謂鹽《しお》は食肴《しょくこう》之時、酒は百薬の長に相違なく業病難病立所に癒る。」尊い哉胡麻酢の御利益」と女中なんどに似気《にけ》なき。滔々《とうとう》懸河《けんが》の弁舌、流石物識り新知識の猿も、先刻来世の左党《ひだりとう》と共に、此女中が如上の胡麻酢論に酢《よ》はされて、何を書たことやら。

＊匏＝ヒョウタンの果実。酒旗＝居酒屋の看板の旗。酒泉＝多くの酒のこと。旨酒＝味のよい酒。食肴＝鳥・魚などの肉を食べる。滔々＝水が盛んに流れるさま。懸河＝弁舌が勢いよく流れ水のようによどみないこと。

卍四国霊場巡拝記（六十）

▲遍路の精進＝精進の因縁▼

昨日胡麻酢を書た次手《ついで》に思ひ出したが、日本では在家出家の仏徒共に、胡麻酢の酒を用ゆることで、四国遍路なども之は大師の公許《こうきょ》なりと云ふので、瓢箪なぞを腰にブラ下げて臆面《おくめん》もなく巡行する遍路も見受けるが、之に反して魚肉獣肉の如きは巡行中は大師の禁制《はっと》なりとて用ゐず、一切精進である。

「所かはれば品かはる難波の葦《あし》は伊勢の浜荻《はまおぎ》」と云《いう》こともあるが、緬甸《ビルマ》、暹羅《シャムロ》、錫蘭《セイロン》辺の仏徒は一切禁酒で肉《にく》食《じき》は勝手放題であるゲナ。之はサテ妙な現象であると云ふので聊《いささ》か又猿が因縁さがしの小理屈を述べるのぢや。

元来世間で肉食を断つのを精進と云ふことは誤ッてある。十誦律《しょうりつ》の序に諸仏勤精進の故に阿耨《あのく》菩提を得ると云ふてあッて、凡そ父母の忌日《きにち》に当りて、身を浄め心を一にして慎みを守る義が即ち精進であッて、在家の衆生、平素家事に逐《お》はれ、世務《せむ》に暇《いとま》なく供養追善の営みを為すことが出来ぬ処からしてセメテ忌日年回になと平生懈怠《へいぜいおこたる》の心を策励《さくれい》して悪を止め善を修するの日柄と定め、専ら心を仏事に入れて勤むるに依て之を精進と申し又精進日と云ふのである。故に之は独り仏教徒のみでは無い。欧羅巴《ヨーロッパ》の旧教信徒なども、一週中水曜日を精進日と致してゐる。又我国の昔の物語日記などにも節忌《せっき》と云ふこと見え、八日、十四日、十五日、廿三日、廿九日、三十日を六斎日《さいじつ》といふて、精進潔斎《しょうじんけっさい》の日と致したものである。畢竟精進日に肉食をせぬと云ふことは、其日が仏心を起し、慈悲心孝順心を以て勤むる日なれば物の生命を損害するを忌み禁ずるから来ッた。中世以来の習慣であらうと思ふ。デあるから世の売僧《まいす》などが精進と云ふて、単に肉食せぬと云ふことに於ては、別に賞翫《しょうがん》する理由の根拠が無い。夫よりは他に精進すべきことがあらうと思ふ。目白台の五胡律士などが牛乳で御茶を濁し、拙者は精進戒律を守ッてるなど丶云はうより、公々然牛乳の母親も食ふべしだ。ゲニ末法万年の不見識笑ふべし。釈尊幸ひ先見の明あり。

＊懈怠＝なまける。策励＝大いに励ますこと。売僧＝商売をする堕落僧。

卍四国霊場巡拝記（六十一）

▲精進に閉口＝此猿の説法▼

昨日は精進の因縁などで日が暮たが、サテ此精進と云ふことが四国遍路の間に恪守《かくしゅ》されてることは、驚くべきものである。独り遍路のみでは無い。遍路に宿を貸す人も確実に精進を守ッてある。デあるから遍路のお飯《めし》お菜を煮炊きする鍋釜からして吟味して、一切腥気《なまぐさけ》を煮炊き致したことの無きものを用ゐ、膳、椀、茶碗、箸固《もと》より此注意を以てする。実に其極端は笑ふべき限りである。底でお菜と云ふと巡行中日に三度が三度とも干蘿蔔《ほしだいこん》、筍《たけのこ》、蕨《わらび》、切昆布、豆腐、蒟蒻《こんにゃく》、乃至《ないし》は梅干、沢庵と云ふ御馳走よりヨリ多くを見ないのである。此猿も既に南無大師に帰依し麻の衣にあじろ笠、背に荷俵《にたわら》三衣《さんえ》の袋、と云ふたやうな、巡礼姿に扮《いで》たつ以上は、猿のみ腥物《なまぐさもの》勝手次第と申すことも、一寸人気《にんき》に乗らぬ所からして、遍路仲間と日々精進であつたが、何がサテ十日と二十日は我慢が出来もしやうが、元来美食に飽きたる猿等の如きは、到底長旅に精進《しょうじん》粗糲《それい》は六ヶ敷注文にて、仕舞には食《しょく》気《け》もトント進まず頬の肉もどうやら、おッこちるやうな心地がする所からして、実は少々心細くなッて来た。

所へさして土佐の東海岸にサシか丶ると、キツウオ、イサギなど丶云ふツイゾ見たことの無い、鮮魚溌剌《せんぎょはつらつ》として魚棚《うおたな》に踊るので、弥々《いよいよ》肉食と云ふ謀叛《むほん》の萌ざしが、簇々《むらむら》と胸元に燃えて来た。

土佐の東境甲《かん》ノ浦《うら》は、烏賊《いか》の名産地であッて、乾かしたのが、一個僅かに五厘である。今此烏賊噛まずんば、他日臍《ほぞ》を噛むの憾《うらみ》あらんとて、白銅一個を投じて、烏賊の十個を得た。此夕野根《のね》と云ふ所で泊ッたが、同宿の遍路円座《えんざ》の中で、猿は公々然件《くだん》の柔烏賊《するめいか》を焙《あぶ》ッて、独りパクツカして居ッた。スルと一座の遍路衆が互に目眴《めくばせ》して、アラあのお遍奴ハンは烏賊を食べてる。お尻がクッ付くにと、悄語《ささや》き其実トロ〳〵涎《よだれ》を流してる。猿はこゝいらで一説教と思たから、「オイそこな御同行衆烏賊はいかゞです、召上らんかな」「イーヤそれ食やうものなら、肛門《おいど》がクッ付くサカイ、折角有難うおますが止《よ》しやす」「コリヤ怪しからんことを聞くものかな。イヤなに御同行衆斯《こ》うなのです。各々方も予《かね》て案内の通り、真如親王の御歌にある通り、アナ尊《とう》と高野の山の岩かげに大師は今におはしますなりとある通り、高祖弘法大師は肉身《にくしん》成仏《じょうぶつ》のことであるから、折節《おりふし》娑婆に触出《しゅったい》す事が出来すると、ヒヨロヒヨロ高野の本堂に出現ましまして、御開示があるのである。現に明治の御維新の時に高野山女人禁制を解かれたのも、其御思召《おぼしめし》の一つであるが、世が進むにつれて段々真言の戒律も改良する必用があると云ふ御方針で、此頃内地雑居の御代となつて彼れ毛唐が、魚獣の肉を勝手に頬張るに、日《ひ》の本《もと》の衆生に涎《よだれ》を流さしむるも、却て悪い殺生であると云ふ御思召で、漸次精進解禁の御都合であるが、不取敢、烏賊、章魚《たこ》、海参《なまこ》、海膽《うに》、海月《くらげ》等の軟体動物《モラスカ》の部門に属するものだけは、魚鱗《ぎょりん》なきに依て差許すと云ふ有難き御沙汰にて、当年正月大師よりお触出《ふれだし》あり。拙者は実は大本山の特使にて各々方に此由を伝ふるものなり。各々方安心して頂戴あれや」と説き立てれば、此衆上方の気早者《きはやもの》のことゝて、「ソードスカ、夫はいかにも有難うおます」とて、皆烏賊を食ふ。

＊粗糲＝精白していない、粗末な黒米。目眴＝目がくらむ。
魚鱗＝魚のうろこ。

卍四国霊場巡拝記(六十二)

▲参拝の講社＝天竺の霊場▼

四国霊場の巡拝人は此日清戦争後ヅット増えた。畢竟戦死者菩提の為と云ふので、其遺族などが廻るのである。春先の出盛《でさかり》には霊場を通過する人が一千人を下らぬと云ふてある。であるから、道路は兎角偏路の分列式を見たやうな訳で、揃《そろい》の菅笠、草鞋がけで、遠目には見事千万である。であるから、日清戦争以来と云ふものは、到る所に偏路宿が、春先の筍《たけのこ》のやうに、生《お》へて来て、続いては露店屋台のやうなものも、奥山片田舎にまで見るやうになッて来た所からして、四国の土地に落る金は一年を通じては莫大も無いもので、就中《なかんずく》木賃宿が鼻髯《はなひげ》を延ばして居る。であるから日清戦争もトンデモ無い所に御利益を持込んで来たもので、正貨《せいか》流出、輸入超過、経済界大恐慌と云ふ昨今の風景も矢張其御痢厄《ごりやく》ぢやゲナで、其功徳忘れ難いと云ふので、揃《そろい》も揃て大裙位《だいくんい》妾《しょう》二位が四頭も出来たんぢやゲナ。ハ、、、時に其四国霊場に斯く多くの、参詣者を出《いだ》すと云ふのは、帰する所各地に四国講と云ふ講社の設けがあッて、春先に農家閑暇《かんか》の折を以て、其順番に当ッたものが、講員全体の代参として、三人五人乃至は十人位一組で出掛けるのである。であるから霊場の本堂に奉書刷《ほうしょすり》の講員総姓名を連記したものが沢山張ッてある。中にも京都の大観講、大阪の大師講、博多の千人講などが目立ッた。聞けば此頃ダルマパーラが仏陀《ぶっだ》迦耶参詣講《かやさんけいこう》を起して、日本人に印度霊場参拝を勧めるさうであるが、之は至極の計画である。何でも斯う云ふ機関があると自然渡海も思付きよい。又国民が一人でも多く海外の新事物に接すれば、夫だけ国に利益することがある。依て仏陀迦耶講固より宜し。アーメン党はエルサレム霊場参拝講を起すべしである。ナニモ伊勢大廟参拝が国民の自尊心を高める要素では無い。若し世間に爾《そ》う云ふ窮屈な議論をするものがあれば夫は馬鹿ナ日本人と云はねばならぬ。

卍四国霊場巡拝記（六十三）

▲土佐の国訛＝余程の変挺《へんてこ》▼

各国語共に地方々々に国訛のあることは免れないが、英語のスコッチなどは最も烈しいもので、夫に匹敵するのが、日本語の土佐訛である。家の内儀《ないぎ》をオナンと云ふ如きは大体の詞《ことば》から違ッて了《しま》つてある。況《いわん》や其些細な訛に至ては数かぎりもないで、此に一々挙げることは出来ぬが、巡礼中アマリ変挺《へんてこ》に感じたのは、土佐人の応諾詞《おうだくし》である。普通日本人の応諾詞はハイとかアイとか昔の下郎が子イでお茶屋がアイ〳〵位で一寸変ッた所で肥前平戸辺がナイ〳〵とやる。所が土佐ではヤー〳〵とやるので、恰度《ちょうど》茶利《ちゃり》役者の掛声のやうで、余程妙である。豈図《あにはか》らんや。之が当世茶利役者隊長ウイルヘルム二世皇帝の配下にある。独逸国民の一般に用ゆる、応諾詞である。シテ見るとフイロ、ジストに云はせると、土佐人は独逸人の親類ぢやと云ひ出すかも知れないと云ふので思ひ出すが、欧羅巴の自由は独逸の森林から生れたと云ふてるし、日本の自由は土佐から生れたで、夫れ或は然《しか》らんとソシオロジストも合図を打つ事になる。スルト退助サン始め健吉も有造も太郎作も甚六も、一層のこと独逸語でも学んで独逸語教員でもやッたらヨリ多く成功したるべく見ゆ。事に依れば猿より玉井喜作に推薦して月給三馬《マーン》克半程でオースト、アジエンの植字係にでも使ふて貰ふてやるのにデモ政事家など、下手ナ横好きをやッて、今頃強弩《きょうど》の末勢《まつせい》魯縞《ろこう》を穿《うが》たずなど、、世間から冷《ひや》かさるゝのも誠にやくたいなもので、之が則《すなわ》ち身の上知らずと云ふものぢや。読者曰《のたま》はくヤー〳〵〳〵。

＊応諾＝頼み・申し込みを承知すること。受諾。茶利＝嬢瑠璃や歌舞伎でこっけいな段、場面。豈図らん＝意外にも。強弩の末勢＝初めは強いものでも衰えては何事もできないたとえ。魯縞＝弱いもののたとえ。穿つ＝ほじくる。

卍四国霊場巡拝記（六十四）

▲不食《くえず》の甘藷《いも》＝不食の貝殻《かい》▼

永当《えいとう》々々読者諸君の愛読を受けたる、霊場巡拝記も明日頃最後の大気焔《だいきえん》を挙げて一先《ひとまず》其の局を結ぶ積《つもり》である。底で今日は弘法大師の大法螺貝に縁《ちなみ》ある、不食の貝殻やら、不食の甘藷やらを、読者に御馳走して、大師が法螺の真味《しんみ》を翫賞《がんしょう》して貰はんなどゝ、下手ナ洒落を云ふ。

祖師弘法大師四国御遍歴の砌、土州二十四番室戸山東寺に御参拝ありし際、御空腹に堪へねばとて、甘藷作れる田翁《でんおう》に、一つ与えよと請《こ》はる。其翁邪見《じゃけん》にして与えず。大師曰く。此甘藷今より、石の如くなれと後《のち》果《はた》して石《いし》

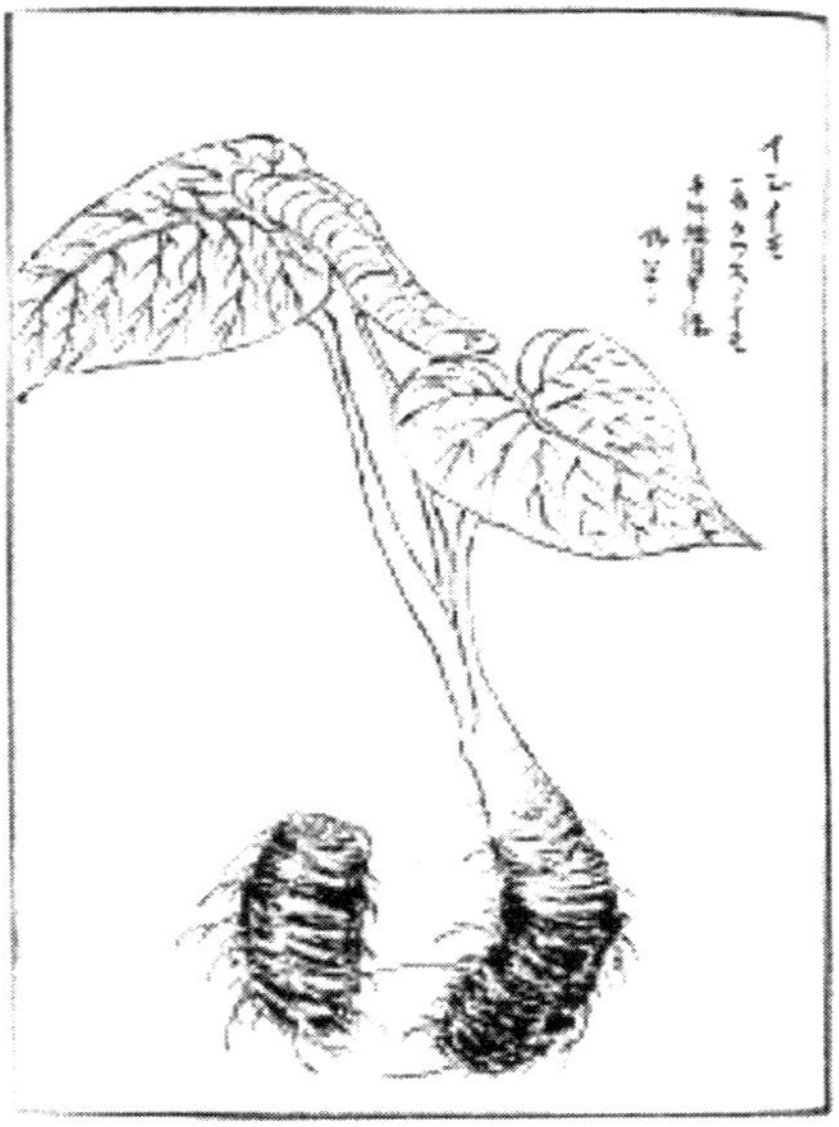

1-9 喰わず芋（『松浦武四郎紀行集』より）

礫《つぶて》を噛むが如く食ふべからず。依て之を不食の甘藷と名づく。今も蕃殖《はんしょく》すれど、食用に適せず。是れ大師邪見を戒め賜ひし方便であると、云ふてある。何ぞ知らんや其甘藷こそは、元来《もと》より爾《そ》う云ふ種類ナのである。

食えずの貝と云ふのも、同じく土州二十七番霊場神峯寺に売られてある。何ぞ知らん之は各種貝殻の化石である。恐らく其地方が太古一面の海であッた時の遺物であろう。其地方は慥かに第三系中新統に属してる地質である。化石の食へぬことは始めから、判ッてある。マサカ蜑婦《あま》が、大師に施さなかッたから、急に化石になッた訳でもあるまい。大師言《だいしげん》を此に寄せて権化《ごんげ》の方便となす。大師は智にして信ずるものの愚《ぐ》のみ。

＊永当＝長い時間、年月。大気焔＝ほのお。燃え上がる。真味＝本当の味。田翁＝田畑を耕す老人。邪見（邪慳）＝よこしまで意地が悪い。無慈悲に取扱う。蕃殖＝茂り増えること。蜑婦＝海女。

卍四国霊場巡拝記（六十五）

▲紀行の結尾《けつび》＝最後の気焔《きえん》▼

今日は巡拝記を結《むすぼ》うと思ふ。因《よっ》て最後の気焔を揚げて読者平素の眷顧《けんこ》に酬《むく》ゆる積である。其前一寸書て置く事がある。猿が四国霊場巡拝中に諸国の慈善家から、喜捨を受けた金額が総高拾六銭八厘あッた。之は固より猿が私消《ししょう》するの特権を有してあるが斯様《かよう》な金を自分で費して見た所が、夏の事なら氷水の五六杯で済《すん》で仕舞ふ。依て此猿が所謂空前絶後の大奮発を以て、慈善事業にサシ向けるとして、岡山孤児院長石井十次君に、悉皆《しっかい》委託した。定めし石井先生も大金のことなれば、消費方にアグンで居るであらう。

翻つて、惟《おもん》みるに猿は是れ日本帝国の大流行物である、廟堂の大臣揃ひも揃ふて、是れ沐猴《もくこう》の冠するものなり。五千万同胞に至つては、南無大師と雖《いえど》も済度する能《あた》はざる意馬心猿《いばしんえん》の徒輩《とはい》なり。猿面冠者《めんかんじゃ》の藤吉郎は、日本一の豪傑なりと雖も、猿廻はしの與次郎が孝悌《こうてい》の情濃《じょうこまや》かなるも亦見るべからずや。昔四国の山中猿を産す物真似に巧みなり。四国人自ら其感化を受け物真似に巧みに、所謂猿知恵の本家本元にて、日本人の猿知恵此に淵源《えんげん》す。ダーウヰンは人間は猿の進化と云ふ。日本人は其議論では充分お株の良い方なり。日本人遂《つい》に三猿の教を立つ。見ざる、聞かざる、云はざる、則ち是にして、序に食はざる着ざるあれば、国家の富強期せずして待つべきも、左様ウマクは問屋が卸さざる故、正貨は流出せさるを得ず、国は貧乏せさるを得ず、国民今日挙《こぞっ》て人物出さるを嘆くと雖も、幸ひに四国猿あり。十万食客官吏《しょっかくかんり》、三百傀儡《かいらい》議員、三百片々《へんぺん》記者を、更に眼中に置かさる底《てい》の元気あり。筆底《ひってい》の陶鋳《とうちゅう》緑樹《りょくじゅ》青山《せいざん》、老猿の隠栖《いんせい》するが如く、口吻《こうふん》化工《かこう》猿の舞ひ。鳶《とび》の飛魚の躍《おどり》、実に二六四層楼城中の驍将《ぎょうしょう》たるに恥ぢず。此《ここ》に六十五回の長紀行、空前絶後の大気焔大奇行を演じて、どうやら読者に倦《あき》が来さうな所で、

いざさらば思ひ立田《たった》の薄紅葉《うすもみじ》
　　人の心に秋の来《こ》ぬまに

＊結尾＝終わり。結末。眷顧＝特に目をかけるさま。ひい

きすること。悉皆＝ことごとく皆。全部。沐猴の冠＝猿のくせに冠をかぶっている。心のいやしい人間が外見だけ飾っていることのたとえ。意馬心猿＝煩悩、情欲のために、心の乱れをおさえがたいこと。徒輩＝仲間の者。孝悌＝親に対して素直な態度で接し、兄や年長者に対して従順であること。淵源＝源。物事の起こり基づくところ。食客＝他人の家に寄宿し、養われて生活する人。傀儡＝他人の思いのまま動かされる者。片々＝薄っぺら。陶鋳＝人を感化すること。人材を育成すること。緑樹＝緑の葉の茂った樹木。青山＝樹木が茂り青々とした山。隠栖＝世間から離れて静かに暮すこと。口吻＝話し振り。化工＝万物をつくり出す神のわざ。創造主。

第二部〈蟹蜘蛛〉四国八十八ヶ所　同行二人

『愛媛新報』大正十五年九月十一日〜十一月十四日連載

男女學生卅名を乗せた定期船が轉覆す　けふ來島海峽の眞ン中で

三名は多量の水を呑んで苦悶

此世の生地獄

犯行訊問で傍聽禁止となる

瀬戸内を漕廻す海國健兒の壯擧

近衛秀麿子退會す

一萬圓以上を使ひ猫自殺を企つ

スイスの國花を樺太北部で發見

恐喝公判

乃木會

勇猛な老女殺人狂を一撃

何でもやらぬと雇ひ手が無い職業婦人

同行二人（一）

いかに中毒

寫眞撮影

文部省の眞意は國民体育の向上

看守の隙を窺ひ被告縊死を企つ

電車を負ふて走る男

十圓を拾得

葉イモチの心配で落水期を延す

句吟に耽る

二佛像の寄進

爭議の直接取調

二百廿日無事か

毛糸の見分け方

連載第１回紙面（４段目左より）

四国八十八ヶ所　同行二人(一)

一　淋しき一人の遍路あり

高縄山の頂に入道雲何を怒るか午下《ごくだ》りの烈日に猛り立てるを遥かに見あげつゝ、右手に松山城の勇姿を笠の下よりちよい〳〵盗み見ては時折晒木綿で顔から頸《くび》をふき〳〵すたこら歩いて居る男あり。彼は今朝伊予の道後を出《い》で、山越迄たれかに見送られ、それよりひとりとなつてさびしく街道を北に向つたが途中道を西に外れて和気《わけ》村《むら》太山寺に詣で、次で五十三番円明寺に札を納めて今此の日盛りを元の本街道に出でんと急いでゐるのである。

彼は身に白衣をまとふて居る。白の手覆ひをしてゐる。背には重さうな荷を負ふて居る。頸《くび》に頭佗袋をかけて居る。右の手には金剛杖を突き、左の手には珠数《じゅず》〔数珠〕をつまぐつてゐる。頭には深いアジロ笠を冠《かぶ》り口に南無大師遍照金剛を唱へてゐる。

笠の下には絶えず手につまぐる珠数よりも大きな汗の玉がこぼれる。それをかなぐるやうにふいては息もつかずに歩む。彼の腰にはチリン〳〵と鈴が鳴つ居る。

彼はその鈴の音に聞き惚れて知らず知らず足を運んで居るが如くにもある。

併《しか》し彼は無心に鈴の音にきゝとれて居るのではなかつた。彼は先刻太山寺の住職と話した事を考へた。住職のはなしによると、四国八十八ヶ所は弘法大師を祀つて居るから、何れも真言宗かといふとさうでない。各宗がある。浄土系の寺が無い丈《だ》けださうである。

彼は「それを初めて聞いたとき驚き且つそれ所《ところ》が一般では、真言宗の中でもすべて高野派かとさへ思つてゐるだろう」。と住職に云つたのである。

それは彼の独断であって、そんな事は彼以外誰も思つちやゐないだろうに、彼れ自ら己れの知識の狭いことに気付かない。

その証拠に彼は住職が浄土宗の寺は無い、と云つた時、真宗はあるかと尋て居た程である。

二　世にも拙なき歌哉

彼は四国八十八ヶ所の讃向歌《さんこうか》は何人の作だと住職に尋ねた。住職は詠人が分らないと答へた。何人の作か知らんがとに角拙劣極《せつれつきわ》まるものであると両人の意見は一致した。そして西国三十三番の詠歌は実に秀逸揃《しゅういつそろ》ひであると住職が云ひ、彼も同感の意を表《ひょう》した。そして彼は口の裡《うち》に播磨国書写山御詠歌

はるばるとのぼれはしよしやのやまおろし
　　まつのひびきも御法なるらん

と、この太山寺の

太山《たいさん》を登れば汗の出《い》でけれど
　　後の世思《よおも》へば何の苦も無く

の二首を詠んで見た。何といふ愚作《ぐさく》だろう。それにしても之《これ》を八十八ヶ所にそれ〳〵詠んで納め、それが今日迄用ひられて居るのは偉《い》いものだ、と彼は感心した。(曇)

四国八十八ヶ所　同行二人(二)

三　寺に悪筆の男あり

四国を巡拝するには一番より順にはじむるもよし、八十八番より逆に廻るもよい。又その中間何れよりはじめるも任意である。彼は伊予の太山寺五十二番を札はじめとしたのである。この札所に詣でたしるしに各その山の納経を享けねばならぬ。

彼は大正十五年八月三十一日正午太山寺の納経所に於て、白紙百二十枚を折つてとぢたる納経本を出して納経を乞ふた。

僧俗分明《ぶんめい》ならざる一人の若者は仔細《しさい》らしく納経本を開いて第一丁をはねて次へ

奉納十一面観世音

と書き、脇に太山寺と書いて中央「観」の字の上へ玉の判、肩に四国第五十二番、左下の隅に「瀧雲山」といふ朱の判を押して与へた。

口の裡《うち》で「世にも悪筆の男かな」とつぶやき、心の裡で「我敢て遜色無し」意を強《つよ》ふした上更にその悪筆の男に乞ふて金剛の五輪に字を入れて貰つた

そして益々悲観した。即ち誰かに杖を見られて、この字を自ら書いたと思はれんもはづかしいと思つてである。だが彼は又、今や自分ははづかしいも、悲しも、惜《おし》も、欲しも棄てた身では無いか、と自戒した。彼が頭に戴く

笠には、

迷故三界城
悟故十方空
本来無東西
何処有南北

と書いてある。それは彼自ら認めたのである。いつぞやこの句について正宗寺の租雍和尚がその意を知れる遍路ありや無しやと述べて居た事を彼は思ひ出した。

併《しか》しそれを知るならば今更四国遍路はしないとその笠を冠《かぶ》つて納経所を出やうとした時、彼は住職に呼び止められた。

四　貰ふは乞食の本分

住職は彼を呼びとめて茶を飲まし、梨の実を与へ、尚「汝は今日が鹿島立ちさうな」とわらじ銭を接待した。彼は一言半句も辞退すること無くそれを受けてさんや袋に納めてそこを立ち出でた。

世には種々な貰い方がある。恰《あたか》もそれを与へておけば、後日何かの役に立つやうに施主に思はせて貰ふのもあれば、貰つたものは大いに社会のために有意義に使ふかの如くに云ふて貰ふのもあり。又中には相手に弱味あるに乗じて恐喝して貰ふのもあれば、他人の名や己れの地位を利用して貰ふのもある。

而《しか》もそれは悉《ことごと》く己の享楽に費消《ひしょう》されるのである。乞食たるに於てかはりはない。たゞ自ら乞食らしく無いやうな顔をし言葉使ひをして貰ふだけで、己は上品に、体裁よく金を出させたいと思つて居るか知らんが施主の方では、一様に与へてやつたと思つて居る。

而《しか》して施主の想つたのが本《ほん》とうである。若かず本との乞食となつて施しを受けんにと彼は山門をくぐりつゝ、考へた。　（曇）

四国八十八ヶ所　同行二人(三)

五　汽車が出来たら乗れ

円明寺より次の札所迄は九里と道しるべにあり。松山今治本街道に出れば馬車あり、自動車あり来年になれば円明寺のすぐ前に停車場が出来て汽車が通ふやうになる。遍路の巡拝は旅費《かね》を惜みなく使つて楽々と廻つたのでは何の価値も無い。それなら洋服でも着て旅行鞄一つで汽船や、自動車や、汽車や、人力車で十五日か二十日でごろ〳〵と巡つて見るがよい。三十日なり、五十日なりの朝夕の調度迄背に負ふて草鞋穿《わらじは》きで、杖にすがつて巡る所以《ゆえん》は、国々、山々、谷々、所々に南無大師遍照金剛と歩いて廻つて難行苦行をして見ることに真の味もあり、価値があるのである。

併し乍ら又坦々たる道を九里の間、途中に宿をかり等《など》しつゝと行くことにも可成りの馬鹿々々しさがある。故に汽車が通はゞ運賃も少なくて済む故に、和気より汽車に乗るがよい。汽車の窓より見ても堀江、粟井坂を過ぎ、北条鹿島、波妻、浅海《あさみ》あたりの風景、浅海より菊間迄の海岸線の眺め等《とう》十分にほしいまゝにすることが出来る。菊間には法仏山遍照院といふ中札所《なかふだしょ》がある。番外ではあるが空海上人四十二歳の時にこゝに三七日の護摩修行をして厄の年を逸れたといふので今も尚毎年節分には護摩の大法を修行して衆生厄年に当たる者の除厄を祈るといふ。よって厄除《やくよけ》大師とて本尊仏像は空海自作である。

彼の今日鹿島立ちしたる遍路はこの道を取らずして、北条の鹿島に詣でてより立岩川に沿ふて立岩村に辿り入つた。同地は彼が生れた所だとかにて彼はそれより山路を越て越智郡亀岡に出て大井より五十四番延命寺に詣づる心算《つもり》らしい。

六　樹下石上を宿として

春の頃なれば、奉納四国八十八ヶ所同行の数の多いこと、札所札所が縁日の如くであり遍路みちは菅笠の行き来絶えることなく、沿道の農家が俄に「御へんろ宿」の行燈《あんどん》を軒に掲げて季節木賃宿の簇出《ぞくしゅつ》するに拘《かかわ》らず、毎夜毎夜客満員の有様であり。又札所の付近、峠、町の家等に米、飯、餅、紙、銭、わらぢ、煮豆、その他思ひ〳〵の施し接待ありて受くるに暇が無い程であるが九月十月と云へば人々収むる事切にして、接待も少く、旅は道づれの同行も稀に、まして秋は天候定め無ければ難渋甚だしかりなん。とてものことにて茲《ここ》半年を待ちて来春にせよと止《とど》むるものもありたれど、彼自身の今日現在の気持ちが突然に四国巡拝を決行せしむるのであつて半年も半月猶予し得る程ならばこの行は立ち消えになるかも知れない。併し乍ら現在の彼の気持ちは、四国巡拝を為《な》さなければ他に何か為す。只現状維持は出来ないのであつたのである。

（曇生）

四国八十八ヶ所　同行二人(四)

七　乞食馴れぬ身

彼が人の門に立つて物乞《ものこ》ふには種々な事が邪魔になつた。家の表に人が居るとその前へチリン〳〵と鈴を振つて行くことを躊躇《ちゅうちょ》した。女等《おんなら》が掃《はき》そうじでもして居ると、忙《せわ》しさうなのを手間おさへが気の毒なと又行きすぎる。そこに居る人の顔を見て、邪慳さうなと、「お通り」を云はれることを予期して又ゆき過ぎる。

人の好きそうな、四十から五十位の女で割合に頭髪《とうはつ》の黒い人、それは貰へさうなやうな気がしてそんな人があつたらと見て行くと一向立ちよる家がなくなる。偶々人の姿の見えない家に立つて鈴を振り、遍照金剛を唱へて見る。自分が戸口に立つ迄は家人が知らず、鈴の音を聞いて出て来る人なら必ず手に物を握つて居るのである。故にはじめから人の見えない家がよからうと思つたのである。

所が鈴を振つても三帰《き》三竟《きょう》を唱へても人が出て来ないヤケに鈴を振り立てゝ見てハツと鈴を摑む。余韻を消すのである。何様他人の門さきでチリン〳〵と振り立てることは気がひける。

をん。ぼううぢしつた
ばだはだやみ

何べん繰返してみてもコトリとも云はない。不在なのか、不在を装ふのか、とに角失敗に終つたのである。

八　嚢中豊なれば心弱し

凡そ四国遍路々の道は二百八十八里といふ。

けれ共それは正確な測量によるものでも無く寺から寺への古来云ひなせる里程《りてい》にして山を越へ谷を渡り、時には間道もあり、又五十丁一里もあり、四十八丁一里もあり実際は三百四五十里もあるか。それを巡るには一日に玄米二升に代る金を要すと云はれてゐる。

然るに彼は全然金を持たずに巡り得るといふ自信があると、隣人に語つて居た。

周囲の人も彼の決心を聞いてそれを断行させるより他無かつたが、万一の場合に備ふるため二三十金《きん》にても用意せよ、と云つたが彼は二三円だも不要なり、若《も》し金《かね》あらば万一の場合が忽《たちま》ちに迫るなり。

而《しか》も嚢中に財を有ち乍ら人の門前に立ちて乞ふといふ事は吾に於て不可能なり、背水の陣をしくにしかずときかなかつた。

にも拘らず彼が出発も朝駆けつけて見送った者等は、彼が真意を知らざるが故に遍路は接待を受くるが当然なりとて有無を云はせず彼が三衣袋に捻ぢこんだ。

彼は「御ほうしゃは一銭に限る」と云つたがゆるされなかつた。彼はこゝにお金を得たために初《しょ》一念のゆるぐ無きやを自ら怖れた。たゞ出る時煙草を多く貰つた事は無上によろこんだ。

四国八十八ヶ所　同行二人(五)

九　皮肉なり百八煩悩　珠数

大叔母が独り住む粟井の里に宿りし時村の人の来りて大叔母と話しするを聞くに、大叔母が家と、その村の物持ちの家との山林の境界の紛紜《ふんうん》につき、村の有志の誰彼ははじめは大叔母が云ひ分を正しと云ひ居りしに、いつの程にかその境は十分知らずと云ひ出したり頼みがたきは人心かなと嘆くなりけり。又難波にては叔父と叔母の梨の収穫に忙しく立ちはたらき居けるが、叔母は一箱八十五個にて一等になる梨実《なし》を九十個にて二等に落とす事は遺憾なり。

とても二等となるならば、九十五個迄にせよ。即ち小さき実を入れよ、然《しか》らずんば八十七八個にて二つ三つ多く共一等にせよ。買方に於て一々それを詮議することはあるまじと云ひ、叔父は、八十六個にても、七個にても之を二等に落としおく時は、買方に於てこの箱は三個か四個を除けば他は一等梨なり、とて喜びやがて信用を博せばマークを以て取引出来るに至るべしと主張する。

之を聞き居し彼思へらく、我家を出る時妻はわざ〳〵三津浜迄行きて銭貫はんと思ひしに、当然くれるべきをくれざりしとて憤《いきどお》り帰りしが、之等《これら》のこと今は思ふもうきことなり、とて悉《ことごと》く捨てゝ立ちしに、尚到る所にてこの煩《わずら》ひを見聞きせねばならぬか。つまぐる珠数は百八煩悩、惜し、欲し、憎し、可愛しを一つ捨て二つ捨てゝ百八つを捨てれば初めの一つが又めぐり来る。実にや皮肉に出来たるこの珠数かな。

彼は生れた故郷の父が許《もと》にかへりて暫《しば》し滞在し居るうちに、人間煩悩捨てんとするが愚なり。ありとあらゆる煩悩を一身に持つて見んとこそ決心しぬ。

十　旅人を悩ますクマを懲伏

今日は立たん、明日は行かんと云ひ〳〵はや一週間を父の家に過ごしたる彼は九月八日子《ね》の日の夕景あはただゝしく具足《ぐそく》とゝのへて出発しぬ。

彼には祖父あり、齢既に八十に近し。彼が松山を立ちし日は八月三十一日なりしと聞きてこよみを繰《くり》て辰の日なり、北クマヲなり。その日汝は真北に向つて出でしこと、甚だ兇《きょう》なり。更めてこの家より出発することとせよ、と。

戒め、祖母亦《また》出る日を選べとくれ〴〵云ひて居たりき。然るにこの日は子にして又北クマヲなり。孫のにはかに立つと聞きて祖父色をなしぬ。併し彼は云へり。

今日は北クマヲなり。然れ共我が家は南向きなり。先ず南に向いて出づれば何の障りかあらん

と、斯《か》くて老人の心を安らげ継母に送られて出でたちける。桔梗《ききょう》、をみなへし、なでしこ等秋草《とうしゅうそう》美しき山道にて日は暮れぬ。

彼は思へらく「クマヲは旅人を悩ます悪神か、我そのクマヲをば懲伏せんために、今日敢て北に向つて出発せるなり」と。

四国八十八ヶ所　同行二人(六)

十一　坊主金儲けに忙し

近頃の坊主、金儲けにかけてはぬかり無し。愛知県知多郡に四国八十八ヶ所を擬設し、善男善女を参拝せしむ。

称して讃州《さんしゅう》屛風ヶ浦の許《きょ》——を得たりと。蓋《けだ》し弘法大師を勧請して四国八十八ヶ所の霊場に擬する以上、やはり熱心なる真言宗の諸寺仏閣を網羅せるならん、と推察するに豈に図らんや、その寺々殆ど悉く禅門ならんとは。今や各宗共、その宗旨の立てや意地よりも、弘法、円光、キリスト、弥陀何れも選ばず。世俗に最も受けられるものを利用して発興に努め金儲けに忠実なるは賢し。

何ぞそれ天理教、金光教に比し遜色あらん。伊予にても円明寺、太山寺等甚だ宣伝に不忠実なり。否総じて四国に於ける各霊場は、積極的に宣伝せず共、巡拝者に於て次から次に宣伝するが故に、すておくも尚年々歳々春毎に遍路の数の増《ま》じ、賽銭、納経銭の収入は漸次に多きを加ふれば安じて可なり。とは云へ尚納経銭は昔一銭なりしが今や五銭となり。

庫裡、本堂、大師堂、鐘楼等をその再建、新築に事よせては、巡拝者の賽銭嚢を振はせる事に之れつとめる事、昔も今もかはり無し。

さり乍らこゝにそのうちにても山気最も勝れて日本の政党屋、売薬の有田音松そこのけの坊主は伊予の小松香園寺の住職ならん。香園寺はそのかみ、空海が足を止めし時その附近にて難産に苦しめる女を救ひしとかにて、その遺徳により、今も尚安産守護の妙力あり等と吹き立て、遠近の愚夫愚婦をおびきよせ、堂宇を盛んにし庫裡を豊にし内外に誇ると聞く。

実に之れ四国八十八ヶ所山師中の尤《ゆう》たるものならん。尚その他に、八十八ヶ所以外の所謂番外なるものに山気多し。此たび巡拝を思ひ立ちし彼は、それ等のものを親く見て来ることに最も興を感じつゝ残暑の砌り重き荷を負ふて今延命寺さして急ぎつゝあり。

十二　汽車は大井迄乗るがよし

北条より(来春後は和気より)汽車に乗りたらん者、菊間にて降りるに及ばず。空海が四十二歳の時自己の迷信より厄年の難を免れんとてこゝに三七日の護摩を修行したれば今も尚当厄の者ここに詣ずれば厄を免れる等吹く遍照院の坊主を肥やしてやらんとの善根あらば菊間駅に下車して詣ずべし。

然らずんば素通りして大井駅迄行け。大井より二十丁にして五十四番延命寺に到る。汽車は大井より波止浜《はしはま》に迂廻《うかい》すれば、遍路はこゝにて乗りすてざるべからず。

延命寺は詣づる価値もなき程の寺なり。こゝに今本堂新築中にて既に殆ど落成に近き模様なるがこれにも夥《おびただ》しく遍路の三衣嚢《いのう》をさびしからせたるものならん。

北条より菊間迄のそれにもまして菊間より大井迄の海の上の景色汽車の窓より眺めて旅情を慰むるに十分なり。（曇）

四国八十八ヶ所　同行二人（七）

十三　歩行旅行者におしゆ

長途歩行の旅を為さんとする者の心得べきは傾けるを歩かざる事なり。

近時改修されたる道路は、蒲鉾形《かまぼこかた》にして中高く、雨水両傍に流るゝよう作られたり。通行者の道徳として左側を行けと云ふと雖《いえど》もそは往来頻繁の時並に前より来る者と行き交ひ、後ろより追越さんとする者に避ける時の心得なり。右行くも左行くも路面傾斜せるを常とすれば、若し之を踏む事久しき時は疲労倍すると知るべし。

とは云へ愛媛県の如く、路面の修理甚だ行届かざる所にては道の中央必ずしも隆からず左端を行くも傾かざる所を歩み得、其の代り無数の突起せる大少栗石に心すべし。

遍路を戒むるに「石は弘法の頭《かしら》なり」とは面白き言なり。弘法の頭と心得てわすれてもこれを踏む勿《なか》れ、歩く時は歩く三昧になり一向専念足元に気を配り、石はなるべく踏まず、水平なる地上をのみ行く事を心掛くべし。

又坂を登る時のおしへには低き所低き所を踏むべしとあり。

登る者の欲目には一寸《すん》にても高き所をふめば一歩だも速かに目的地に達すべけんと、思ふ事無理ならね共、三歩五歩にて達するに非《あら》ず。半日一日登り続けねばならぬもの若し然る時は太腿《ふともも》たちまちにすくみなん。

而して此の時もやはり一歩〳〵踏む所は長八寸、巾三寸平坦なる所を選ぶべし。之れ脚頸《あしくび》の疲れを少くする所以《ゆえん》なり。

さて又山を下る時には自ら足早になり、急激になるものなれば努めて之れを避《さ》ぐべし。一尺の崖《がけ》は片足《へんそく》を以て飛び下りるに易し。されどこのことよく〱慎むべし。

少し迂廻しても緩やかに下れ。一日の遊山帰りならば頂上よりす麓迄矢の如くに飛ぶも亦痛快なるべけれ共汝は明日もあさつても旅をつゝけねばならぬ身である事夢々忘るべからず。

十四　三昧を得ざる苦しみ

彼は嘗て屢《しばしば》霊場巡拝、登山等にて草鞋の旅行に経験を有《も》つて居た。

故に道を歩く秘法は自得して居る、と彼自身は思ふて居る。彼は歌仙なる母の生地を立ちて山路を亀岡に出で県道筋佐方、星の浦等を経て阿方なる延命寺に来る迄口を固く一文字に結んで一歩一歩に力をこめ、金剛杖を大地も貫かんばかりに突きならしつゝ歩いた。

口に結んで臍下丹田《せいかたんでん》に力を入れる事は道歩く時に限らず、常時忘るべからざる事である。

而《しか》して斯《か》くの如くにして歩けば自ら杖を突く手に力がこもるのである。

併し乍ら彼はかくして一向専念歩行三昧になり得たか、と云ふに決してなり得なかつた。いつとはなしに過《す》る年こゝを通りし事、その時の思ひ出の種々《くさぐさ》今は亡き人のこと家郷《かきょう》に残せし妻子の事等《ことなど》次から次へと脳裡に浮べて我今この道を行くといふ事を意識の外にして居る。

ふと我に帰つて一歩一歩を心して踏むうち、又いつしか雑念妄想に馳《はせ》る炎熱《えんねつ》の苦よりも春の重荷よりも、彼は此雑念妄想と闘ふことに苦しみ喘ぎつゝ、午前十一時半延命寺についた。

＊臍下丹田＝へその下三寸余りのところ。家郷＝故郷。

四国八十八ヶ所　同行二人(八)

十五　銀行の看板に妄想がき

五十四番延命寺に詣でた者は彼唯一人。陽春の候ならば、引きも切らぬ老若男女の参詣あるに、ないと云つても少しはあるだろうと思つたのが全く無い。

彼は昨夜蚤《のみ》にせつかれて明け前の四時迄も眠られなかつた。

そして六時にははや起きた。心ばかりははやれ共いたく五体の疲れを覚え、札納めて後大師堂の傍に蹲踞《そんきょ》して落書を見つ。少し寝て行かうと思つたが、意地悪く時雨が来て追立てられ、渋面《じゅうめん》作つてここを出た。

未だたゞの三里を歩いた丈《だ》けである。この疲れは何事ぞと歯がみして悔しがつたが及ばない。搗《か》てて加へて漸《ようや》く空腹は覚える。何処かで一碗貰ふ事は知つて居れ共、かく眠むさと空腹と交々《こもごも》来ては門に立つさへものうい。歩き方に注意して居るから脚は痛くないが五体がうづく。道ばたに看板あり、

農工銀行年賦貸付

不動産抵当

といふ文句がむやみに彼の気をいら〳〵させる。

百姓が特にまとまつた金がいると云へば借金の埋め合せだ。今迄借金が少しづゝ嵩《かさ》んで来た者が来年からは銀行に払ふ年賦金丈け浮いて来るといふ事が何であらうぞ。そうすりゃ抵当に入れた土地を涙を呑んで手放すより外無いのだ。土地を売らうと云ふと安く見倒されるから、といふ百姓は僅の金の抵当に取られ、そのまゝ流れることは惜しくないのだ…歩く三昧所か、又してもこんな事を思ふ。あゝいけない〳〵南無大師遍照金剛南無大師遍照金剛々々とヤケにリンを振つた。

十六　アツチ、カ、　ヤン、ゾン、カン　バイ

四五人の女学生が橋の袂《たもと》にゐる。その昔袂の長い着物を着てその上に腰へ袴《はかま》を、肩に上げ、着物丈け倹して前後の紐を左右の肩で一寸止め、シャツばかりの腕をニュートと出し、紐《ひも》の丈《たけ》の余りをとつて帯をつくり二つばかり腰にまきつけ左の横腹の所で結んでダラリと垂れて居る。

「アッチ等《ら》が先生ぢやつたら皆を自由に遊ばしてやるんぢやけんどのう」

と一人の少女は云ふ。こいつ遊びたい連中だな、とそこに通りかかつた彼は思った。

「モシ〳〵そこの学生さん、此処から南光坊《なんこうぼう》迄大分あ

りますか」

「南光坊？まだゐつと有るぞん」

「ゐつとと云ふて十里もあるんかん」

「シヤがパーイ十里もあるかいそのマーチ(今治市)にあるんぢやがん」

「をへんどさん、おつとめ云ふてつかア」

と一人がだしぬけに云ふ。他の一人がきく
「どうするんだい」

「おや、かゝヤンが旧の九月の二十一日に大島四国い行くんぢやがい」

「さうがん、そんならマーチにおつとめの本ヨーケ売りよるがん」

ヤレ〳〵ありがたや助け船が出てくれた、と彼は又チリン〳〵と鈴を振つて行きすぎた。　(曇)

四国八十八ヶ所　同行二人(九)

十七　名はトマトカニクモ

彼は九月十一日午《ひる》過《す》ぎ第六十一番香園寺に突然姿を現した。

本堂へも、大師堂へも参拝せずして直に納経所に行つて納経を求めた。彼の納経本には五十五番南光坊以下が記入して無い。香園寺の納経所の係りの者がそれを訝《いぶか》ると今日は今治から汽車で来た。明日横峰寺に登らんためである。五十六番乃至《ないし》六十番は後廻しにする。その儘《まま》南光坊の次に記入してくれと頼んだ。係の者はその通りにした。而して彼は次に今宵はこゝに通夜が願たいと云つた。

いとていてふに案内されてまだ早い時刻に既に具足を解いて子安講本部の客となつた。

寺は彼に所と名を聞いた。彼は旅に出てはじめて己の名前を云はなければならなかつた。

「戸間土蟹蜘蛛」と書いた彼に当た手紙がこの寺気付けで届いてゐた。寺の者もそれを何と読むか知らなかつた。

彼は「トマトカニクモ」と答へた。

彼は一室に通されて茶をすゝめられたが茶よりも飯が

ほしかつた。

「申し兼ますが午の斎を戴きたうございます」

と需《もと》めて、直に食堂に案内された。食堂は十七畳敷で一尺巾に四尺長位の食卓がならべてあり、その上に五升飯入れ程のシタミに、飯を山盛にして三四個置いてあつた。もう午食を過ぎて居るし、こんなに沢山の飯を誰が食ふのか、と驚いた。

食後彼は庫裡の西に面した見晴らしのよい一室でひる寝をした。蒸暑い空合である。

十八　香園寺の大驚くべし

午睡から醒めたカニクモは湯殿に案内された。寺男達も浴つて居る。

「当山に坊さんが何人居るんですか」

とたづねた彼の気では十人も居るかと思つた。

「百人位籍がありますが、布教に出て居りまして今現在居るのは四十人位です」

「当山はいつから子安大師を発興させたのですか」

「大正六年頃からです」

「お参りが割合に少いぢやありませんか」

「今一ばん少い。多いのは春です。春は毎日三四百人、縁日には三千人位来て、皆通夜をします」

「縁日は何日ですか」

「旧の三月二十一日と同じ九月二十一日」

彼は風呂を出ると直に又食堂に案内された。他では普通食堂も男のまかないであるがこゝには女が多数居る。

給仕女《きゅうじおんな》にきく
「お坊さんの嫁さんですか」

「お坊さんは皆独身です。インゲンさんの奥さんは寺より他に居られます」

「では皆傭《やと》ふて居るのですか」

「傭ふて居るのは二三人です。あとはお籠《こも》りの人が手伝ふてくれるのです」

だが併し他の寺とは感じが違ふと彼は思つた。

四国八十八ヶ所　同行二人(十)

十九　単調なる生活に憧れ候

愛媛新報記者足下　余は予州松山を立つに臨んで何人にも挨拶の辞を持ち合はさざりしため八月末日ひそかに出発仕《つかまつ》り候ひき。余が遂《にわか》に遍路の旅に出でたる理由は更めて申し上げるべき何物も之れ無く候。

余輩《よはい》屢《しばしば》何を如何になすべきかを考へんとして纏《まと》まらず、厠に入りて糞便《ふんべん》を落しつゝ沈思黙考して名案の浮びし経験を有《も》ち候。今回余はこの経験に鑑み、しばし厠に入りたるつもりにて今後の己れを如何にすべきかを考へるべく四国巡拝の旅に出でたりと申す事が最も真に近き説明かと存じ候。

愛媛新報記者足下　余が新聞記者生活は僅に過去七ヶ年に過ぎず候。余の先輩は十年十五年、或は二十年新聞記者としての生活をつゞけ、天職を全ふし、尚今後益々活躍せんとの□□る相あり。

余は只々羨望の外無く、且つ自ら僅かに七年の記者生活に労《つか》れたりといふ意気地無さは慙愧《ざんき》に堪えず候。

愛媛新報記者足下　余は嘗て屢、単調なるライフに厭きたりといふ。人の言を耳に致し候。

然れ共余は今回単調に厭けるにあらずして複雑に倦み申し候。凡そ新聞記者位複雑なる人格を有ち複雑なるライフを続けることを余儀なくせらるるものはあるまじき存じ候。

愛媛新報記者足下　余は極度に複雑なる記者生活より逃れてしばらく極度の単調生活を為さんと存じ居り候。即ち全然食ふ事、而も食ふためには人の門前に立ちて物を乞ふ事、只それのみを日課とせん。恐らく之れ程単調なる生活は他に得らるまじくと愚考仕り候。

愛媛新報記者足下　余の初めの覚悟は右の如くに候。然るに余は松山を立つて以来今回迄真に門に立つて銭一文、米一握《あく》を貰つてそれによつて食ひしことは一日も無之。親戚知己の家を訪れては寧《むし》ろ平常より美味珍香《びみちんこう》を貪《むさぼ》り居り候。余新聞記者となりて七年、その間一回も会はざりし友等に会ひたきが故に敢て訪れることが此の結果を招きたる次第なれ共、矢張り意志の弱かりしために、自ら炊ぐためのハンゴ、野宿するための毛布等未だ一回も使用せしこと之れ無きは甚だ無念に有之候。

＊余輩＝私。

四国八十八ヶ所　同行二人(十一)

二十　霊顕あらたなり子安大師

愛媛新報記者足下　前日御挨拶　旁《かたがた》一寸申上げ候通り、余は昨夜香園寺に通夜仕候。

香園寺と云へばこゝ十年前迄は四国霊場中にても最も貧弱なる一札所に候ひしが現住の某がこの寺に納まるや忽《たちま》ちに発興し、今や四国中その右に出ずる者無き隆盛を極め居る事まことに驚くの外無之候。

愛媛新報記者足下　地方人は評して子安商会と申し居り候如く、先づその門前に到らん者、之れを寺か料理屋か但しは旅館かと怪しみ、一たび門をくゞれば、浅草の花屋敷に似たものを今作らんとなしつゝあるにやと感ぜしめ候。併し乍ら未だその設備あるにては候はず只余興場が門を入る左側にあるばかりなるが、この余興場にては時々舞手踊り、或は松山の何とか会の喜劇等催さるゝ由に御座候。

愛媛新報記者足下　香園寺の門を入りて本堂前に進まんとして左手を見れば広大なる通夜堂あり。其の中央は事務所となり居り候。其の事務所には十人ばかり机をならべて帳簿を操《くり》、ソロバンをはじき居る様さながら旧式の銀行を覗《のぞ》きたる心地致し候。

愛媛新報記者足下　四国一の大山師は斯《かく》て北は北海道南は九州台湾、西は朝鮮大連に迄多数の布教師を配し、毎年数万の信者を参詣せしめ講に入らしめ、尚益々その大を加へつゝある由に候へば、近く山内に子安銀行を設けるに到るやも図られずと存じ候。

愛媛新報記者足下　香園寺本堂には東西南北の諸国より奉納したる幼児の写真あり。これに何れも「無事成育を祈る」と記しあり候。布教師は全国に行脚して、子安講に入れば愛児の健康成育疑ひ無しと告げるや否や、余の未だ聞知《ぶんち》せざる所に候へ共、若しその言あらんか。その裏に「子安講に加入せざればその子無事に成育せざるべし」といふ意を含ましめ相手をして、威怖《いふ》の念を抱かしめて喜捨せしむるものにて之れ正に恐喝《きょうかつ》行為にては候はずや。御賢察相仰ぎ度く候。
　愛媛新報記者足下　その所謂子安大師の堂内にては時折妙齢の女子或は嬰児《えいじ》を抱へたる女が若き僧を坐して加持、祈禱を受け居るを見受け候。当山に参詣する者は屹《きっ》度《と》子を授かるといふ事も子安大師を発興せしむ所以に候由《よし》、但し婦人が一人お籠りして立派に子を授かり帰る事全く子安大師の霊顕あらたなるがために外ならず候。
　愛媛新報記者足下　当山は真言宗御室派の寺の由なるが寺内庫裡台所等に女性の多く見え、それ等が皆親切なる事も一偉観に候。当山に傭はるゝ独身の女中等も屢々子を授かる由に承り候。実にいやちこなる子安大師に候はずや。穴賢《あなかしこ》〳〵
　月　日　　戸間土蟹蜘蛛

＊聞知＝聞き及んでいること。

四国八十八ヶ所　同行二人（十二）

二十一　はじめての蚊帳

子安大師に通夜した蟹蜘蛛は夜をこめて小さき蟻《あり》にせめられ通した。

　早朝に起きて横峰寺に登る心組《こころぐみ》だつたが彼が起きた時は既に日が高かつた。この朝この寺に参籠中なりし娘二人四国巡拝の途《と》に上るとて、大ぜいに見送られて居るのを彼は蚊帳《かや》の中から見て居た。彼が寝たる蚊帳は十畳敷に一杯にして先月新たに縫ふたのですと、彼が起きた時床を上げに来たをばさんは「あなたがはじめてこのカヤにお休みたのです」と云つた。

二十二　古刹の威厳も時勢に敵せず

　横峰寺へは登り三里とある。朝早く登りて早く下らざれば暑さに堪えざるべしと、わざ〳〵今治から小松迄汽車で来て泊り込んだ彼は、朝寝坊したため又予定変更して今日は小松駅のほとりなる伊予一ノ宮の宝寿寺に詣でた。宝寿寺は元今の小松駅の北にあつたが汽車の開通により、その寺地が鉄道構内となつたため駅の南へ移転したので今新築のホヤ〳〵である。

我邦《わがくに》に於ける最も古き寺も御時勢にはかなはず立退きを余儀なくせられるよなと、哀愁を覚えた彼は、寺の境内に建ちならぶ、金何円也の字を刻したる石を見て気をいら〳〵させて居た。

二十三　お寺の屋根の鳩あはれ

一ノ宮を出でてわづかに東七丁吉祥寺に詣でたるとき、彼の足下に一羽の鳩が下りて来た。鳩は彼の顔を見上げて動かない。

彼は札を納める事も忘れて三衣袋の底をまさぐつて見た。過ぐる日米《ひこめ》を貰つて入れた事がある。若《もし》やと思つて僅に四粒を得て鳩に与えた。すると屋上に之を見て居たものと見えて忽《たちま》ち数十羽の鳩が彼の周囲に下りた。彼はしばしそこに佇んで為す術を知らない。

鳩はグヽグヽと求めて止まない。誰か詣づる人もがなと待て共山内寂として居る。今少し残れる米粒は無いかと彼が袋を引上げた刹那にチリン〳〵と鈴の音がした。

それに驚いて鳩はパッとお寺の屋根に飛び上つた。その間に彼は寺を出た。

春なれば毎日数百の参詣あらんに。

二十四　空海上人

空海上人は、後世衆生が八十八ヶ所の霊場めぐりを為すことを予期して之を開いたかどうか。全く地理の関係も道順も考へず、霊場を設けたるより見れば只己れ勝手にその時居心地《いじ》よき所には止まり物数寄《ものすき》に高山の上にも登つたのであろう。

して見れば後人之《こうじんこれ》をたづねて一々山の奥や、海岸やを出入りするのは愚である。併し又今日たとへば小松駅の付近に四ヶ所もあり、次は十里も離れる事は将来汽車の通じた時の都合を考へて設けたのかも知れぬ。

さればその意を汲みて今の遍路は六十四番前神寺《ぜんしんじ》より大町に出で西条駅より宇摩郡三島町迄汽車に乗り三角寺に詣づるもの多し。

（曇）

四国八十八ヶ所　同行二人（十三）

二十五　前神寺下道の住家となる

前神寺発行石鎚山報第二号社説中に「堂宇伽藍は痴暗《ちあん》の雲に包まれた衆生を教化《きょうけ》して仏の慈悲を知らしめんために建てたので、寺のためや、僧のために出来たのでは無い」と云つて居る。そして今回新築竣工した本堂の大を誇り、新興の機運全山に漲《みなぎ》る、と云つて居る。問ふに落ちずして語るに落ちるもの、彼等が所謂新興の機運とは、彼の香園寺のそれの如き発興を期待し、坊主等が自ら居る寺を盛んにすることやがて四国各寺をはじめ全国の各宗各寺にも肩そびやかさんとするに外ならない。

別子山講社が五間幅二百間の道路を寄進し岡山講社はその道の入口県道傍に高さ十五尺の大石門を寄贈し本堂前十間は三間幅の敷石歩道は備中北木島より献上せしめ、玉垣は岡山会より、石垣は大島各講社よりそれ〴〵献上せしめ又本堂の柱や板は大阪の成金をして北海道より取りよせしめたと云ふ。

斯《かく》して、本春五月高野山管長を迎へて盛大なる入仏供養を行つたものであるが、此の寺は畏れ多くも桓武天皇の勅願所にして本尊金剛蔵天尊を祠《まつ》り、霊峰石鎚山の別当といふ格である。

霊地としては結構の壮大なる必ずしも衆生の懺悔《ざんげ》を促さない。寺は金色燦然《こんじきさんぜん》たらず共、参道の玉垣に顔のうつる磨きがかゝらず共、物寂《ものさび》て森厳《しんげん》に、有徳の僧行ひ澄してあらんには自ら神々《こうごう》しく詣づる者をして何事のおはしますかは知らね共辱《かたじけ》なさに涙こぼらせしむだろう。汗だく〴〵にて今前神寺を出でたる蟹蜘蛛しきりに憤慨して曰く。

前神寺も外道の住家《すみか》となつた。本堂前に土足で上る事お断りもよい。山内金何百円のみ見せ付けるもまたよい。全山剛臭鼻をつく寧《むし》ろ香園寺の俗に耽《ふけ》つて商売化した事が可愛《かわい》。

二十六　かたじけなき道標

四国巡拝道には山中も田の畦にも、町中にも「へんろ道」としるして左、右と示し、詳しきは次何寺へ何里何丁と記しある。

2-1 大正６年頃、信者宅の娘と撮影した中務茂兵衛（喜代吉栄徳提供）

大なるものは周防国大島郡椋野村《むくのむら》、中務茂兵衛《なかつかさもへえ》二百五十四回巡拝等記して各順逆の順拝者に親切に道を教へて居れど、それはやゝ大きなる道にあるのみにして田の中の細道、山中の蔭道には無い。

そこには高さ一丈ばかりの石に影さす所の彫刻をして「右へんろ道」等書きたるあり。物問ふ人も無き所に之れあるは町中に国所姓名より何回巡拝迄記した自慢らしきが立てるよりも遙かにかたじけない。

併し中務なにがしも二百五十余回も巡り、全道中にその道しるべを建立すべく斡旋したる功績決して尠《すくな》しとせられない。

又今度蟹蜘蛛が出発以来、各所に建る古き道標に新しく黒々と墨を入れてまはれる人のあり。何人か知らねどいづれは信仰あつき奇特《きとく》の遍路行者ならんと彼はしきりに感謝しつゝあり。

斯《か》くて四国順拝道には到る所に道しるべあればひとり旅にても道に迷ふ事なし　（曇）

四国八十八ヶ所　同行二人(十四)

二十七　横峰寺と前神寺と石鎚山の三角関係

横峰寺に行つて見ると石鉄〔鎚〕山別当、と称して居る。前神寺《まえかみじ》も石鉄〔鎚〕山別当と称して居る。

石鎚山蔵王権現の本とうのお住ひは新居《にい》郡神戸《かんべ》村なる今の石鎚神社(明治以前は神仏混交で前神寺《まえかみじ》)である。併し権現様が権現様として拝められるのは六千尺の高峰石鎚山上に登つた時である。

而もそれは年に一度五月朔日から十日迄である。石鎚山は勿論横峰より参る。蔵王権現は石鎚山の蔵王権現であつて前神寺へ下つて居られる間は仮りのお住ひである。故に横峰寺は主にして前神寺は仮りである本妻と妾の関係であろう。所が横峰寺は嘗て非常に貧乏をした。

寺領も多く失つた。前神寺は豊であつた。背に腹はかへられず、横峰寺は前神寺から融通を受けた。その代りに権現様はあなたの御勝手に、と本妻は妾に譲つた。

妾は大ぴらで蔵王権現の本とうのお住ひはこゝだとよ、と大ビラ切つたがそれも東の間、時は明治となつて彼《か》の御維新の大改革の際、太政官達か何かで、今後神仏混交は許さぬぞ、といふ事になり、金比羅大権現が琴平神社となつたやうに、石鎚大権現は石鎚神社となつて、是れを奉斎する者は坊主ではいかん、神主でなければならぬといふ事になり横峰寺は廃寺廃仏前神寺はこれを石鎚神社と改め、坊主はこゝより追出してしまつた。

所で前神寺の方は其の東の谷にさゝやかな寺を営み、四国霊場六十四番の納経をこゝより出し、横峰寺は納経を小松の清楽寺に預けたのであつた。

よつて清楽寺がその後横峰寺の前札といふ事になつたが、後又横峰寺は復活し前神寺は愈《いよいよ》盛んになり、而《しか》も共に石鎚山の名を侵すに至つたのである。

二十八　大峰登り(上)

横峰寺は五十九番国分寺より六里と云ひ、百五十丁は登りだといふ。而して三里とある。

次は即ち小松である。之《これ》は小松迄汽車で行き、三里の道を往復するに如くはなしと、彼は先づ小松に来て、こゝより身軽に出でたち登つたが砂盛山の西麓を渓流に沿ふて南する事約一里、その間は殆ど坂といふ坂も無し。水の尽きる所で水を呑み、四五丁のつゝらをりなる坂を登ればこゝを天狗峠といふ。

松山に対する三坂峠の如くにて顧みれば道前の平野、海、島山、下手な云ひやうぢやが絵よりも美しい。峠に茶店あり。天狗茶屋といふ。峠より又タラ〳〵下り下つて、又緩やかに登る。之より奥は実に盛んなる杉、檜の美林である。

彼は行手に家を発見した。大保木村なり。家の表は黄金の壁が築廻《つきめぐ》らされている。トーモロコシのイナキである。家は二軒、三軒、五六軒ある。

それから又登る。彼は一足一足を踏みしめて、ゆっくりと登る。上の方で何か音がする、と笠の下より一寸見ると女の足である。裾をはし折つて、腰巻を翻へし乍らチョコ〳〵下りて居る。その足にはかが罩《とう》つて居る。彼はしづかに笠を傾けた紅い帯が見える。その次に左右の手を各乳のあたりにして居るのが見える。彼女は荷を負ふて居るのである。

その次に彼は笠の縁が直立になる迄に傾けた時、思はず足を止めて「あゝ」と感歎の吐息を漏らした。

＊罩＝竹製のかご。

四国八十八ヶ所　同行二人（十五）

二十九　大峰登り（中）

孤り淋しく山路を登り行く我をあはれみたまひ。観音薩垂《さった》が迎へに来たのか、と正しく彼はこの瞬間を夢か現《うつつ》か分らない心地に打ちたれた。

荷は背負ふて居るが故に少し身を前かゞみにして居る女の顔が、ぢつと蟹蜘蛛の笠を見て居た。笠が動いて彼の顔が見えると彼女が白い歯をチラと見せてにつこり笑つて何か云つた。

彼にはそれが何と云つたのだつたか分らならなかつたのである。

正に御仏《みほとけ》の出現と驚いた刹那の挨拶であつたからである。彼も何とか答へたつもりであつたが、何と云つたのか彼自身にも分らなかつた。

だが女は立ち止まつて彼を見て居るのでは無かつた。さつさと降りて行くのであつた。彼は傍《かたわら》に避けてそれを通した。そして後から見ると彼女は女の身によく持てると思はれる程三尺切りの薪《たきぎ》を横に背ふて居る。

美しくて、優しくて、りんとして、崇高な面形《おもかたち》、さうしてあれ丈けの力がある。観音菩薩の化身か何かで無くて、とてもこの里あたりにあんな女が居る筈は無い、と彼はひとりで決めて又嶮《けわ》しい坂を登つて行つた。

三十　大峰登り(下)

第二の坂も亦三四丁にして平坦なる道に出づ。而も谿《たに》は深く峰は高い。少し行くと道右(下)と左(上)に分れて居る。

道しるべには右とある。稍《やや》急激に下るのである。高い山に登る途中下る事はやがて嶮しき登りの前提である。甚だ有がたくないのだが仕方が無い。

行く程に樹木鬱蒼《うっそう》として足下《あしもと》何となく湿つぽくなる。稍渇《ややかわき》を覚えた彼は水もがなと気を配《くば》るがこの旱天《かんてん》つゞきさすがに山ひだにも水の気は無い。その時足の下で轟々《ごうごう》と凄《すさま》じい音がした。つゞいて又ゴロ〳〵〳〵、雷だ、と思ふとポツリと大粒の雨が来た。失敗《しまっ》た！彼は総身《そうみ》の毛をよだてた。

身にはいさゝか疲れを覚え、渇を覚え更にやゝ空腹になりその上に雨具の用意は全然無い。こゝで降られてはといふ心細さがある。のみならず登るべき筈の山中でズン〳〵奈落へ下る程下がるのである。山霊の気と雨気と交々《こもごも》迫り来る心理作用と生理作用と相交錯《こうさく》して彼は旅に出て以来未だ嘗て覚えぬ敬虔な気持ちになり、今迄大師も坊主罵《ば》も倒《とう》して来た口に仏の名を呼んで見たりした。

大峰は尚幾程の空なるや
雲いかづちの上を行きつゝ
登仙のわか身ならなくに立騰《たてのぼ》る
白雲に乗りて如来おろがむ

吟《くちずさ》みつゝ、路下《みちくだ》りきはまりたる時滾々《こんこん》と湧き出づる清水あり。掬《すく》へば氷よりも冷たく、掬ひては飲み掬ひては飲みあく事を知らず。

斯《か》くてこゝに蘇《よみが》つた彼は勇猛一番すつくと立ち上つ

て、この岩清水に感謝しつゝ、いざ山神鬼神も我を遮《さえぎ》らばさへぎれと、金剛杖の音高くそれより道を登る事僅に一丁余そこに又人家を発見した。之《こ》れ千足山村にして、畑に草けづる老翁に道問へば、之より五丁、直《すぐ》頭の上が大峰寺《たいほうじ》なりと教へらる。　（曇華）

四国八十八ヶ所　同行二人(十六)

三十一　山気雨家交々抵る

本山は不仙菩薩の開基にして仏光山横峰寺と云ひ、又石鎚山大峰寺とも称す。本尊大日如来、石鎚山蔵王権現の本地仏、行基菩薩の作といふ。

大同二年空海上人は嵯峨帝の勅を奉じ鎮護国家のために星祭りの護摩を修業する事に三七日、福岡県粕屋郡須恵村長沢兄弟商会寄付にかゝる、大理石の星供大師、利剣と巻物を持つて立つ弘法大師の像本堂前の壇上にあり。

その並《ならび》に鐘楼がある。鐘楼の下に金一百円と刻《こく》せる石が二本申訳的に立てるのみ。この寺には金円寄付の名石《ないし》の立たない事が、第一蟹蜘蛛の気を和げた。

登る途中に催した雨は止んだが彼が本尊に札を納め納経を取ると忽ちに一天かきくらがり沛然《はいぜん》として豪雨全山を包んだ。

彼は空腹を覚えたが、そこらに物売るらしき様子も無い。寺でたづねても「無かろう」との無あいさうなる答へ。今は之れ迄なりと決心した彼は、札挟み、鈴等は三衣袋の中に捻ぢこみ、くる〳〵巻にして之を杖に結びつけ、引《ひき》かついで愈々《いよいよ》下山と決めた。

下山には元《もと》来た仁王門より出ず。本堂前より更に登り途《みち》をとつた。こゝを出ると大同《だいどう》杉といふのがある。

弘法大師が星祭る時花として手向けた杉が根を下し芽を出して生長《せいちょう》今日に及んだといふ大杉、称して四国一といふ。

この杉登山者によつて皮を剝がるゝが故に目下竹垣を以て囲《かこ》ひつゝあり。その他立ちならぶ大杉皆柱を立て、垣を結ふか或は割竹のサザラを以て下一間程を包みつゝあり。政府より保護を命じたるなりと。

これより下り道は幅広く、自動車も通ひ得る程の道路である。

数丁を下りて、先刻右と左と別れ路だつた所に出る。登る時、こゝより右するも左するも可なれ共右(下)より行きて上に帰り来るが楽なり。又登る時は咽喉《のど》のかはくものなれば先づ下に行きて例の清水に潤ほすがよい。

三十二　鬼にも見え仏にも見え

さる程に天狗峠に立ちかへりたる彼は、さいぜんは、こゝで又旅人の懐をしぼり居るよなとばかり尻目にかけて行き過ぎしが、空腹の復り路には、こゝにこの店のあるのがなつかしく、喘《あえ》ぎ〳〵這いつきて足を止め、先づ何がな食ふ物を求めた。

「爺さん、何か食ふものあるかい」

「もう飴があるばつかり」

「飴かい、飴でもいゝ」

飴と云つても餅飴である。彼は貪るやうに二つ食つた。そして三つ目を取つた時、

「爺さん之れカビだらけぢやがい」

「さうぢやろ、もうそれも古いけん」

2-2 寺院の軒で菓子を売る老婆(『同行二人の遍路』より)

古いけん腐つとると承知で売つて居る爺ものんきであるが、蟹蜘蛛もそれをこすり乍ら又むしや〳〵食ふてゐる。爺は茶を汲んで出した。

「爺さんお前こゝで永らく店をするかい」

「あちちの旧道に居つて又こちらへ来たのぢやが五十一年になります」

「ほう、すりやいろ〳〵面白い話もあろう」

とそれより彼は爺を相手に日脚の傾くのも知らずに話しつづけた。

（曇）

四国八十八ヶ所　同行二人(七)

三十三　へんろにも種々あり

「へんろにも色々ありますぜ」天狗茶屋の爺は話すのであつた。この坂を登つて横峰寺にお参りするのは本とうのお四国参りであつて、年中乞食《こじき》をして生活して居るへんろはこんな所へは来ない。家のたくさんある所ばかり歩いて居る。

こゝ迄来る者の中にも亦種々ある。病でお大師様の御利益を受けようとして巡つて居る人、曾《かつ》て心願かけてお大師様に巡拝のお約束をしてそれを果すべく廻る者、或は又ほんとうに弘法大師の徳を慕ふて霊地霊場を遍歴するといふもの等《など》あつて、既に十何回廻るといふやうな人もだんだんあるし、時によると二百五十回巡るといふような人もある。

〔以下黒塗りで文意がつながらない。〕

それを真似するならよいが、自分で食ふために物貰ふのは只の乞食と何等《なんら》異なつた事は無い。他人のものをあてにしてお四国まゐりをするといふのは横着だ、といふて居るかと思へば、四国巡拝中に〔以下黒塗りで判読が不能。〕

苟《いやし》くも霊場順拝の道にあり乍ら戯らをしたり、道中で人と喧嘩もしたりするものがある。中には順拝に出てから娘に子をはらませたりするのもあれば、又自ら遍路であつて宿屋や通夜堂で男を引つかけて金をとつてまける女もある。

そんなのは春のへんろに多いので今頃廻るのはほんと

うにまじめな信仰に基くものか、さもなくグレへんろだが、グレはこの山へは上つて来ない。只行者風した奴に時々グレが来る。

この間も若い娘が二人息せき切つて上つて来て、一寸かくしてくれといふからどうしたのかといふと、行者に土佐からつけられとるのぢやがどうしてもまく事が出来ん。金を取られよか、強姦《ごうかん》でも為られやすまいか、と恐ろしくてたまらん。又小松からつけ出したといふから、裏へ隠しておいたがそんなのは又方々で加持、祈禱等と云つて、金を取つてまはつたりもするのである。

爺はそんな話しをして、表の石地蔵を見た。そして云ふ。

「あの地蔵さんでも丁寧に拝んで通る人もある。知らん顔して通る人もある。大体拝んで通るのがほんとうです。道中ではあの人が一ばんの□□□からなァ」

といふ。表の石地蔵といふのは道しるべの地蔵である「五十二丁」等と書いてあるのだ。

蟹蜘蛛はいささか内心ぢくじたるものがあつた。彼は曾てその地蔵さんを拝んだ事がない。（曇）

〔四国八十八ヶ所　同行二人(十六)　三十四、三十五は欠損〕

四国八十八ヶ所　同行二人(十九)

三十六　蟹蜘蛛に峻嶮なし

佐礼山は高くは無いが、嶮岨《けんそ》な山だと予ねて聞いて居る。つひ今日も途中で「お佐は大変ですなァ」と云はれた蟹蜘蛛は、嶮しくば平蜘蛛となつて攀《よ》ぢ登らん。谿狭くば蟹の行横《ぎょうおう》に歩まんのみと覚悟して山にかゝつた。

草一本生ふる術も無いやうな真白い禿山、白砂糖の山とも云ふべく、又浜の真砂をにかはで固めたような山、それに面白き松の木がポツ〳〵生えて居る。

彼は今を去る十五年昔ここを通つた筈だが何等記憶を呼び起さない。

金剛杖をガンと突くとガヂ〳〵と音がするが杖の先が磨きチビされるのを覚えるやうである。グングンと体を三十度に傾けて登る。その息が少し喘《あえぎ》みかけた時その山の尾根に達した。

　彼はふり返つて今来し小泉より国分のわたりを見渡した。五十九番国分寺を又とばした。彼の納経本には、五十五番から六十一番それより六十二、六十三、六十四と押して、六十番に戻り、又五十八番に今詣でんとして居るが、その日五十七、五十六と取つて、次の日又五十九番を取る事にしたのであるが、四国順拝者中これ程乱れた順序に納経を取つた者は前代に無く、将来にも亦有るまい、と各寺共彼の顔と納経本とを等分に見て居た。

　彼は尾根の松の根方《ねかた》に腰をおろして風を入れ、又すつくと立ち、さてお佐礼の嶮といふのは何処だろう、と思ひつゝ登つたが、終《つい》に嶮岨な道といふものが無かつた。彼は嶮岨なりと云へば往年四国アルプス縦走の際綱を以て身を吊しつゝ越えたる女金剛男金剛(子持権現)を連想するのだもの。若き女も、老人も足の痛い者も衰弱者も皆登る札所にあんな所があつてたまるものか。蟹も蜘蛛も上れん程の難所は四国中にあるものでない。

三十七　佐礼山上女一人あり

佐礼山は仙遊寺といふ。海中より出でたる千手観世音を龍宮より伝はれりとして本尊とす。天智天皇の勅願所なるが、二王門の二王尊像甚だあやしけれ共、その二十八部の脇立は皆運慶の作りなりと伝ふ。

　境内に龍燈桜なる名木ありしが今は枯、その跡に又若木を植て生長を待ちつゝあり。蓋《けだ》しこの桜は本尊の郷里龍宮より毎夜燈明が送られたとでも云ふのだろう。

　真砂固めた山を越えてそれより幽すゐなる山に入る。右も左も供養塔かさも無くば石仏であり、その石仏は西国三十三番霊場に擬する観世音である。他に金何円の建て石の無い事が彼の気に入つた。

2-3　荻原井泉水が描いた阿坊仙の像(「続遍路日記」『大法輪』昭和15年4月号)

その道は谷間を伝ふて登るので傍らには絶えず清水が湧いてゐる。中間に行者の等身大の石像が立つて居る。之を見て彼は曾遊《そうゆう》の記憶に蘇《よみがえ》つた。あの時の彼はかうした石像が非常に好きであつた。しばらく休んでつく〲之を見たいと思つたが、時の同行は九人で、他の者が先を急ぎ、一分間も佇む事を許さず彼を拉《らつ》に去つた。

彼はそれを遺憾に思つて今度こそは、前後左右よりそれを眺めた。石に銘する所によれば之阿房《あぼう》〔阿坊〕仙人の像にして、養老二年仙人は諸国を漫遊し、この山に止まる。故にこの寺を仙遊寺といふと。

仙人の少し上に「大師加持の水」とて小さき井戸あり。蓋《ふた》をして柄杓《ひしゃく》を備ふ。順拝者は戴き拝して乞《こ》れを掬《むす》ぶ。

納経所にては「インゲン様も、小僧さんも下山なされて、私一人ですが、私でもお構ひ無くば押してあげます」と。

三十二三歳になる女の垢抜《あかぬ》けしたるが云ふ。彼はインゲン豆よりの豆の方がよいと思つた。「結構です」と押してもらつたが急に恐ろしくなり急ぎ山門を出る時、この山上に女一人は怪しい。山門を潜る時上から毛だらけの手が出て笠を摑むのぢやないかと全身に粟の生ずるのを覚えた。　（曇）

＊曾遊＝以前訪れて遊覧したことがある。拉に＝引っ張って連れて行く。

四国八十八ヶ所　同行二人(二十)

三十八　国分寺小松間に二つの途

今治市を出て南半里も行けば用明天皇勅願所なる五十六番泰山寺に到る。それより又十八丁行けば次なる栄福寺なり。これ一国一社岩清水八幡の本地仏なりといふ。五十八番佐礼山は栄福寺より二十丁にて達し、その山を下りて、予讃鉄道伊予富田駅を左に見て線路を踏切り行く事一里にして国分寺に達する。国分寺とは聖武天皇が国々に建てられた寺にして一国一寺であり。又我伊予の国分寺は南朝の忠臣脇屋義助を迎へて海賊村上の兵を以て讃岐の賊を扼《おさえ》せんとしたが、義助の死により目的を果さざりし所、義助の墓その近傍《きんぼう》にあり。

国分寺より六十番横峰寺迄は六里あり。横峰より小松迄は僅に二里にして、小松には付近十数丁の間に三ヶ所の札所がある。故に順拝者は国分寺を出て東約十丁桜井駅より汽車に乗り、小松に来り。小松に荷物を預けおきて横峰山に登り小松に還りて付近香園寺その他に札を納むるを便利とす。

併《しか》し乍《なが》ら又一方桜井より順道《じゅんみち》を行けば途中各所に大師の旧跡を拝する事が出来る。即ち、

臼井は大師の縁りある清水にして、その水清く、覗けば七彩の虹(御来迎)を拝す。

日切大師　本尊弘法大師、地蔵菩薩を安置す。霊験新なり。

生木山《いきやま》正善寺　周桑郡福岡村にあり。大樟木の生木に弘法大師が地蔵尊を刻込んで居る。その丈け普通の女の背丈け位あり、生木の地蔵といふ。

故に三芳《みよし》村にて荷物を小松迄託送(一個六銭位)し、大明神川大頭川を渡りて行けば道峻坂にあらず。

爪先《つまさき》上りにして最後に三十丁ばかりや、急坂を登りて横峰寺に達するが、途中大頭若《おうとうもし》くは三芳にて泊り、翌日横峰に登り、小松に下らば恰度《ちょうど》よき一日行程である。敢て蟹蜘蛛の如き道順をとるに当らない。

三十九　遍路を可愛がる人々

蟹蜘蛛が栄福寺に詣でた時、一人の遍路と、納所とか納経場で話してゐた。彼はそれを聞くともなしに聞いて居た。話は斯《こ》ふである。

この付近は真言所だから、お修行をすれば必ず貰ひがある。真言と禅宗だつたら何処でもくれるが、一向宗と法華宗はだめだと。併し彼は又別に順拝の経験ある者より聞いて居る事がある。

東予地方はくれん事は無いが、麦ばかりくれる。讃岐も麦である。阿波も十一番迄はだめ。阿波のうち吉野川より南と、土佐は必らず米をくれる。土佐の国高岡郡あたりでは一軒と雖《いえど》も遍路に恥を掻《か》かせる事は無い、と。

又彼は思つた。自分が生まれた村等《など》は、遍路みち筋では無いが年中毎日無数のへんろが来る。数人連れで来る事もある。それに対して一人でも「お通り」は云はない。

併し昔は遍路には麦、阿波の操り人形或いは猿廻しその他乞食には必ず白米ときまつて居た。だが現今はへんろにも米をやると。而《しか》して最後に思つた。

土佐は鬼国といふた時代がある。それは当時の官権がへんろ物貰ひ悉《ことごと》く厳しく追つ払つたのであつた。が土佐人は元来親切なのだと。而して又序《ついで》に考へた。

一向宗必ずしも四国へんろに邪慳であるまい。我嘗て遍路行きの際宇摩《うま》上分のほとりで一向宗の老婆一人ある家に善根宿を貰つた事があると。　（曇）

四国八十八ヶ所　同行二人(廿二)

四十　咄々《とつとつ》此破戒僧

楠公《なんこう》父子の悲劇のそれと由緒も深き桜井の名を冒し、而も新田の義助によつて義旗《ぎぎ》翻り、尚そのかみは誠忠鬼《ちゆうき》となつたる菅公道真朝臣が九州落の途次手操□綱に恨みを止めしてふ伊予の桜井の駅に荷をおろして上り列車を待つ間の蟹蜘蛛は、一人の僧が自転車で来て、あはたゞしく駅員に何か云ふて居るのを聞いてゐた。

「それぢや持つて行く方が安いそんな規則通りの事を云はずに一寸菊間駅迄ぢやから届けておくれなさいや」

と云ふて居る。この坊主融通好きと見えた。が駅ではその融通が利かなかつた。とう〳〵彼は託送をやめて自ら汽車に乗つて持つて行くことにした。小さな風呂敷包みである。幻燈写真の種板《たねいた》ださうである。又彼奴が菊間へ云つて山を張るのだなと見て居ると、坊主は彼の前のベンチへ坐つた。その坐り方がいかにも気取つた坐り方である。彼は今朝或寺の坊主から聞いた話を思ひ出した。

時々やかましい遍路が来る。

「納経は礼拝して恭々《うやうや》しく押せ」というから

「馬鹿を云ふな、これはお前等《まえら》がこの寺へ来たといふ事を証明するためのホンのしるしだよ、勿体《もったい》ないものでも何でもないよ」

といふと、朝夕如来、菩薩よりも大切にしてゐるへんろのともがら怒るまいことか、

「このおげ坊主めが、寺から追出すぞ」

「何を吐すのぞグレへんど」

「何だ、グレへんろの上前《うわまえ》を刎《は》ねて口すぎしとる奴が大きな事たれな」

さう云はれると一言無い、とその坊主は悄気《しょうけ》てゐた。あの坊主面白い奴である。更にこの坊主の口から驚くべき事を聞いてゐる。

去年の春二人の娘が家出をして今治に来とつたから、こいつしめたと思つて、こんな所に居つたらすぐつかまるから寺へ来い、と連れてかへり、身の上話を聞いて同情したやうな面をして指輪を買ふてやつたりしたが、その翌日保護願ひが出て、はや探し出されて阿呆見た。仕方が無いからその儘《まま》帰らしたが、やつぱり陰徳《いんとく》あれば陽《よう》報《ほう》ありで、今年の春偶然にもその一人の方の、俺が眼をつけた方の娘の妹が四国順拝に来た。村が同じで、姓が同じだから去年の女の事を尋ねて見たら、私の姉ぢやといふぢやないか。向ふでも予て姉から聞いて居たので、四五人の同行と共に、既にこの寺でお通夜を頼んで見るつもりであつたさうな。早速お通夜をさしてやつた。娘は姉がいろ〱世話になつたといふて礼を云ふた。その晩○○寺の住職の閨《ねや》は暖かゝつた。「今治の芸妓は大てい残さんつもりであるが、遍路で廻つて来た生娘《きむすめ》、而《か》も住職が居間で抱いて寝る味はひは又格別でのう」と彼の破戒僧がめじりを下げた面を蟹蜘蛛は今眼前に彷彿してゐる。

そこへ汽車が来て止まつた。彼はあはてふためいて切符を買つて汽車に乗つた。汽車は出た。彼は既に六十四番迄は巡拝済みである。今度は六十五番三角寺に行くべきだ。三角寺は宇摩郡金田村にある。汽車で行かば三島迄行くべきである。にも拘らず彼は西条駅で下車した。本来から云へば前神寺より出て西条で乗つて三島に行くのが常道である。蟹蜘蛛は何処迄も真直《まっすぐ》には歩けぬと見える。

（曇）

＊咄々＝怒ったり驚いたりするさま。義旗＝正義のための旗あげ。忠鬼＝忠義を尽して死んだ人。悄気＝しょんぼりとするようす。陰徳あれば陽報あり＝人に知られず、ひそかに善いことを行えば必ずよい報いを受ける。

四国八十八ヶ所　同行二人(廿二)

四十一　芭蕉には待つ人

蟹蜘蛛が四国遍路に出やうとする時、行を共にせんと一人の学生が彼の宿を訪れ、二人して旅の仕度をとゝのへて居る所へその学生の学校の先生が来てその学生を止めた。

学生は心止《や》みがたしとて強《しい》て行かんと云ひ張つて遠く旅の空に眸《ひとみ》を放つて憧れた。

そして「芭蕉も行つた。西行も行つた。巷の騒音からしばしのがれて静と寂との世界に見出される人生それに触れたいのだ」と説明した。その時先生は「西行も芭蕉もなる程破れ笠一蓋で天下を旅した。だが彼等は極めて豊《ゆたか》なる、安らかなる一人旅であつた。彼には到る所待つ人があつた。領主に迎へられ、富豪に招せられた。今四国路に於ておまへを迎へる何人があるか」と諭した。学生はそれでも行きたかつたが竟《つい》に先生の方が勝つて、彼を止《とど》まらした。

よつて蟹蜘蛛は最初の思ひ付通り一人立つことになつたのであつた。蟹蜘蛛も亦行く先々待たれる何人も有《も》たない。

尤《もっと》も彼は芭蕉を偲《しの》ぶでも西行を気取るでも無く只、誰一人知る顔は無い。誰一人同情する者の無い所謂《いわゆる》西も東も知らぬ地に金も持たずに放り出されて見たいのであつた。何処の何者やら分らぬ。

汚《きたな》らしいへんろ、金も持つて居らず、かゝわり合へばどんな迷惑を蒙《こうむ》ることやら、と思ふだろう世の人の足元に転がり出た己れの姿、うろんがられて、嘲《あざわ》られて、唾吐《は》きかけられて逃げて行かれる時の己れを見たかつたのである。

然《しか》るに彼はゝや旬余《じゅんよ》の日を旅にあり乍毎日近親や友人の家にのみ寝泊りしたのではじめての期待と違ふ事あまりに甚だしきまゝ些《いささ》か心いらちかけてゐるのであつたが、もう今日一日と西条なる或学校の先生の家に足を止めた。

＊旬余＝十日余り。

四十二　隠れたる彫刻家

彼は西条大町に泊りてこゝにかくれたる彫刻家を発見した。其の彫刻家は学校の先生を職として居り家は養蚕《ようさん》を少しばかりやつて居るが、其の趣味と其の技能より云へば正に彫刻を以て本職とすべきである。

床の間の置物はその先生の作であり、客に用ゆる膳もその手になる。

而も非凡、先生一たびアトリヱに入れば昼と夜とを弁せず。身の痩せる事を忘れる「ほんとに気の毒です」と家人が云つて居る。先生鑿《のみ》を愛し、之を貴ぶ事武士の刀に於ける如く、鑿を揃へて自ら鑿箱を造り、之を床の間に安置す。先生文章をたしなみ、俳句をものせんとす。併し蟹蜘蛛は「如かずペン取る暇に鑿を専ら握らんに」と進言した。

それはその先生が彫刻のそれの如くに詩歌文章のめでたからざるによつてである。先生もそれを認めた。

彼はその夜先生から「生物は自己の発育の盛んなる時期には生殖を疎《うと》んず。発育衰へんとするに及んで後継者を作らんがために生殖盛んになる」といふ説を聞きつゝ寝た。

四国八十八ヶ所　同行二人(廿三)

四十三　発育盛なれば性慾衰ふ?

次の日は朝から物すごい雨であった。先生は学校へ行く。家人は蚕室にはいる。蟹蜘蛛は独り座敷につくねんとして終日出でず。

◇

人々の雨にはあれど旅なれや
ひと日だも尚ものうかりけり

◇

世の人のあつきなさけに泣く毎に
汝をゐて共に泣かばやと思ふ

等認《とうしたた》めつゝ、昨夜先生から聞いた事を考へて見る。

生物は生育の盛んなる時は生殖力が盛んでない。桃、梨等施肥《せひ》過多《かた》にして枝葉繁茂《しようはんも》する時は結実《けつじつ》少く、松、杉、桑等に結実するは之れ栄養欠乏して樹勢の衰へたるを示す。園芸家この辺の呼吸を忘れない。

養鶏家も鶏を肥満せしむる時は産卵の減ずるを知る。美しく肉つき脂らぎつたる牛は交尾幾回授精するプロセントの少きは農家牧者のよく承知せる所、而して翻つて人類を観るに、男女共肥満せる者は性慾に淡く、痩せたる者之に反して盛んなりや。四十歳五十歳の女よく肥りたるは多浮らしく見ゆるは僻目か。

と、そこ迄考へた時彼は「こいつ怪しいぞ」と呟《つぶや》いた。

そこへ先生が帰つて来た。先生その晩彼に加茂川の鰻《うなぎ》料理を食はす。先生は鰻を捕へる事巧なる由して又之《これ》料理する事自慢に値す。自ら称して「器用貧乏村宝《むらたから》」と古諺《こげん》を用ゆ。此の家の鰻料理は一種独特の味を食はす。彼順拝中の掘出しものと悦に入る。而して鰻等食ふて精力を加へる事は独り旅の身に毒だらう、といふ通俗の説と、自己を盛んにする事は生殖慾を衰へしむる所以だといふこの先生の説と、肺結核に罹《かか》るとその病勢と正比例して性慾昂進《こうしん》するといふ説と、彼が松山を立つ時酒井医学博士が「卵代丈《だ》けは特に持つて行け」と云つた事とあれ之《こ》れ頭の中で矛盾や反対や、撞着やがこんがらがつて分らなくなつた。

そこで又彫刻の話とはじめた。終りに先生はノミを取り出し蟹蜘蛛の姿を竹に彫り付けて彼に与えた。

四十四　加茂川の水音高し燕去る

親戚も友人も知己も之れより東にはもう無いのだ。今日こそほんとうに吾は孤りなり今日からはじめて我は只の世の中の人に接するのだ、といふ厳粛なる気持ちで愈《いよいよ》　西条を立つ。

昨日の雨で加茂川の水嵩《みずかさ》が増して流れの音が高いと、語りつゝ西条農業学校で先生と別れ、汽車に乗つた。「伊予三島」で汽車を降りた彼はその日の八ツ下《さが》り六十五番幽霊山三角寺に着き、こゝで二三人の同行を見た。今迄に無く彼はその遍路を懐かしんだ。と同時にこゝに於て彼は郷《さと》よりの手紙を受取った。その手紙を見て彼の心のうちに「俺は何のために旅に出たのか？」といふ疑ひを抱きはじめた。今迄いろ〳〵にその理由を説明はしたものの、それは説明せんための説明であつた。真の己れの心裡《しんり》を表明する事はできない、と思つた。思ひつゝ

彼は奥の院さして登るべく又荷を負ふた。　（曇）

附記　三島より三角寺へ約五十丁三角寺より奥の院へ七十丁、奥の院にて通夜し得れば午後三時頃迄に三島を立たば奥の院に行き得。

四国八十八ヶ所　同行二人（茁）

四十五　お大師様の御利益

今日はじめて独り旅といふ寂し味に触れんとした。日はや暮なんとするに幽霊山を発足して奥の院に行かんとして彼は一人の若い同行《どうぎょう》の本堂の前に居るを促した。伴侶にせんとしてである。

「どうです奥の院へおいでになりませんか」

「さあ、行かうか止めやうかと思つて居ります」

「行きませうや、どうせ又朝行くのでせう」

「え丶、私は前にも行つたから今度は奥の院はやめやうかとも思つて居ります」

と聞いて彼は心配した。若《も》しや彼《か》の同行が行かぬと云つたら大変だ。急に友恋しくなつた。

「行きませう、まだ早いですよ」

「行きましやうか」

とやうやく決意した。その人は両松葉杖のびつこである。年は二十四、広島県備後の国の者。足を悪くして四国順拝に出で既に二回巡り今や三回目であると、

「足は骨膜ですか」

「今や骨膜になつて居ります。元私は大工で普請の時屋根から飛んで踵《きびす》を打こみ、大きく腫れたのが因で化膿し、医者が切つたけれど癒りません」

「フーンそれぢやもうかなり長いのですな」

「三年程になります。しばらく入院して居りましたが少しもよくなりません。とう〳〵片足は立たなくなりました」

「なる程、それでお四国順拝に出なすつたといふ訳だな」

「さうです、もうこの上は神仏にお縋《すが》りするより他にないと家の者等《ものら》も云ふし、自分もそんなに思ひましてな」

さう云つてこのかなり峻しい上り道を松葉杖でプイ〳〵

2-4 石手寺を詣でたハンセン病の遍路(『同行二人の遍路』より)

と飛ぶ。それが速い。先に立つた蟹蜘蛛の方が却て忙しい。

「あんた速いですなあ、足の達者な俺の方が行きかねる」

「いゝえ私はあなたに追付いて行かうと思つて一生懸命です」

「さうですか。それぢやもつとゆつくり遊びませう。でお四国に出てからの経過はどうです？」

「おい〳〵良い方です。はじめの間は私の信心が一心不乱であつたから、眼に見えてよくなりましたが、此の頃ではこの境涯《きょうがい》に馴れて横着になつたものだから割合に捗《はかど》りません」

「まあさう気短には行かんでせう」

「或時は、土佐の高知の付近の或宿で朝裏の川へ顔を洗ひに行つて、かへりに此の杖を忘れておいて帰りました。そして気がつくと自分は歩いて帰つたのです。嬉しくて嬉しくて廊下を何邊も行つたり戻つたりしました。それから杖を持つて帰つて出やうと思ふとやつぱり足は立たん。又斯して杖に縋つて飛び歩きました。

だが出はじめは一丁か二丁しか歩かれなかつたし、前回に廻つて来た時でも朝三角寺を出て奥の院迄やうやく終日かかつて行つたのですが、今度はかうして日の暮れから出て七十丁の道を行かうといふのだからエライものです。お大師様の御利益は有がたいものです」とその時彼等二人は更に一人の同行に追つき三人連れとなつた。

山はいよ〳〵高くなり、道の上下に植えた松の蔭に夕陽を避けて見はるかす宇摩《うま》、新居《にい》の平野、燧洋《ひうちなだ》備後洋の島々向地の山は美しい。（曇）

＊踵＝かかと。境涯＝この世で受ける身の上〔境遇〕。

四国八十八ヶ所　同行二人（芸）

四十六　何患ふてお四国巡拝

松葉杖と蟹蜘蛛とは坂の半ばで更に一人の同行に追ついた。先に立つた蟹蜘蛛が、

「御苦労でございます」

と挨拶をすると彼《か》の男は、やはり歩き乍ら、

「御苦労です。あなたは何処がおわるいのですか」

といきなりきいた。蟹蜘蛛はニョキッと二つの眼を上げて、何と答ふべきかを考へた。左様《さよう》聞く人は何処か悪いのに違いない。後《うしろ》の人は一本足がわるい事は明かである。そこで自分は何処もわるく無いといふのが気の毒に思つたので、何処がわるいと、おつき合ひに云ひたかつた。

「今はわるかありませんけど」

「ぢやあ前におわるかつたのですか」

と追求する。前には勿論患つた事もある。

「えゝ」

と云つてもうすまして貰はうと思ふのに、

「何処がお悪かつたんですか」

と飽《あ》く迄執念《しゅうねん》深い。

「実は之れが」

と彼は胸の瘡《かさ》あとを見せた。

「それは何の傷ですか」

之《これ》はたまらん。斯《か》くの如くに責められた時八つの足をすくめて死んだ形をとるのが蜘蛛の奥の手である。

二つの鋏《はさみ》をさし上げ、眼を突き出して八つの足で立ち上がり、相手はハッと手を引いた隙《すき》にガサ〳〵と横に這ふのが蟹の虎の巻である。

「此の瘡ですか。此の瘡は嘗て私が病気をした時の瘡ですよ」

「どんな病気ですか」

「私に恋人があつてね。時にあなたは何処ですか」

「私ですか。私は山口です。山口県厚狭郡です」

「ハハァ長州ですか。長州からたくさん御四国巡拝に出ますが」

「出るには出ますが、公然とは出ません。まづ四国へ行つたといへば乞食《こじき》をした、といふ事になるので、村でも擯斥《ひんせき》します。あの家はあんなに栄て居るけれ共、あそこのおぢいさんはお四国を巡つたのだよといふ位です。で私は兄にも云はず、こつそり夜抜けして来たんですよ」

もう斯《こ》うなつたら向ふが被告である。

蟹蜘蛛の胸の瘡の来歴は何処へやら吹飛んでしまつた。並木松の根方や、道の上側の草原やに坐つて十四五人の男が休んで居る。

何れも物詣りらしい。やはり金光山へ行くのだろう。今日は何か縁日かも知れぬ。

「一寸休みますか」

「え、休みませう」

数多《あまた》の人のつゞきへ荷をおろして休む。松葉杖も共に坐る。松葉杖が、

「あなたは何処が悪いのですか」

と長州に問ふ。長州一寸考へて、

「脳がわるくて」

と云つた。「脳がわるくてならば一ばん簡単だ。蟹蜘蛛にはその知恵が出なかつたのである」　(曇)
＊擯斥＝しりぞけること。排斥。

四国八十八ヶ所　同行二人(廿六)

四十七　女人高野に通夜して

「又ボチ〳〵行きますかな」

と四十余りの伯楽体《てい》の男が莨《たばこ》入を腰に差して立ち上ると、十四五人の一行皆立上る。それから三人の遍路も荷を負ふてその人々の後に従ふ。

伊予三島駅から、川之江に進む汽車の右窓眼近《まちか》に望む高くも無い山脈、柏あたりの恰度《ちょうど》上の所、全山は芝生《しばふ》かと見ゆる山のひと所に中腹の茂みの中よりすーと斜ひに出た並木、松かとも見え、老杉《ろうさん》とも思はれる。

この並木こそは三角寺より其奥の院金光山に行く道筋に植えられた老松《おいしょう》である。それが尽きる所は山と雲との境である。右の方から稍《やや》下つて来た山の尾根は、この地点から又少し上つて円い山頂をなし、又左に流れて居る。

汽車の窓から見ると一面の芝のやうだが来て見ると杉の植林がしてあつて、その間には雑木の小さなのや、茅や雑草が深く茂つて居る。その中に秋の花が乱れ咲いて居るのである。

殊《こと》に彼《か》の円い山はその形正しき半球形を成しそれに一面花の開いた所は灌仏会《かんぶつえ》の花の屋根のやうである。松並木の尽きた所の稍低い所に建石《たていし》がある。刻して曰く。

「奥の院へ二十一丁」

即ち之よりこの山を逆おとしに下るのである。一同は又こゝでしばしと腰をおろした。銅山川はこの谷底を流れて居るのである。向ふの連山は土佐と伊予との国境山脈である。

陽はいつしかとつぶり暮れて深い谿間《たにま》からは薄暗《うすやみ》が這ひ上りつゝある。「月見に良い所だなあ」と蟹蜘蛛が云つた。一同一寸《ちょっと》空を見た。皆今夜は金光山仙龍寺でお通夜をする覚悟である。

昔高野山が女人禁制の時分にはこの山を女人高野と定めた所で女人も多く登つたが今も尚男女の参詣甚だ多く、寺では参詣者に通夜をさせてゐる。

四十八　四国中を一足半で飛ぶ男

長州はぢつと建石を見て居たが大きな声で而《しか》も頓狂《とんきょう》に。

「毎晩御本尊の御開帳がありますレンギでゴマも摺ります善男と善女はお通夜をして御縁をお結びなさい、と書いてあるぜ」

と云ふ。皆が建石を見る。建石には、奥の院迄二十一丁と書〔いて〕いた。同面に「毎晩御本尊大師様の御開帳及び護摩の修行があります。御通夜をして御縁をお結びなさい」と書いてある。

皆の口が一斉に開いて、ハハ、、、といふ高い笑い声が起つて半分は銅山川へ、半分は宇摩郡の平野に転げ落ちた。

一同が笑つてくれたので悦に入つた長州は更にその文面を見直して、より一層笑ふやうな読み方をしやうとして「……お通し矢をしなさい」云々と読んだが、今度はあまり笑はなかつたので失望した。

その時一人が松葉杖に、

「そのお足でお四国廻るのはエライでせう」

とたづねた。それを蟹蜘蛛が横取りして、

「ナー二二百八十八里の山々谷々一足半で飛ぶんですからなァ」

と半畳《はんじょう》を入れる。松葉杖は迷惑さうに答へた。

「一足半づやないよ。三本半で飛んで中の足で調子を取つて行くんだ」

(曇)

＊頓狂＝突然で調子はずれなことをする様子。レンギ＝連木。すりこぎ。半畳＝他人の話をからかう。

四国八十八ヶ所　同行二人(廿七)

四十九　断崖の上に建つ奥の院へ

金光山仙龍寺、略して奥の院奥の院と称して居る。「奥の院のセンチへはいつて見たか」、といふ事はよくへんろがへりの者に問ふ事である。そして、「糞の行衛《ゆくえ》がわからない」とか「糞が落ちると下でチーンと鐘が鳴る」とか誇張されてゐる程、こゝの雪隠《せっちん》は深い。而もその底たるや銅山川の激流である。

雪隠のみならず、本堂も庫裡も銅山川の流れの上に立つた城閣《じょうかく》〔城郭〕のやうな建物の中にあるのである。表も亦板を渡したるものにして歩めばトン〱と太鼓のやうな音がする。そこ迄下りて行く頂上から二十一丁の坂道は美しき石壇《いしだん》である。

その石壇の石は自然石《じねんせき》なれ共珍らしき自然石にして、色黒く質密《こま》かく、ようかんの如く、大なるは長三四尺あり、大小共厚さ三四寸より五六寸四面六面亦ようかんを切つた如くである。

この石がこの山から出る。山が風雨、霜雪《そうせつ》のために崩れ落ちた時出て来たものを積んだ、といふよりも並べたものである。

面はなめらかにして下駄で下る人は辷《すべ》る事を用心せねばならぬ。まして松葉杖で飛ぶ人はコツンとついた両杖《りょうつえ》の下には鉄が箝《はさ》めてある。万一その片方でもがつるつと辷つたが最後千尋《せんじん》の谷へつぶて落しに真逆様《まっさかさま》だ。だがさすがに四国の山々谷々を既に二回も廻つた本人は巧なもので鼻唄まじりにコツン〳〵、それに和して蟹蜘蛛の鈴がチリン〳〵、コツン〳〵……。

坂の途中で日は全く暮れた。谿の岩を咬《か》んで流れる水音が怪物の唸《うな》りのやうにこだまする。

＊雪隠＝便所。

五十　仲のよいかけづれ

「同行三人ですがお通夜をお願します」

納経場へ行つてお願ひするのは蟹蜘蛛の役、

「へい、お米ありますかありませんか」

「ありません」

「何ぼ炊きますか」

「一升五合炊いて下さい」

「へい、六十九銭」

米一升が四十六銭で、その炊き賃が四銭、五合炊く者は二銭である。それをはらつてようやく今宵はこゝに一夜の夢をむすぶ事にきまつた。

風呂が沸いて居る。先づ風呂に浴《した》る。風呂はなか〳〵よく出来て居る。風呂から出る。

「お菜《さい》はいりませんか」

箱に皿を並べて芋の煮たのを売りに来る。一皿五銭。この夜通夜人三十余人。ガヤ〳〵と五月田の蛙の如し。本尊様の大御前に於て飯を食ひ、そこに寝るのである。有がたいこと限りなし。

飯が出来たといふので一升五合を量り分けてもらつて、さてお茶を、といふとそこの三尺口程の地獄のやうな大釜の中で沸き立つて居る奴を、百年も使ひ古したか真つ黒になつたタゴに汲み込んで、一寸口に三寸程の深さの長い柄のついた柄杓を添へて持つて来ると備後（松葉杖）も長州も風呂から帰つて来る。

「さあやりませう」

三人が一つの膳を囲んで芋をやつたり、菜を貰つたり、弁当の残りの梅干を分け合ふたりして食ふ様を見て先刻共に阪を登つた人等が、

「あなた等仲が好えですなァ」

といふ。今日の午後から掛《かけ》連れになつたのだと聞いて、

「へーえー同じ所からお出たんかと思つた」　（曇）

四国八十八ヶ所　同行人(廿八)

五十一　勤経一層荘厳に

「皆さんお勤めがはじまりからお大師様の方へお集まりを願ひます」

飯が済むかすまないに納所《なっしょ》が一音々々をはつきり切つて型に箝めたやうな声色《こわいろ》で、それ丈《だ》け云ふてすーと引つ込む。三人か四人の若僧や小僧が須彌壇《すみだん》の右側に坐つて「おんなむきやべいろしやなう…」とやつて居る。

一ばんこちらの端に坐つて居る色の白い小さな小僧の口から金の鈴を振るやうな声が出る。そしてそればかりか一山に響き亘る。インゲン様が壇に登つて勤経は一層荘厳になる。

御自作の弘法大師、それが本尊である。大師四十二歳の時厄除《やくじょ》祈願をこめた、といふ。大師が四十二歳の時に厄除の護摩修行をしたといふ所は四国中に幾ケ所もある。

空海といふ男はよつぽどこの歳に厄がおそろしくてあはてふためいたものと見える。さてこの本尊大師のお開扉があるといふ。刹那一同がお経に聞き惚れてつゝ、勿体ながつて頭を下げやうとした時、耳元へ、又型に箝めたやうな台詞《せりふ》で、

「皆さん今夜のお通夜銭を五銭宛頂戴いたしますすむつかしいお方はよろしうございます」

と云つて鍋を廻す。この場合にお通夜銭を集めなくてもよさうなものだ。米代取る時には米代だけかと思はせておいて、あとからお菜は別に売りに来るし、お通夜銭は

お開帳前に取りに来るとは狡獪《こうかい》なやり方だ。「もう皆さんすみましたか」と念を押して済んだらお開帳だ。

南無大師遍照金剛とみんなの頭が押し下《くだ》つた時、ハタとお勤めの声が止まつたと思ふと、又々例の納所の声として、

「みなさんお開扉の燈明銭二銭ですから家内安全のためにおあげなさいませ」

又か？と思ひ且つ呆れつゝ、御賽銭袋を出す。そして二銭を入れてやる。何の年かと聞いて、

「午の歳の男家内安全の一燈」

と呼び上げる。申の歳だ、私は戌の歳、病気平癒だ等と思ひに燈明をあげる。蟹蜘蛛は不平でたまらんが、私にはその必要がありませんといふ勇気も無い。

渋々二銭を投げこむと何の年かと聞かれる。困つたな、蟹蜘蛛に何の歳もないものぢや、と思つたが何とか云はにやいかん。あ、佐礼山で足が痛いといふへんろが居つたと思ひ出して「足が痛くないやうに」と云ふ。何の年かと重ねて聞くから「辰」だと出たらめをいふ。

「辰の年男、当病平癒の御一燈ーッ」

とやられて冷ッとした。

と今度は壇の左側、三十余燈の赫々《かくかく》と照つた下に法衣を着けない少年が鹿爪《しかつめ》らしく坐る。やがて徐《おもむろ》に口を開いて、

「そもく大師四十二歳のおんときーッ」

「当岩屋にお籠りなされたーッ」

何とかかんとかで、あしびきの山鳥の尾よりも長く尾をひいて、

「参詣のともがらはァー　ー　ーッ」

「五逆の罪を滅しー　ーッ」

何とかかんとか長いこと効能書きを述べた上、

「お守をお受けなされェー　ーッ」

と本音を吐き、これは腹痛にでも稲の虫にも効くと一々口上で云ふ。

「どうぞ御利益をいたゞかして下さいませ」

とお願ひして居る人もある。

それが済《すみ》て今度は奥の院の奥の院なる右面の岩屋で護

摩の修行がはじまる。一同其方に向直《むきなお》て朗々とお経読《どく》誦《しょう》が続いてその間右と左の肱《ひじ》が交互に動くインゲン様の後姿を見て居る。

煙が濛々《もうもう》と立ち上る。しばらくにしてインゲンは立ち上り、余所《よそ》行き顔してすーとひつこむ。読み残りのお経を読んでしまうて、若僧小僧も引こむ。

あとには彼《か》の鈴のやうな小僧さんのアジャボジャと読んで居る声がいつ迄も余韻を止めて居る。（曇）

＊納所＝寺院で施物・金銭・年貢などの出納事務を執る所。寺の雑務をする下級の僧。赫々＝光り輝くさま。

四国八十八ヶ所　同行二人（卅）

五十二　お通夜はなすなかれ

後《うしろ》の壁は天然の大盤石、その壁に又天然の洞窟が出来て、其の洞窟の奥に幽《かす》かな灯が光つて黒仏《くろほとけ》が黙々として坐つて居る。

前の障子を開けて欄干からうかゞへば下は千尋の谷にして睡すればその落ちつくを見届ける事を得ぬといふおそろしき所に一夜を明かさねばならぬのである。

蒲団は二人に一枚、敷布団は無い。冷たい畳の上へ寝るのだ。静かにしてくれても、寝つきの悪い所へ、通夜人の中こゝろ無きものありて三更四更《さんこうしこう》に亘《わた》り、酒呑んでうだ〳〵云ふて他の睡《ねむ》りを妨げて恬然《てんぜん》たるかと思へば又、朝否未だ朝と云ふべからざるにはや起き出でゝ、己は今日下山を急ぐか知れざれど、他はまだ熟睡の最中であるのに「南無仏與仏、有因、與仏有縁」とやつて居るかと思へば又一方では「なうまくさんまんだばさらだん」とやり出す。とても騒がしい。お通夜と云へば夜もすがら仏と共に語るのが本意か知らねば、何れもはねさして貰ひたいのである。

こんな所へは出来ることなら朝早く登つて、その日のうちに下り麓で泊るやうにしたいものである。

お通夜が出来るからと思つて、夕景《ゆうけい》からでも奥の院さして行くといふやうな事は忘れてもすべきでない。

＊三更四更＝真夜中で、三更は今の午後十一時頃から午前一時頃まで、四更は午時十一時頃から三時頃に当たる。

恬然＝物事にこだわらず、平気でいるさま。

五十三　あな麗しの朝のけしき

だが併し、お通夜をしないと味はれぬことがある。それが善い事でも悪い事でも無いが、兎に角奥の院では奥の院にあらざれば体験する事の出来ない或物を得られる。故に体力強壮な者は一度はやつて見るも強ち《あながち》悪くは無い。

朝、奥の院を出て、それより六十六番讃岐国雲辺寺に行かんとする蟹蜘蛛は、備後、長州を促し促されて昨夜下つた途を八丁打戻る。

途中「大師修行の岩屋」と表示した建石ありて、それより右に細道あり。松葉杖を待たせておいて一寸上つて見ると、一つ崖を廻つた向ふ側に又洞窟がある。

至つて浅い。こんな所で護摩修行なんか出来るものか、と蟹蜘蛛は馬鹿にしたが、それでもそこに一つの石仏が置いてある。後に従つた長州に、

「大師といふ奴はよつぽど穴好きと見えるの」

といふと、長州は、己の悪口でも云はれたやうに面《つら》ふくらしつゝ、笠を除り、札を出して、納め奉る。この所の御本尊……とやり出す。

蟹蜘蛛はキョトンとしてそれを見よる。やがてつひぞ開いた事も無い経文を唱へだす。蟹蜘蛛ます〳〵二本の眼をさしあげて聞くがわからない。早口だから分らないのだが、それは次のやうに云ふた。

アタマガヨクナリモノヲボエガヨクナリハハウヱガナガイキシマスヨウニアネウノビユウキガナヲリマスヨウニゴリヤクヲクダサイマセ

と何回も何回もくりかへすのである。

それより波切不動迄引かへして宿屋の前から道を右に取る。之れ宇摩郡金田村平山より椿堂に下る遍路本道である。

しばらくは山腹□或は稍《やや》上り、或は稍下りしつゝ、坂らしき坂も無く煙草、三椏《みつまた》、トーキビ等作れる中の細道をたどり行く天地悉く清らかにして九百九十の谷々からはむく〳〵と白雲湧き出でゆるやかに浮動し、それへ遍照金剛と差す旭日の影弁財天女、孔雀明王はじめ三世の諸

菩薩示現《じげん》して草木昆虫鳥類万物ひとしくおろがみまつると見えにけり。げに麗《うるわ》しのこの谷の朝のけしきかな。

（曇）

＊三椏＝ジンチョウゲ科の落葉低木、皮の繊維は強く良質の和紙の原料になる。

四国八十八ヶ所　同行二人（三十）

五十四　けだものを犯すの罪

蟹蜘蛛が先きに立つてその次に一足半、その次に長州。一足半は備後とも云ひ、松葉杖とも称す。三人が負けず劣らぬノロケ位《ぐらい》、長州の曰くには、

「私は昨日あなた方と連れになる前迄或上品な夫婦連れの同行と一しよに二三日歩きましたが私があまりペラ〳〵しやべるものですから、その奥さんが、もう別れてくれ、あんたのためにわたしら迄が人様から安ッポク見られと終《つい》に絶交を宣告された程ですが、松山さんには私も叶ひません」

とつひにかぶとを脱いだ。松山さんとは蟹蜘蛛の事である。併し蟹蜘蛛も内心長州の饒舌《じょうぜつ》にへきえきして居る所であつた。そこへ後から追いついた一人の少し年を食つた遍路があつた。三人の面白さうに語りつゝ、行く仲間入りがしたかつたのであつた。三人等《ら》のノロケばなしはいつしか猥談《わいだん》になつて居た。後から追ついた一人が、やはり話しの仲間入りをすべく、

「私は犬の〇〇〇〇〇二本の木に縛りつけておいて〇〇〇〇〇居るのを見た」

と云つたので、三人はぎよつ□□□た何といふ残酷な話ぞ、と思ふ□□中の一人は又女が雄犬を愛す□□□例を話した。それは蟹蜘蛛も□□□及んだ実話があつたから〔以下は下段の幾つかの字が黒塗りや、別の記事の折り込が挿入されているので、文意が掴みにくく割愛する。〕

五十五　五円儲ける男

〔前段十一行は下段が黒塗りや、別の記事の折り込が挿入されているので、文意が掴みにくく割愛する。〕人々から「固い」と云はれた程潔癖であつた。而も友達はしきりに女郎買に誘ふのであった。

断じて行かなかつた。行けば五円いるのだ。友達が出て行つたあとで、五円紙幣を出して前に置きそれから「五円儲けた、五円儲けた々々々、々々々」と千程《ほど》かいた。「五円札がよごれたら洗つてしまつておくんだ」とは笑はしやがる。

三人は例の犬の話しの発頭人《ほっとうにん》が来ない事に気がついて、どうしたんだらう、と後ろを見ても姿だに見えない。蟹蜘蛛が、

「何処かで、五円儲けているんだらう」

と云つたのでハハ……と嘶笑《せいしょう》が起る。その時道は山の背を越えて、川の江の町を瞰下《かんか》する所に来て居た。之で昨夕景越えた山を越え戻した訳である。　（曇）

＊発頭人＝計画を最初に立てた人。嘶笑＝いななき笑い。
瞰下＝見下ろす。

四国八十八ヶ所　同行二人(卅一)

五十六　びつこがせむしをつれ

道は川之江の町を左に見つゝしだい〳〵に下りつひに川之江も見えなくなつて伊予と阿波とを連絡したる街道に出る。

こゝの所に椿堂と称する大師の遺跡あり。その由来は、既に世にしるきことにして、或る信仰深き老人のためにこゝに来《きた》りたる大師がその杖を立てておいた。その杖は椿であった。その椿が根をおろし、芽を出して生長したので大師を祀つて堂を営み、椿堂となづけたといふので、こゝよりも納経が出て居るのである。長州のみは納経を受けたが他の二人は受けない。

街道に出でて東する。これより阿州なる箸蔵山に行くか、直に讃岐雲辺寺へ登るか、未定のまゝでこの道を行く。

道は川に従ひ、人家、田圃《たんぼ》道に沿ひて、蟹蜘蛛が松山を立つ時は穂孕《ほはら》みなりし稲、今ははや花の盛りも過ぎてあり。広い道に出ると一ばん達者に運ぶのは備後事松葉杖、自称三本半の一足半である。

彼は二回目に廻つて来た時伊予の壬生川で脊髄病になやめる男を伴ひて巡拝する事を委託された。

而して連れて廻つたが、その男の病は益々悪くなるばかり、道ははかどらず、而も自分は所々で修行をせざれば先へ進めず、困難をしたのであつた。

「びつこがせむしをつれて歩くのはみごとだつたらう」

と蟹蜘蛛は口が悪い。

恰度蟹蜘蛛が香園寺に通夜をした日彼も脊髄の男もこゝに通夜をしたのであつた。それはお互に認めて居たが五日目に道伴《みちつ》れになつても互にあの時のあの人だつたかとは知らなかつた。

五十七　猫の一命危し

道が崖の鼻を廻る時、それより一丁あまり向ふの家から一人の若い女が出た。

右の手に何か白いものを持つて居る。己れの乳あたりでぶらさげて居る。

「猫だ！」

蟹蜘蛛が云つた。今彼等が通つて居る所高い石垣の下は川である。蟹蜘蛛は女がその川へ猫を棄てに行くのだなと直感した。

長州は少し後れて居た。女は小走りでこちらへ来る。提げてゐのは果して猫であつた。白黒斑《しろくろまだ》らの子猫である。頸筋《けいすじ》をつまんでぶら下げて居る。ほんとうの猫さげである。備後の松葉杖の一とびプラス女の一足丈《だ》けづゝ近づいてやがて双方出会ふべく定まれる運命を辿つた。

子猫がニヤアとかなしく鳴いた。蟹蜘蛛が、

「抱いて行つてやりなさい可愛《かわい》さうに」

と云ふと、女はにつこり笑つた。「棄て、行くのに抱いてなんか行くかや」といふ笑ひ方である。

「殺生なことをしなさんなよ」と松葉杖が云つた時は既に行き交《か》ふてゐたが女の顔に暗い蔭が差した。

元来女の顔は残忍さうにも見えない。年は二十歳か二十二歳か。

二人が少し行つてからふり返つて見た時、女は高い石垣の上に立つて川の方を向いてゐる。そして右手が川の上に差出され居り、子猫はだらりとぶら下がつてゐる。

女の後には笠を冠《かぶ》つた遍路が立つて合掌してゐる。女の右手《めて》が僅に動いた。蟹蜘蛛と松葉杖とはハッとした。

が子猫はその手から離れはしなかつた。

女はくるつと後を向いて遍路を見た。遍路は長州である。

女の姿勢が元の位置にかへつた。猫の体《からだ》がブランと振れた。ソレッと蟹蜘蛛は叫んだ。長州が何やら云ふたのが蟹蜘蛛にも聞えた。女はその場に蹲《しゃが》んだ。猫を路傍《みちはた》に置いて立ち上つた。長州が歩き出した。蟹蜘蛛も松葉杖も歩き出した。長州が追ついていつた。

「とう〳〵一命助かつた。女が抛《なげ》やうとすると南無阿弥陀仏を一心に唱へた。落さうとしたから声はりあげて南無阿弥陀仏とやつた。とう〳〵やうやらなんだ哩《わい》」


（曇）

四国八十八ヶ所　同行二人（卅二）

五十八　箸蔵参りは巨鼇山攻略の逆手

はる〴〵と雲のほとりの寺に来て
　いまは月日をふもとにぞ見る

之は六十六番雲辺寺の御詠歌である。八十八ヶ所御詠歌の駄作中でせめて拾ひ出される歌の一つであろう。その歌の如く雲辺寺は高峰の頂きにある。

この山を巨鼇山《きょべつさん》と云ひ海抜三千六百尺あり、その体は伊予、阿波、讃岐の三州に跨《また》がり、参道八方より登る。四国順拝者は伊予より山の尾根を三里の間登つては登り、又登つては登る故に四国中有数の難所として居れど、ここへ詣ずるより先に街道を阿波に入り、佐野、和田を経て吉野川伝に約四里を出でて霊験新なる箸蔵山に掛けるがよい（伊予の椿堂より五里余）。

而して箸蔵より川沿ひの小径を少し下り、少し上りして三里半は峻しき道にあらず。最後に十八丁の急峻を登つて雲辺寺に到る事を最もよき行き方なりとす。

箸蔵山箸蔵寺は、讃州金比羅の奥の院と云はれてゐる。天長五年空海巡錫の砌《みぎ》り山空に霊気の起《た》てるを望み攀《よ》ぢ登りて金比羅権現に邂逅《かいこう》し、その神託により七堂伽藍を創立し、本尊を刻み、箸擁護を祈らせ給ひし霊刹《れいさつ》だと案内記にある。

本尊は薬師如来、寺に於ては通夜を許す。ここの通夜は蓋《けだ》し仙龍寺や雲辺の通夜のやうなことはなく、香園寺のそれ程ならず共先づ以つて満足する事の出来るものたり得る。

箸蔵に詣づる事を欲せざるものは椿堂より二十五丁の所の左の立石より三里の山道を登るか、さもなくば更に進んで一旦阿波に入り国境より一里の所和田の里より急坂を登る事一里四丁かの二た道である。

雲辺寺にても通夜は得《う》れど殆ど人間扱ひは受けられず。但し、それも修行だと思へば甘んじて尚ほ楽しみあり矣《い》。

＊矣＝文末にあり、訓読では一般に読まない置き字。かな。…だなあ。感嘆を示す。

五十九　もて余す三里の坂道

「金光山のお小僧《こぞう》さんに俺は惚れたよ」

蟹蜘蛛がだしぬけにさう云つた。

「あの声にだろう？」

蟹蜘蛛の思ふて居る通りを長州がたづねたのであつた。

「おんあろりきやそばかァ」「はらばりたやウン」と、終《しま》ひの「娑は賀」や「ウン」を一段と低く云つて結んだ。

金鈴のやうな声が今も尚耳底に残つて忘れられないのである

三人は今雲辺寺登りの中一ばんむつかしい順道を登つて居る。それは蟹蜘蛛が主張したのである西讃の平野を、あすはあそこへ下るのだ、と指をさし乍らこれから三里の登りを晩迄に達せられるかどうかは甚だ危まれる。

一丁登つては休み、一坂越ては腰をおろし、一山踏めば又次に、それを越せば又その次に、山の背あり。二人が途中でベソを掻きさうになる。と又蟹蜘蛛がノロケを聞かす。すると他の二人もつひつり込まれて敗けじと己のノロケ話しをする。

松葉杖は今迄に四国の道を二回半廻るが未だ嘗て今日ばかり語つた事も、聞いた事もない、と悦ぶ。

「時にもう何時だろう？」……備後

「五時半だ」……蟹蜘蛛

「まだ山は高いなあ」……長州

「はるばると雲のほとりに登るんだもの」……蟹蜘蛛

遥か彼方の巨樹の茂みを寺の林と見てがつかりする。

（曇）

四国八十八ヶ所　同行二人（卅三）

六十　今様安珍清姫物語

蟹蜘蛛には雲辺寺とか箸蔵寺とか思ひ出す丈けでも胸のうづくやうな古瘡がある。それ故に今度は箸蔵寺に行くことを強て避けたのである。

彼が往年高野に登つた時、又しても浮世が恋しくなり、その時母につれられて高野参りをした新居ノブヱといふ阿波の十番切幡寺の下だといふ娘に惚れて高野の山を追放され、海を渡つてかへり来る途中、箸蔵寺に通夜をした事があつた。

その時同じく通夜して居た客に阿波の撫養《むや》だといふ赤月文江といふ女があつた。その女に飯を盛つて貰つたりしてむつまじく語らつて居るのを室の隅で見て居た女があつて、その晩蟹蜘蛛は思ひがけなくその女から求められて共に寝た。

思わぬ人と御縁は結んだがやはり秋月のことが忘れられず、翌朝出立の前に奥の院で御開帳があるのを拝みに行つて、若やと眼に探したがその人はつひに見えず、昨夜所を聞いた時「あなたの生れは阿波の鳴戸」と云つた時の眼元がたまらん等《など》思ひつゝ、名を書いてくれた紙片片手に下《お》りて来ると、通夜堂の前に思はぬ情をかけた女《ひと》が茫然《ぼんやり》と待つて居る。

「どうした」

「お待ちして居りました」

「お母さんは？」

「先に行きました」

「どちらへ？」

「雲辺寺さんへ」

「雲辺寺へ！」

彼の眼はニョキッと飛び出した。

「でお前さんはどうするのだ」

「連れて行つて下さい。母さんに叱られながらあなたのお下りを待つたのです」

「何処へつれて行く？」

「何処へなりとも」

あゝ困つたーなまじかけねばよかつた薄なさけ、まゝよかうなりや仕方が無い、と彼は腹を決めた。

「では兎に角雲辺寺迄行かう」

女は母の後を追ふ事を厭だと云つたが、彼はきかなかつた。そして掛け道や、渓流に沿ふた小径《こみち》を雲辺寺さして急いだ。女も一生懸命ついて来たが、途中で女は足を止めて、

「あそこに母さんが居る」

と云ふ。蟹蜘蛛は黙つて歩いた。女は後れた。しめたとその母人に追付いた。

「娘はこのあとの方を来よりませんでしたか」

「すぐそこを来よります。待つてあげて下さい」

と云ひすてて速足に歩いた。

ヤレ〳〵と安堵の胸を撫《な》で卸《おろし》て小さな坂を登り切つた所で立止まると後から息せき切つて髪をおどろと振り乱し追つかけて来るのは彼《か》の女である。

彼は俄にと胸つき、顔色土の如くなつた。女が追縋《おいすが》つて、

「あなたは逃げるんですか」

と云つた時取殺《とりころ》されるのぢやないか、と身慄《みぶる》ひした。

「逃げはせん、お母さんの手前丈けね」

とごまかして、手を引いてやりとう〳〵雲辺寺迄登りつくと、女の油断を見計らつて一目散に今登りつゝあるこの坂を球《まり》の如くに転《ころ》げ落ちたのである。清姫に追はれた安珍坊のごとくに、

「お待ちなさい」

と云つた女の声が今もこの山に残つて居るやうである、と物語つて彼は当年を思ひ出し戦慄《せんりつ》を新たにした。

四国八十八ヶ所　同行二人(卌)

六十一　壇上登断腸の涙

松葉杖には又いたましい追憶がある。

彼が二十歳の年の夏、村のよしのといふ娘との間に縁談が調《ととの》ふた。こゝで松葉杖といふのは相応しくない。当

時彼は足も丈夫な大工でいなせな職人であつた。その名は壇上登といふ。

登とよしのは祝言の日を待ち兼ねて居た。結納の取交せも済んだ登は隣村で大きな家の普請があつた。それがすんだら祝言だと頼《たの》しんで居た時も時、その家の棟《むね》の上る日に怪我をした。

一朝の怪我が固《もと》で彼は永く病院に暮したがつひに片足は駄目だらうといふ事になつた。彼が未来の妻よしのは朝夕病院に見舞ふたが二年、三年と永びけば、その勤めもしだいに疎になり、つひには稀《まれ》にしかその顔を見せなくなつた。

でも彼は別に薄情とも思はなかつた。かくて三年の月日を病院に暮しても全快の見込みは立たない彼は、つく〲よしのが不憫になつた。

「私はまだ〲いつ治るやも分らない。或は治らないかも知れん。それに治らぬまゝで嫁取りでもない、と云つてよしのさんもこの頼りない身をいつ迄待たすのは残酷だから、私との話は破談にして更に良縁を求めてくれるやうに」

と、仲人を頼んで先方へ云ひ送つた。先方からは、

「そんな気短な事を云ふものではない。さういふて下さるのは有難いけれども、あなたの病気が癒る迄は待ちますから、しつかり養生をして下さい。私は何処へも行きません。又遣《や》りません」

といふ、親の言葉も添へての返事であつた。彼はその心根がうれしくて涙がこぼれた。

其の後彼は、何時迄《いつまで》入院して居ても何の変りも無いので業を煮やして退院した。

退院すると又よしのの事を思ひ出し、可愛さうだからと、更に、

「前のお言葉うれしく思ふ。だが自分もどんなにしてもこの病気を癒さねば置かんとは思ふけれどそれ迄待つて居てくれるといふのは却つて心苦しいから、縁が無いのだとあきらめて、どうぞ他へ縁付きをしてくれ」

と手紙をやつた。すると間もなく又人を以て、

「それでは甚だお気の毒ですけれ共、お言葉にしたが

ひまして一応破談にさして戴きます。どうぞあしからず。そしてあなたもしつかり御養生なさつて下さい。そして尚御縁がありましたら云々」

といふ挨拶であつた。それを聞いて安心した。荷を卸たやうな気がした。所がどうだらう。それから二タ月経たぬに、よしのは嫁入りしたといふ話を聞いた。

　諦めてはゐる。諦めてはゐるが而も自分から他に縁付きしてくれと云つたのではあるが、はや嫁入りした、と聞いては、

「恨めしいとは思はぬが察してくれ」

と彼は松葉杖に全身をもたしかけて眼をしばたゝいた。そして、

「それがね、私が四国順拝に出る際、不憫だと思つて見送つてくれたのではあらうけど、大きな丸髷《まるまげ》で大ぜいの中に交つてゐた事は、私は胸が怪《あや》しくわなないた」

と話し終つて蟹蜘蛛に同情を求めた。長州はキョトンとしてゐた。彼は低能児である。　（曇）

四国八十八ヶ所　同行二人(卅五)

六十二　あさましい洒し首

巨鼇山雲辺寺の本堂前に大きな石が立つて居る。其の石の裏に、

　東新林と称し雲辺寺のものであつたが明治の末、田村荒吉との間に所有権の争ひが出来、訴訟の結果敗れて田村の所有となり後それが白地《はくち》なる丸浦儀太郎の所有に移つたが、丸浦はその山林の元《もと》当寺のものであつた事を聞き、寺の基本財産として且風致、尊厳の維持のためとして之を寺に寄付した、云々

と刻してある。その地面三町九反五畝二十六歩附言《ふげん》して「丸浦氏の美挙《びきょ》を後世に伝ふ」とある。丸浦氏の美挙を伝へて田村氏の愚挙を千歳《せんざい》に伝ふ気か。正しく「雲辺寺のものであつた」と書いてある以上、例令《たとえ》裁判ではかつたにしても田村荒吉は寺の土地を横領したのだと、といふ事を明示したものだ。

　田村荒吉なる人今世にある人か否か知らねども惨酷なるサラし首である。

この刹《せつ》には亀山上皇遺髪を納めたまうときく。

方今《ほうこん》財産上の権利争ひには相手が寺であろうが宮《みや》であろうがなか〳〵遠慮しないのが常である。松山の興聖寺にも寺の敷地の所有権争ひがつゞいてゐる。あさましいことではある。

＊風致＝森林・河川など、自然環境の整合の美。附言＝付け加えて言うこと。美挙＝褒める価値のある行い。方今＝ただいま。現今。

六十三　石蒲団にねる一夜

雲辺寺でお通夜をさせてくれといふと、先づお通夜銭二十銭と、米一升に付五十銭を納めよといふ。

それを納めると、向ふに水があるからあれで足を洗つてお通夜堂に通れ、とある。

既に白露《はくろ》を過ぎてゐる。而も高山の頂きなれば寒い。

通夜堂に通つて見ると何十坪か知らぬが広い室の片隅に古ぼけたランプが燈つて居る。向ふの方は薄暗くてはつきり分らぬが、物一つ置いてない。

ひと足踏みこむと、ヒヤリとして鬼気《きき》迫る。ランプの

2-5 昭和初期の雲辺寺の通夜堂（『同行二人の遍路』より）

下に色黒く頬《ほお》と頭とに等分に短かい髪と鬚《ひげ》とが乱れ生えてゐる。何の事は無い。焼山に落ちてはじけた栗のイガ見たやうな男が、ギヨロッと白い眼を光らせ、その又傍らには、蒼白く水膨れた秋口の西瓜見たやうな男がけだるさうに坐つて居る。

ドカ〳〵とはいつた蟹蜘蛛は、人の居る事に気がついて、折れるやうにそこに坐つて、

「お早いお泊りで、どうぞお願をいたします」

「ご苦労でございます」

と挨拶が済んで三人共に奇態な人相の奴ばかりだなと互に思ひ合ふた。そこへ又コツン〳〵と松葉杖がはいつて来た。実に物凄い光景である。ひようと面をあげると入口の右手の側に祭壇があつて弘法大師の像がパチツと両眼を開いて居る。

座は板の間である。板の間に何年昔に敷いたか分らぬゴザがひつばつてある。入口の障子が開いて居て夜風が寒い。閉めやうとしても動かない。火鉢は一つくれて居るが隙間だらけの大きな室《しつ》では手の先丈け温めても身はゾク〳〵と寒い。

飯が出た。菜は蕪菜《かぶらな》の煮たのが一盛りと、別に大きな皿に醤油の味を恐ろしい程盛つてある。それもよいがそれを持つて来る奴等《やつら》は全く通夜人を乞食としての扱ひをする。之れでも二十銭は払つてあるぞ、とつひ虫がかぶる。

蒲団は長さ五尺に幅一丈二尺、中には綿が入つて居るか石が入つて居るか分らない。それを延べてみんなが鰮《いわし》を並べたやうに足を突つ込んで寝る。夜をこめて外の面《おも》は風の音がすごい。筧《かけひ》の音がだん〳〵冴える。蒲団は冷たいが重さで汗が出る。（曇）

＊白露＝二十四節気の一つで、秋分前の十五日。陽暦の九月七日頃。鬼気＝この世のこととは思えぬ恐ろしい気配。筧＝水を引いてくるために、地上にかけ渡した樋。

四国八十八ヶ所　同行二人(卅六)

六十四　あなおそろしの見せしめ

石のふとんに寝たものは長州共に五人、堂の凄さに相

応しいやうな気味のよくない話しがしきりに出る。

焼山寺で本堂の前に拝んで居た女に、如何なる罪業がありてか両方の梁《はり》を伝ふて二頭の蛇が出て、一匹は女の頸に一匹はその胴に巻きついた。女は泣いてインゲン様に呪文で解いてくれと頼んだが、懺悔のためそのまゝ四国を廻れと云はれたので今巡拝の途中にある。つひ二三日あとにこの後から来よると聞いた。

と壇上登が云ふ。

私は鍋の蓋を頭に載せた女が来よるといふから逢ふかしらんと思つて居たが一向に逢ひません。

何でも阿波の北方ぢやさうなが。へんどの宿で飯があまり少ないので、へんどが宿の娘に米を盗んぢやろうがと責めると、盗んだりしますかいな。若しおへんどさんのものを盗んだりしたら、かうして—と云って鍋の蓋を頭へあげ—引着ますかなと云ったら果して引着いたのぢやさうな。

と栗のイガが云ふ。すると蟹蜘蛛が、
之れは今のはなしぢやないが昔そんなことで盗んだか盗まんかハガマを冠《かぶ》らせたら分ると云つて冠らせると、そのまゝがつぷり箝《はさま》つて抜けないので、向ふを見ると事も出来ぬ身で四国巡拝をして居たといふ話がありましたね。

といふ。西瓜男と長州は一々驚きと恐怖の眼を瞠《せい》つて聞いて居る。

立江の地蔵さんで鰐《わに》の緒に黒髪が巻ついた、といふのはありやなんですか。

と蟹蜘蛛が聞くと、壇上が、
あれは姦夫姦婦《かんぷかんふ》が大胆にも四国順拝をして居つて、立江寺に来た時やられたのだ。

と説明する。栗のイガが又、
三角寺の奥の院で男と女とが○○○○○といふ話を聞いた。男がその嫁さんの妹をつれて巡拝中奥の院で○○○○たのぢやさうな。所が離れんことになつてしまうたてふこつちや。

といふ話をすると、カニクモが、
其れは私が聞いたのは、何でも七十程になる爺さんが

2-6 北海道から来た二人の遍路　草鞋の側には竹筒が掛けてあり、五銭と書かれた値札が付いている。(『同行二人の遍路』より)

四国順拝をするので、あの爺さんにつれて行つて貰へば安心だと十六とか七とかになる娘をつれて廻つてもらつたら、爺さん若い娘と長旅をして居るうちに若返つたか、つひその気になつて思ひついたらお話しの通り○○○○だ。○○○○○○○○○の娘は気絶してしまつた。其れは昨夜のことだ。昨夜泊つたら面白かつたのにと云ひ合つて居るのを聞いたといふ人の又聞きです。

と話しておいて、だが、そんな話は皆あやしいもんだ。現在見たといふ人に未だ嘗て遭つた事が無いと、彼は否定すると、栗のイガが、

そんなことに遭はんのは未だ罪障が少いのです。罪障の深い人はそんなものをやはりお大師様が眼のあたりに見せるが、罪障少い人には、いんまそこを通つたのぢやが、と云つても、一寸の違ひで見ずに済むやうな廻り合せにせられるのです。

と云ひ、壇上が「さうだ、罪障の無い者には見せしめの必要が無いから」と反を合す。栗のイガは北海道だとい

ふ。　（曇）

＊睜＝よろこばない目つき。鰐＝鰐口＝仏堂・拝殿の前の軒につるす大きな鉦。

四国八十八ヶ所　同行二人（廿七）

六十五　砲兵へんろ道を妨ぐ

石のふとんで一夜が明けて、北海道と西瓜は早々に下山した。いつでも蟹蜘蛛等の三人連れは一番出発は遅い。同日は六十七番小松尾山へは普通の道を下れば二里半。はじめ六十丁は峻しき道を逆落しに讃岐の国三豊郡粟井村奥谷に出で、それより三十丁にて達するのであるが目下その道筋にて砲兵隊の実弾射撃ありとて交通遮断、よつて西方の道を下る。

道は約半里を迂廻すれ共この方山《ほうやま》は約一里にして麓に達し、往還道に出るが故にむしろこの道を採《と》るを可とす。とは、麓の里の店のをばさんがへんろ一人にても我田引水せんとにてもあらざるべし。

六十六　弱き人を棄てゝ行く蟹蜘蛛

下山の途中雨に襲はる。峻しき下り道にては体の姿勢と、脚元の忙《せわ》しさと、呼吸の不揃ひのためにのんきなノロケ話や、色ばなし、猥談等は出ないものである。

雨に遭ふ少し前昨夜の西瓜男に追ついた。この男は土佐の人、脚気が頗《すこぶ》る頑強で目下下痢をして居る。昨夜も幾度起きて通ふたかわからないが、下る道々も所々で一寸木陰にかくれて来る。

「はや三べんひつくり返りました」

と苦しさうに云ふ。下痢が激しきのみならず、心臓に異状を感じてはひつくりかへるのである。

「脚気に旅は悪いでせう。旅に居ても脚気になつたら帰らにやなりませんのに」

とカニクモが慰めると、

「ハイ、ですけれどどこかでお蔭が受けられるかと思ひまして」

と切ない愬《うつた》へである。全く誤つて居る。信仰のために身を滅ぼすものだ。尚この類の人がたくさんあるだらう。

カニクモは二人と別れて何故この人を扶《たす》けつゝ行かないかさうしたいのだけれ共、何故出来ないか……と自問自答しつゝなさけなくも達者な二人と共に先に行つてしまつた。

（曇）

〔四国八十八ヶ所　同行二人　六十七は存在しない。多分、連載数字の錯誤かと思われる。〕

四国八十八ヶ所　同行二人（卅八）

六十八　偉大なる哉和讃の功徳

壇上登は声がよい。山を下つて川べりに出ると、さいの河原の和讃をやり出した。

「これみなこの世のことならずー」とやると、長州がそれに和した。

「一つ積んでは父のためーー」

向ふから自転車が来た。蟹蜘蛛は美声は無し。和讃の文句等全然知らないから、和唱してもいゝのだけれど少し後れてついて行つた。

自転車乗りは前の二人とすれちがつて、又蟹蜘蛛とすれ違つた時ブレーキをかけて降りた。

何のために降りたのか知らんが振り向もせずに相変わらず、

「さいの河原の地蔵そんーー」

といふのをきゝつゝ行くと、後で「モシ〳〵、モシ〳〵お遍路さん」と呼ぶ。何だらうとはじめて振かへると、彼《か》の人は自転車を路《みち》ばたに倒しておいて手に何か握つてこちを向いてやつて来る。カニクモは数歩立かへる、と

「これあんまり少ないけどお賽銭にして下さい」

とは思ひもかけん事であつた。その金は大枚《たいまい》十三銭である。へんろは一銭より上貰《うえもら》へるやうに思つちや居ないのだ。之れは正しく只今の二人の和讃によつてあの人に菩提心を起さしめたのに相違ない。先づ殊勲者に渡さうとすると、

「それで何ぞ買ふて食はうや」

「よかろ」

六十九　何んでもよく褒る男

長州は何んでもよく褒る男である。而もその褒め方が少しも誠心的でないと相手方に直感させるやうな褒め方をする。

昨夜も金光山から下る時沢山の馬に出遭ふた。馬が二匹居ても三匹居ても一々、

「良え馬ですなあ」

といふ。どんな痩馬のヒヨロ〳〵でも「良え馬ですなあ」と云ふのだから場合によつては皮肉にも聞える。側に居るものが持てない。女が猫の頸筋《くびすじ》をつまんで棄てに行きよる時にでも、良え猫ですなあ、と云つたにきまつて居る。

道のはたで薯《いも》を洗つて居れば良え薯ですなあとやる。とある店で例の十三銭を以て菓子を買はうと立よると、店のをばさんがみんなに饅頭《まんじゅう》一つづ、くれた。序《ついで》にこゝで弁当を食ふ事にした。

その菜に豆腐をくれる。この男一挺《ちょう》の豆腐では足りない。更に又一挺取つて良え豆腐ですなあ、と云ふ。

カニクモが先刻の十三銭で金平糖を買ふ事を発議した。満場一致で可決して金平糖十三銭がン買ふ。長州が「負けとけ」といふ。「負けてあります」と云ふ。と「へんろさんだからもつと負とけ、お接待ぢや」といふおばさんが、

「お遍路さんには私方《わたしほう》はどなたにでも饅頭一つ宛《づつ》あげる事にして居ります」

といふ。

「そんなら俺はこれからこゝの前を何べんでもあちこちしやうかその度に一つ宛くれるなら」

「さう何べんもはあげません」

「それでも何人来ても一つは必ずやると云つたぢやないか」

「おい、もう馬鹿を云ふのはよせ金平糖やらんぞ」

とう〳〵蟹蜘蛛が怒つて這ひ出てしまつた。（曇）

四国八十八ヶ所　同行二人(三九)

七十　貰ひくらべ

「今日は少しお修行しようぢやないか」

壇上が云ひ出した。蟹蜘蛛も長州も言下《げんか》に賛成した。

「この少し向ふへ行くと町になつた所がある。第一番に俺が立つから、次の家へあんたが立ちなさい。次は又長州さん。それから又その二軒を飛ばして順繰《じゅんくり》にやらう」

「よかろ」

二人は先輩の言を重んじた。両側に家のある所へ来た。

「帰命《きみょう》頂礼《ちょうらい》遍照尊《へんじょうそん》」

とやつて、チリーンと鳴らして居る。カニクモも躊躇する訳に行かん。併し帰命頂礼なんかは知らん。何をやらうかと考へたが、知らん事はやれない。ただ一つ覚えの

我昔所造諸悪業《がじゃくしょぞうしょあくごう》　皆由始貪瞋痴《かいゆしどんじんち》
従身語意之所生《じゅうしんごいのしょしょう》　一切我今皆懺悔《いっさいがこんかいざんげ》

とやつてチリーンとやると、十二三の娘が出て来て一握りくれた。こいッうまいぞ、と又二軒飛び出して次の家に行く。同じく我昔所造、をはじめたが、我は元来如何なる悪業を造つたのだらう。我《が》と疑ひが起つた。今茲《ここ》に懺悔すべき悪業は何一つ造つちや居ない、と思ふと斯《か》く唱へて人の門前に立つのが馬鹿々々しくなる。そこで之を改正した。

「汝が過去に重ねたる諸悪業
今日汝が富を為す
三世諸菩薩照覧《しょうらん》まします所
報ひはやがて来るべし
我に一握《いちあく》を与ふるものは幸なり
誓つて汝が罪を恕《ゆる》さん事を願ふ」

チリーンとやつたら、おやじが出て来て麦を一にぎりくれた。麦と米とは袋の中でしきりがしてある。さてその次へ行く。三人が片側ばかりではいけないと思つて、今度は反対の方の側へ立つた。お菓子屋である。新式の懺悔文を唱へるとおかみさんが銭一銭つかんでくれる。その次へ行くと、

「お通りー」

ハッとして蟹蜘蛛はもう次へ行くのがいやになつた。知らん顔して五六軒行き過ぎて、石の上に腰を卸して見て居ると、他の二人は一軒々々克明にやつて来よる。

感心だな、と見て居ると、長州の奴《やつ》たしかに銭を貰つた手付であつた。「アッあそこをやつたらよかつた」と思つた。そこへ壇上が来て、

「おい、お修行せにやいかんぞ」と云ふておいて、恰《ちょう》度《ど》蟹蜘蛛の居る前の家に立つた。所がみごとにおことはりを喰つた。それでも辛抱強くまだやりよる。蟹蜘蛛は早く町を出やうと急いだ。

「お四国さんに豆のお接待をします」

と貼紙《はりがみ》がしてある。そこでしばらく「汝元来」をやつて居たがいつかな誰も出て来ない。馬鹿々々しいと、家の無い所迄行つて、田の畦に腰かけて待つてると壇上も「もうあかん」とコツ〳〵飛んで来る。長州の奴あとの方からはや重さうにしてやつて来る。

「なんぼあつた」

壇上がきく。

2–7 修行　昭和40年代初期。“お修行”とは、遍路の途中、一日に一、二度は少なくとも他家の門口に立って物を乞わねばならぬことをいう。（前田卓提供）

「麦八つに米三つ、銭四銭」

「ほう、そいつはよかつた。俺は米三つ、麦四つ、銭二銭五厘」　　　　(三九)

＊言下＝言い終わったすぐあと、の意味。照覧＝神仏がご覧になること。

四国八十八ヶ所　同行二人(四〇)

七十一　浄土宗の寺もあるといふ

植《うえ》おきし小松尾寺を眺《なが》むれば
　　法の教への風ぞ吹きぬる

この寺に弘法大師がお手植の大樟樹《おおくすのき》があるから、「植えおきし」と詠まれてゐるといふけれ共実に駄作である。なる程樟の木は大きい。或はお大師様の植えたものかも知れない。カニクモはこゝで長州と、壇上との納経を一しよにまとめて貰ひに行つた。行く左に天台堂があるから、納経所で「この寺は天台宗か」と聞いた。

納経所には煙草の嫌ひな坊主が居た。カニクモが前の縁台に坐つて煙草を喫《の》んで居ると、納経本を展げて書こうとしては、カニクモの方を見て、顔をしかめ、又わきを向いてどうしても書かない。カニクモは又、彼《あ》の坊主何であんな面をしやがるんだらう、と思つて小さな体をせい一ぱい大きくしてのさばりかへつて、ぢつと坊主の方を見て、パクリ〳〵と煙を吹いて居た。

「その、一寸、たばこを止めてくれませんか。蛇の生れ変りか知らんが……」

と云つたので蟹蜘蛛、何だ、人を蛇の生れ変りとは不《ふ》届《とどき》なと、むく〳〵としたが、

「私はどうも莨《たばこ》が嫌ひで、汽車にでも乗つた時は大変困ります」

ときいて、あゝ自分の事かとすひさしのバットを縁台の端ですり消した。それから、この寺は弘法大師の開基で真言宗。讃岐には札所中浄土宗もあり、禅宗もあるがやはり真言宗が多い、といふ事も聞いた。

ハテナ、太山寺で聞いた時には禅、真言はあるが、法華と浄土は無いと云つたのぢやがどつちが本当ぢやらうぞ、と思つた。

七十二　木賃宿に泊らせてやりたい奴

蟹蜘蛛は今宵はじめて木賃宿に泊つた。

遍路は木賃宿に泊るかさもなくば信心する人の善根宿に泊る事に決まつて居る。如何に金持ちのおやぢが妾をつれて慰みに四国を廻るのであつても、その姿をへんろの常態にして居る以上は木賃宿ならざる旅館には宿泊を肯《がえん》じないのである。

故に贅沢な巡拝をする奴は、一旦木賃宿に落つき荷物、道中着はそこに置いて、強力《ごうりき》でも連れて居れば強力丈けそこに置いて、自分と、妾或は情婦或はカカア、或は他人の嫁さん或は小間使或は何ゾとは着物を更《か》へて、普通のダンナ衆になつて別の旅館へ泊りに行くのださうである。

そんなにせねばならぬやうなら笠を冠つたり、三衣袋を提げたりせず共、山高帽に、ステツキついて自動車でも借り切つて、或は抱への自動車で廻つたらよい。否さうして居るやつもあるだらうが、その方がよつほど正直だ。

だが併しー

汽車汽船に乗れば一等室におさまり、その他自動車を飛ばせて、宿に着けば数多《あまた》の女に出迎へさせて手取り足取りされ座ぶとんに坐れば組んだあぐらが隠れるやうにボコンとはまり直に着替へのどてらが来る。

お湯にめしませと手を曳かれ、帰ればお酒にお肴が待つて居る。エヘ、ン〳〵と眼尻を細うしてさへ居れば事足りて、夜が更けやうがどうしやうが、隣のお客が何《ど》うであらうが傍若無人、いつから寝たのやら、いつ寝《さ》めたのやら。

＊肯じ＝聞き入れる。強力＝荷を担ぎ道案内する人。

四国八十八ヶ所　同行二人(四)

七十三　村長さん郡長さん

壇上は、前回に来た時善根を貰つた家に行かねばならぬ、といふので昨夜は別れて、カニクモと、長州丈け木賃宿に泊つた。こゝは讃岐国観音寺町、宿は川に沿ふた新しい気持ちの良い宿である。

二人は今日は一日こゝに滞在してもよいつもりで朝着物の洗濯をした。へんろには必ず虱《しらみ》が付き物とされて居るに、未だ虱が居ない。

二人共国を出てまだ日が浅いので身なりがきれいである。洗濯が済むと長州は何処かへ出て行つた。カニクモはゴロリと横になつてひる寝をはじめた。

何時《いつ》の間にか長州は青坊主になつて帰つて来た。そしてぶり〳〵怒つて居る。

「どうしたんだい」

「床屋でね、散々へんどさんの悪口を云つて居るぢやないか」

「床屋が君にかい」

「さうぢやない。他の奴が床屋に話しよるのよ。俺《わし》がへんろぢやてふ事は知らずに」

「そんなら罪は無い」

「うむん、腹が立つ。腹が立つたからその男が帰つて後に俺が云ふてやつた」

「何て？　又郡長さんや村長さんか」

「はじめ俺が坊主に剃つて呉れて云ふたら向ふでも直ぐ感づいたらしいのぢや。それ迄へんどが〳〵と云ふちよつたのが急におへんどさんと云ひやがつたよ」

と彼は遍路のために大いに弁じて帰つたと得意である。彼は到る所で「へんどさんぢやて馬鹿にするものぢやない。村長さんがお四国廻るやら、郡長さんが廻るやら分らん」と云ふて本気で説明して廻る程自分の遍路姿をはづかしがる男である。

七十四　怒るな長州

長州が散髪屋で一人で待つて居る時、戸外《おもて》で婆さんが唐辛子をむして居た。そこへ一人のへんろが来た。

へんろは、いきなり「この唐辛子一つやりなさい」と云ひ様筵《むしろ》の上にあるのを摑んだ。すると婆さんが、

「それ取りなさんな。こちらの良えのをあげませう」

と云つて大きな実入りのよいのを三つ四つ遣《や》つた。へんろは礼を云つて行き過ぎた。

婆さんは辛子をむしり終つてそこを片付けて立たうとした。散髪屋が、二つ三つ落ちて居るのを見て、

「そこに、まだ落ちとるぢやないか」

「ん、あれへんどさんが摑んだけん、汚いけんもうとらん」

と云つて引つこんでしまつた。とその時散髪しつゝ、ある客が、へんどのわる口をはじめた。

「へんどなんかに物やるに及ばん。あ奴《いつ》ら毎日あゝして貰ひ歩いて酒呑んだり、贅沢な事ばつかりして、あんな者にやるからなんぼでも来るのぢや。あれ等が毎日来て握り出す麦でも大したものぢや」

すると散髪屋も相槌を打つて、

「一所《ひとところ》に五日も十日も居つて、毎日貰ひに出てのう。あれで相当儲けるぢやろ」

「儲けるとも、そぢやけん遣《や》るに及ばんのぢや」

蓋《けだ》しさういふ話しに対して長州が村長さん、郡長さんを持ち出したつて何にもならん。「俺なら、共にへんろの悪口を云つて見るのだつたのに惜しい事をした」とカニクモは思つた。　（曇）

〔四国八十八ヶ所　同行二人（四）　七十五、七十六は欠損〕

四国八十八ヶ所　同行二人（四）

七十七　夜光の珠を奪はれ

所聞《きくならく》琴弾山の裏の浜辺を昔者《せきしや》有明けの海と云ひしと、説に曰く、
昔此の浜に暗夜《あんや》光りを発するものありて付近一帯は晦《つごもり》の夜と雖《いえど》もおぼろに明るかりしが、或時泰西人来りて一個の大岩石を発見し、購《あがな》ひて之れを割り、中より一個の珠を得て去る。爾来《じらい》此の海浜に夜光無し。浦人惜みて曰く「之れ金剛石とて高価なるものなりし」と。
方今《ほうこん》其の説の尚存《なおそん》するや否や。又如説《にょせつ》事実の往昔《おうせき》に有りたりしや否や今はたゞさんに由《よし》なし。
六十八番は琴弾山八幡寺（八幡宮とも称す）にて六十九番七宝山観音寺は其の別当なり。大宝二年空海巡錫の砌り、八幡宮に参詣して神の託宣を受け、七宝を此地に埋

めて、本寺を建立したるにより七宝山とはなづけたりと伝ふ。

　八幡寺の本尊は空海の筆に成れる阿弥陀如来の画像、観音寺の本尊は同じく空海の彫刻正観世音菩薩、現今にては両寺対立して而も合体の形。寺は別々なれ共霊場は観音寺の西金堂にあり、よりて六十八番、六十九番共納経は西金堂より同時に出づ。人呼んで「琴弾観音」といふ。音楽家の守り本尊として可なり。

　八幡社と八幡寺とは別のものに非ず。観音寺は又八幡宮の別当なれば共に不可分のものなり。八幡宮とは八幡神を寺に於て祀れる時に申す。

　神は寺に於て祀るべきに非ずとなし、八幡神社、或は八幡社として別に神主にかしは手を以て拝ましむ。てふ明治初年の神仏引分けの厄に遭ひて、神ならぬ寺に八幡宮の名を存したるならんか。

　＊泰西＝西の果て、西洋諸国。方今＝現今。

七十八　金色のお札は薬になる

長州八幡神社の社前に於て頻《しき》りに便を催し色甚だ憂ふ。カニクモ渠《みぞ》に一紙片を与へて社前の巨樹松の根方を教示す。長州是非無くそこに蹲《つくば》みて尻をまくる。カニクモ詠じて曰く、

　奉納の声(肥)に菩薩も感応し
　　　弾の音床し千代の松ヶ枝

山を下りて八幡寺に詣づ。長州一心不乱に念じて唱ふらく。

「頭がよくなりますやうに。病気がなほりますやうに。物おぼえがよくなりますやうに。姉上の病気がなほりますやうに。母上が長いきをしますやうに……」

それを疾口《はやくち》に云ふので一寸聞きとり得ず。

「おいお前は慾《よく》過ぎるぞ」

「何が？」

「何がつて、さうたくさん一度にお願ひしたつてお大師様は叶へ兼ねるよ」

「何《ど》れか一つでも叶へて貰つたらい丶、あんたは何をお願ひしよる」

「俺か、俺は願ふ事一つも無い」

「それぢや、何のために巡拝するか」

「お前のやうな奴をお大師様がどんなにしてたぶらかして居るか監督に廻るのだ」

さう云ふうちに長州はそこにたくさん納めてあるお札をひつくり返し〳〵調べて居る。

「金のお札は無いかなあ」

「金のお札をどうするんだい?」

「金のお札は百遍以上廻つた人のだから、それを貰つて帰ると何でも利《き》く薬になる」

カニクモ彼を度《ど》し難き青年なる哉《かな》と嘆息す。観音寺の詠歌には、

観音の大悲の力つよければ
重き罪をも引き揚げてたべ　（曇）

＊蹲みて＝うずくまる。

〔四国八十八ヶ所　同行二人㈣　七十九は欠損〕

四国八十八ヶ所　同行二人㈤

八十　一夜建立本山寺

四国八十八ヶ所道開きに記す所によれば、

「七十番の本山寺、一夜に建てし本堂も、寸善尺魔《すんぜんしやくま》の天《あま》ん邪《じや》鬼障げをなして今の世に野中に柱のこしけり」

とある。併し天の邪鬼に障《さえ》げられて建立が出来なかつたのでなく、現にこの本堂は大師が一夜に建立せられたものだと称して居り、由緒来歴は善通寺を除けば四国霊場中当山の右に出づるものはありません、と雛僧《ひなそう》迄が威張つて居る。本堂及仁王門は文部省指定特別保護建築物となつて居り、本尊は馬頭観音にして大師の作、国宝となつて居る。

当山も七宝山といふからはこゝにも七宝を埋めたのかも知れぬ。境内の荘厳、樟樹の繁茂せる相、深山幽谷にあるにあらざるに何となく森閑として仙境にあるの感あらしめる。

殊《こと》に本年出来たりといふ大師修行の姿の大銅像梢間《しようかん》に高く聳《そび》えて一段の崇厳さを添ふると、その足下《そつか》を一衆

の納骨所となり居るが、その前に、何某の納骨等と表し、珠垣や石の賽銭箱に錠固く卸されたるが据えあるには興醒めてしまう。

この夕こゝの大師堂の椽《たるき》を借りて一夜を明さんとして居る同行一人あるを見たカニクモは、己れも何故さうしないか、己れには今銭を持ち合すが故にさうしないのだらう。

その銭をあの人にも与へて何故共に木賃宿に泊らないか。そして己れも一文も無くなつたならば修行して一握《いちあく》一銭を貰ひ、足れば宿に泊り、足らなければ野に臥《ふ》し堂の椽にも寝たらよいでないか、と自責の念に苦しみつゝ、寺の前なる一軒の宿に泊つた。

＊雛僧＝まだ一人前になっていない僧。梢間＝小枝の間。
椽＝家の棟から軒にわたる横木。

八十一　不あいさうなる宿屋

「今日は、すみませんが泊らしてくれませんか」

相手は「木賃御宿」と看板をかけて居り乍ら至つて横柄である。又来やがつた、といふ顔をする。

「おとまりなさい」

甚だ重たい返事をする。泊れといふのだから泊つてよいが、荷を卸す所も、足を洗ふ所も何処がどうやら分らんのに「お泊りなさい」と答へたきり一切知らん顔して居るのである。

二人の遍路はそこらで杖をおいて、おかみや、子供の居る所へ腰をかけ、草鞋を解く。おかみは子供をギヤ〱泣かせ乍ら、へんろ二人を迂論臭《うろんくさ》さうな眼でヂロ〱見て居る。草鞋を解いたが、何処で足を洗つたものだらう、とうろ〱する。

「水は何処にありますか」

「裏の方にあります」

裏の方にあるにしても他人の家では勝手は分らないのである。二人は□□□□ヒョロ〱行く。「□□□□一寸貸して下さいませんか」

「そこらにありませんか」

そこらにあつたにしてもどればり穿《は》いたら、「それはいけません」といふにきまつて居る。二人はおど〱する。

2-8 かつて遍路宿を営んでいた民家　藤井寺付近

足を洗つた二人は、泊るべき室は何処だらうと危げな気持ちで、

「二階ですか」

「え、二階です」

荷物を提げて二階に上つて見る。強く踏んだら落ちさうな二階座敷である。天井は頭につかへさうである。二人は上つたきり何時迄たつても下からは声は無い。

「あの飯を炊いてくれませんか」

「何ぼ炊くのですか」

「一升お願ひします」

それきり声は無い。やがて小児《しょうじ》が膳をもつて上《のぼ》る。大根の葉のうでたのが山盛にして二タ皿、それも冷たのが載せてある。それきりである。今宵の菜《さい》は。

「お茶をくれませんか」

しばらくすると微温《なまぬる》いお茶が来る。五燭《ごしょく》の電燈の下。

（曇）

四国八十八ヶ所　同行二人(四六)

八十二　餞別に貰ふたわらじ

「長州さん、俺あもうあしたかへるぜ」

「巡拝をやめるのか？」

「うん止める」

「どうして？」

「いやになつたんだ。つく〲いやになつた」

カニクモは雲辺寺を下る時、脚気の人を見て以来、事《こと》毎《ごと》に己れの四国巡拝といふ事に呪《のろ》はしさが伴ふやうになつた。

　おまけに考へて見ればはや二十余日を過ごした今日、普通の人なら五日か六日の行程しか歩んで居ない。こんな事でいつ迄かゝる事やら分らない。而も今後この儘《まま》進めば長州といつ迄も共に行かねばならぬ。自分は一人になりたい。連れになつても精々一日一夜でありたい、と切に思ふやうになつた。

　長州が枕についてから突然俺は帰ると云ひ出した。長州も驚いたが、カニクモ自身も驚いた。

　何故今更帰るんだ、と己れに問ふて見た。すると己れが又、何故お前は四国巡拝に出たのだ、と反問するので、どうにもならない。帰りたかつたら勝手に帰れと自暴自《すてば》棄《ち》になつた。そして遽《にわか》に荷物を整理した。渠《かれ》の荷物の中に草鞋の新しいのが一足あつた。それは渠の父が作つて渠に与へたものであつた。渠はそれを長州に与へた。

「あんたもいるでせう」

「いゝや俺は地下足袋を穿く」

そして又渠は賽嚢をふるつて小銭を全部長州に与へた。

「御《ご》きげんよく廻つて帰りには私の家へよりなさい」

「有がたう。では明日から私は一人で行きます」

　さて別れるになつて見るとさすがに悲しいやうな、淋しいやうな気持ちのするものである。長州はそれから自分が今度四国巡拝に出るに到つた動機を、極く幼い頃の事からはじめて細々《こまごま》とカニクモに話して聞かせた。いつになく二人はしんみりして冷たい蒲団の中に寝た。

八十三　根が正直な婆さん

カニクモは、生まれ在所で父から貰つた草鞋を長州に与へたついでに、己れの穿《は》いて今迄歩いた朝日地下足袋について考へた。父やその他、地下足袋は足に悪いから草鞋をはけと云つた。

　はじめは足に豆が出たりして地下足袋は悪いと思ったが、穿きなれると地下足袋に限る。三十日や五十日穿いても途中で破れる心配は無し。足は常にきれいであり、雨の日等《など》草鞋だつたら一日三足も穿くが、この方がよつぽど安価《あんか》でもある、と思つた。

　彼が之れを道後の店で買ふ時、少し大き過ぎるといふと店の婆さんは、

「少し大きい位でないと足をいためます」

と云つた。そして彼と共に巡拝をしやうと企てて中止した内藤がやはり一しよにそこで地下足袋を買ふのに、内藤の足は大きいので足袋が小さ過ぎた。すると婆さんは、

「少しこまい位でないといけません。少し歩いたら大きくなりますから、はじめから恰度《ちようど》よかつたらだぶ〳〵して歩けません」

と云つた。そこでカニクモが、

「それぢや婆さん、俺のは大き過ぎるのだからはじめからだぶ〳〵していかんぢやないか」

と詰《なじ》る。その時その店には大きくても小さくもその二足より他にもう品が無いのであつた。婆さんは二人に対し之れを売り付けさへすれば要するに事は済むのである。双方に都合のよい事を云つてその矛盾に気がつかない。やはり、

「いえ少しは大きくないと足を食ひましてな」

と涼しい顔をして居る。二人は腹立てる訳にも行かずその儘それを穿いて出たのである。

（曇）

四国八十八ヶ所　同行二人（四七）

八十四　本山寺の大市

長州を一人で立たしめたカニクモは、もう一ぺん本山寺に来た。

　本山寺には古来毎年四回宛《づつ》大市がある。その秋の市が恰度明日(九月二十三日)から三日間だといふので広い境内のこゝかしこ露店の準備に急《いそ》がしい。カニクモは古来

伝はる大市だと聞いて、是非共見て行きたいものだと思つた。

無花果《いちじく》と梨実《なし》とを売つて居る店がある。市といふのはどんな模様かそれがききたさに、食ひたくもない梨実を一つ買つて皮を剝《む》きながら色々聞いて見るが、只「何でも大きな市です。あの掛小屋が皆店になりまして、呉服屋は呉服屋ですらつと軒を並べるし、干物《かんぶつ》屋は干物屋、八百屋、生魚屋《さかなや》、金物屋、菓子屋、おもちや屋それ〲陣取つて、三日間大賑ひです。

尚その後も二三日位天気がよかつたらつゞきます。随分近郷近在から出る人が多くて盛んなものです」といふ。

カニクモは、その市の興《おこ》り、その光景の今昔等について聞きたかつたが生憎《あいにく》若い男でそんなことは分らなかつた。

市は物々交換場である。山の毛皮や茸《たけ》、里の米や芋、浜の魚具、女の織つたもの、爺《おやじ》の抉《きじ》つたもの持ちよつて交換した古《いにしえ》の名残をこゝに止めけん、と思へばなつかしく、本堂や仁王門が文部省の指定建築物であつたり、空海の一夜建立であったり、或は本尊が国宝であつたりする事より、より以上にそのことがなつかしいが惜しむらくは詳《つまびら》かに知るよすがもない。

＊茸＝きのこ。抉《きじる》＝穴をあけて中のものを取り出す。

八十五　学生遍路あり

今日一日を如何にして暮さんかと思案しつゝ、本堂の前に荷をおろしたカニクモは、久しく音信せなんだ誰彼に手紙でもやらうと書きはじめた。

所へ年の頃十八九の学生帽を冠《かぶ》つた遍路が一人来て札を納めた。カニクモはその学生をなつかしさうにぢつと見て居たが、長州見たやうな男とではいやだがこんな少年と共に歩いたら面白からう、と思つて、話しかけた。

「君は一人ですか」

札を納めて直《す》ぐに下《お》りやうとした学生は突然声をかけられて余儀無く立ち止まつた。

「ハイ」

「君は何処ですか」

「熊本です」

「お願でもあつてですか」

「い、え夏休み中を無意味に過ごすのも惜しいと思ひまして」

「もう夏休みは終つたでせう」

「ですけれ共折角だから序に全部廻らうと思ひまして」

「あと、もう殆ど廻つたのですか」

「え、、もうあと四日位ですみます」

そこでカニクモは、どうです私と一しよに行きませんか、と云はうかと思つたが、そんなこと云ふと、若い人が何か不安を感じてはならん。

一人で今迄廻つた人はやつぱり一人で行かした方がよかろう、と躊躇して居る間に彼の学生は、先を急ぎます、と云ひ顔に颯々《さつさつ》と下りて行つてしまつた。

カニクモは内藤をつれて来たらよかつたと思つた。

（曇）

＊颯々＝さっと風の吹くさま。

四国八十八ヶ所　同行二人（四六）

八十六　此の道に道しるべ無し

行《ゆ》こかかへろかかへろか行こか
こゝが思案のもとやまじ
行かにやならない、否かへりたい
恋はまよひのもとやま寺
待つはつらいと云ふお前より
待たすこの身は尚つらい
なまじかへつて彼女に逢《あ》をか
それじぢや仏に義理が立たぬ
仏に義理とはそりやどの口で
仏なぶりはおかしやんせ

帰ろか、行こか、行こか、かへろか、カニクモ実は怪《け》しからぬ事に心を迷はせはじめたものである。

彼は今の身として行こか帰ろかといふ二タ途がある筈は無い。唯「行く」あるのみの筈である。今日の彼の心の中は実に醜悪の極みである。中務茂平〔茂兵衛〕氏もこゝに道標を立てず。

「行け！」と叱つてやつてもまだ彼は腰を浮かさない。本堂前の腰掛けに腰掛けたま丶ぢつと小屋掛けの人夫の忙がしさうに立働らく光景を眺めて居る。もう十時に垂《たれ》んとす。

「よしッ！」

彼は決心した。どう決心したかといふと、どうでもよい。兎に角明日決めやうと決心した。そして荷を負ふてフラ〳〵と寺の境外に出た。出たがさて目的を定めずに足の向く方にずん〳〵行く。それは川沿ひに昨日来た道である。

あても無しにトボ〳〵と行く彼の脚にも杖つく腕にも力が無い。

彼はこの道を逆に行けばもしや松葉杖に逢はないだろうか、といふことを微《かすか》に意識の中に入れて居た。併し生憎《あいにく》へんろの児一人にも会はなかつた。とう〳〵彼は道のはたに坐つて力なく野面を眺めた。

八十七　遍路よ！遍路になれ

右手に近く本山寺の森を見、それからずつと見まはすと、広い平原の所々に家があり、左手にや丶離れて高大ならぬ連山がある。その連山の麓に人家が重り合つて居るのが二三ヶ所見える。

「あそこへ行かう」

彼は呟《つぶや》いた。大儀さうにやをら起き上つた。田の中の小道を東か北か、南か西か知らんがその家の方に向つて歩き出した。

歩き乍ら考えた。

「俺はへんろになるのが目的である。八十八ヶ所を早く廻つてかへるのが目的でも無ければ、又各地の名勝や風俗視察するのが目的でも無い。要はへんろになり切るのが目的である。

俺は家を出て二十余日を過したが未だ半日もほんとうにへんろらしいへんろになつた事が無い。こんな事では今後五十日歩いても百日歩いても何等《なんら》得る所は無い。よし、愈々《いよいよ》今日からへんろになつてやる。

嘲《あざ》けられ、笑はれ、子供になぶられ、汚ながられ、卑《いやし》まれ、唾吐きかけられ迫害され、乞《こ》へ共食は与へられず、願へ共宿は貸さず、その時に俺がどうするか。その時のみすぼらしい俺の姿、それを見たら目的は達せられたといふものだ。お丶さうだ」

とあの家さしてチリン〳〵と畦道づたひ行く心。　（曇）

四国八十八ヶ所　同行二人（四九）

八十八　進化したりや遍路道

「天保七年十二月再改」とある遍路案内記によれば、

遍路人渡海男一人女一人の組合はならず、男女共一人はならず

とある。この本は大阪で出来た本で、近畿その他大阪より四国に渡る遍路のための掟や心得が書いてある。

宗旨手形は証明の人あれば西高津自惟院より出る
大阪より阿波徳島に渡海の時
切手支配
　中之島　阿波屋勘左衛門
　福　島　松島屋孫右衛門
下改め人　　油屋善右衛門

等とある。そのむかしはなか〳〵厳重だつたものと見える。一人旅は許さない。物騒《ぶつそう》だからである。

社会のためにも、その本人のためにも、殊に女の一人旅等はその女を保護する上に許されなかつたのだろう。

二人でも男女各一人はいけない。夫婦でもいけないのだろう。別に但し夫婦は此の限りに非ずとも書いちやない。要は夫婦と雖も四国巡拝の間は互に相犯《あいおか》さない、といふ不文律があつたのに違いない。

往昔は伊勢参宮、出雲詣でといふやうな旅にもこの戒めがあつたといふ事だ。随《したが》つて参宮の団体へ娘を加へても、若き妻を託しても決して間違ひは無かつたさうである。

「あ、そんな時代に生れ合したらなあ」なんて、怪《け》しからん考へはカニクモも起さない。

だが、今時のへんろには、行く先々で人の門前に立つて米一握り貰ふよりも、夜毎の宿でひとり旅の男へんろや、旅芸人、イカケ屋や、薬売を慰めて儲けて廻る女巡礼もあり、又娘巡礼を捕へては、

「お大師様の弟子をつくつてあげることは、お大師様への孝行ぢや」

と説く不都合な行者もありと聞く。堕落したのか、進化したのか遍路道《どう》！

八十九　尚贅なる心

本山寺の西方十町余りの所、山麓に人家の叢を見る。岡本といふその少し北の村は帰来《きらい》といふ。

黄色に照秋《てるあき》の陽を受けて田の畦に息ふ蟹クモは「あの村へ行つて見やうか」と思ひついた。併し甚だ重たい心持ちである。

「呉れるだらうか、わざ〱あそこ迄行つてくれないと、又腹を立てるばかりだが」

と、又しても松葉杖を恋ひ侘びる心切なり。あの男を誘つてなら、あの男につれられてなら何処へ行つてよいのだが、と頗《すこぶ》る心弱いことを考へて居る。北条行の汽車がピイーと本山駅を発した。

あゝ！

彼は屠所《としょ》へ行く羊の如き、重たい歩みを運んだ。「行きたくないなあ」と心の中に嘆声《たんせい》を漏らす。でも帰るのもいやだ。

とかくするうちにはや人家に近づきた。

そうだ。行けば必ず呉れ、求めれば必ず得られるといふ境涯《きょうがい》のみを希ふのは尚贅《なおぜい》な心だ。

行け共行け共門前にて断られ、晩に食ふものも無いのに一合の米を貰へざるのみならず、泊る宿さへ無く、人の軒に寝んとすれば怪しんで追立てられ、村嬢《そんじょう》野郎に嘲《あざけ》られ、踏まれ、蹴られて、後《うしろ》から囃《は》やし立てられたら。

その時俺はどうするか。そのおのが姿を見たいのだ。さうだー。

彼は鈴の音を澄み空高く響かせて村に入る。　（曇）

四国八十八ヶ所　同行二人（五〇）

九十　遍路修業も芸術歟

村の入口には土管製造する家が何軒かある。蟹クモはどういふものかさういふ家には縁が遠いやうに思ふ。

百姓でなくては駄目だ、といふやうなことを故《ゆえ》知らず胸にもつて居る。故にそれ等の家を通過して農家とおぼしき家に入る。家毎に今蚕《かいこ》の盛食期と見えて、男も女も皆家に居て忙しさうである。

忙しい中へ来て気の毒だ、といふ気がしきりに彼をたしなめる。でも態々《わざわざ》こゝ迄来たものを、といふ気が頑張つてチリン〳〵と鈴を鳴らす。

世尊妙意観世音、金銀座宝の蓮華は、歴劫不思議の波を立て、心得《しんとく》の深きを顕す。弘誓深如海の舟は、此処に来りて傾かず。

と壮重《そうちょう》に思ひ切り声を張りあげてやつて見る。声をはりあげると今度は己の持つ鈴の音の微《かす》かなるがもどかしくなる。

心念不空の風吹けば、能滅諸有苦の雲晴れ念々勿生《もつしょう》の月明《つきあきら》かに照す、チリーン

何の事は無い。三味線弾いて歌唄ふて一銭貰ふのも、遍路が経文を唱へて一握《にぎ》り貰ふのも同じことである。

かうなればやつぱり上手にやらねばならんと感ずる。そのためには経文を精読し、暗記する事も必要であるが更に声量と美声が重要な条件である。

遍路も一つの芸術である。芸術もこゝ迄来れば堕落を通り越して更生の第一歩にあると云へやう。

＊勿生＝念念に疑いを生じること勿れ。

九十一　とかく浮世は根気づく

戸外《おもて》にへんろが来て鈴を振り経文を唱へて物を乞ふて居る。面倒だと思へば「お通り」と一言云つたらすむ。だがへんろにはやるものと心得て居る家ではそれは云はない。併し今正に桑を蚕児《さんじ》に振りつゝある。「一寸お待ちなさいよ」とも云はない。

「其のうちにへんろが去つてくれればそれでよし。こちらの手があく迄待てば遣りもしやう」はつきりとではないが、不知不識の間にさういふ無意識の意識がある。

遍路も亦「お通り」と云ふてくれるか、さもなくば一とにぎりくれるかせねば立ち去る機会がない。こゝに到つて双方の根気くらべである。さうして根気の強い奴が勝つのである。

2-9 接待する老婆　昭和40年代初期
（前田卓提供）

＊蚕児＝かいこ。

九十二　慈悲は面相に表はれるや否

東向きの家で、母家《おもや》と向ひ合つて牛の駄屋《だや》と養蚕室がある。駄屋の前で肌脱ぎになつていそがしさうにして居るおばさんがある。

大きな乳房は脱いだ着物の上へブラ〳〵とぶら下つて居る。こゝへ遍路がのつそりとはいつて来た。折が悪い。忙しくもあり裸体で居るのに、だがをばさんは悪い顔もせず、舌打ちもしなかつた。

却つてへんろの方が恐縮した。遠慮しい〳〵戸口に立つた。なるべくはだかのをばさんを見ないやうに。

と、をばさんは肌を入れて、手を洗つて、母屋に帰つて、米を握つて来てくれた。こゝでこそ「お断り」と云はれるものと覚悟して居た遍路は「辱《かたじけ》ない！」といふ心持ちを一入深くした。そのをばさんの顔は荒男をもひしぐやうな面相である。慈悲心菩提心は何処にあるか分らない。　（曇）

四国八十八ヶ所　同行二人(五二)

九十三　老婆は因業

老先短い老人に必ずしも菩提心があると思つてはいけない。

蟹蜘蛛が修行した体験から云へば、寧ろ白髪の老婆は因業である。若《も》し麦を握つてくれても極めて少い。若い美しい嫁さんもあんまりくれん。十二三の小娘《こむすめ》は善い。米でも麦でも両掌を合して掬《すく》ふて来る。

如何に大きな掌でも握つた米は握り様で十粒あまりの場合もある。

握つて与へるのは粗末らしと皿に盛つて来てくれる家がある。而も又その皿を二タつ持つて出る家がある。一つはその遍路に、一皿はお大師様に、といふ心持である。米、或は麦を盆若くは鉢箱等に入れて玄関口に常に備へ置き遍路が来れば、その器ともに持つて出て、握つてくれる。それを二タ握りくれるのは、やはり同行二人に対してであろう。

蟹蜘蛛が出発の抑《そもそ》も頭初《とうしょ》に直感した。四十歳から五十歳位迄の円顔《まるかお》の婦人がよく呉《くれ》さうな、といふことはやはり適中《あたっ》て居る。

九十四　米と麦貰ひ分すりや七分三

今迄はお修行と云つてもつひ五軒七軒歩いて見ては止めたものだが、今日は貰つても貰はなくても村中家毎皆行く。所が案外貰ひが多く、米と麦との割合は七歩三歩である。

「おへんどさんお麦でも取るのですか」

と聞かれる事がある。そうたづねる時、その人は麦と米との桶の前に立つて居るのである。既にくれやうとして居る事は確実である。その時、

「お麦は序《ついで》がありませんから」

とか何とか云つてお米を貰ふは容易である。彼も嘗て屢《しばしば》遍路がさう云つて居るのを聞いた事がある。

願はくば米の方が貰ひたい。けれ共彼にはそれが云へなかつた。「どちらでも結構でございます」その時施主は必ず麦を握つて来る。

九十五　貰ひ分け袋の用意

遍路に馴れた人は、三衣袋を二つ若《もし》くは三つ掛けて居る。米、丸麦、裸麦と別々に入れるためである。

昔からお遍路さんの麦は米と一緒にでも煮える、と云つて居る。故に何もかも一しよくたに入れてもよい訳であるが、自ら炊いて食ふのではなく、宿屋で炊いて貰ふのである。

而もその残りは其の夜の木賃の足しにして貰はねばならぬ。その場合宿に於て米麦混合は迷惑がるが故に、予め貰ひ分ける必要があるのである。

蟹クモは一つの袋の中に布一枚の壁を作つて米と麦と

の室《しつ》を区切つた。併し麦の方には丸麦、ヒキ割麦、しやげ麦等が一しよにはいつて居るのだから、之れを炊く事は到底できない。

九十六　一握の虫食ひ麦

掌の中に握つて来たものは、一旦茶碗なり鉄鉢なりに受けて、押し戴いて後《あと》袋に入れるのが礼でもあろうし、又或る事の防御でもある。蟹クモはじめ碗を持ち合はさざりしがために直下《じか》に袋の口を開けて入れて貰つて失敗をした。

三十余りの嫁さんである。拳《こぶし》を固く握つて出て来たのを見ると、指の間からクモの糸のやうなものが出て、それに麦粒が綴られて居る。バラ〳〵ッと袋の中に入れられた刹那《せつな》、失敗《しま》つた＝を思つたがあとの祭り。

果たしてその一握りの麦は、一粒と雖《いえど》も中を虫にくり抜かれて居ないものは無かつた。而《しか》もために袋中の麦を台無しにしてしまつた。（曇）

四国八十八ヶ所　同行二人（五三）

九十七　ほんとうに有難かつた時

松山あたりでも市街は朝の一人とか三人迄とか定めて施して居る。だが農村では朝も晩もなく施す。併し之れは所による。常に遍路街道ではお断りが多い。

それで修行で巡拝して居る者は二里も四里もの道を厭はず行く。勿論職業遍路には、常道といふは無い。幾里入込んでも尚それが遍路道と心得て居るから別だが、普通の巡拝者でも遍路道のみは歩かない。

而してあの村は貰ひが多いとかあの村では米が多いとか、よく先輩が云ふてくれる。併し本山寺付近で貰へとは誰からも聞いて居なかつたが、今日は五六十軒歩いてお断りと云はれたのは岡本、帰来二部落中たつた三軒であつた。

而してそのお断りが悉く大きな門構への家であつた事は特筆に価する。更に最後に彼が大きな門を潜らうとした時、

「お断りしますぜえ」

と云はれて、相済まぬ、と後退《あとずさ》りしてその門口の筋向ふの小さな家の前に立ち、チリン〳〵と鈴を鳴らして後に、

「しまつた。こんな家に立つては却つて気の毒だ」

と思つたが、一旦立つたら、一通りのおつとめはせねばならぬ。

をんさらぼ、たゝぎやた、ほんなまんのうきやうみ
唵阿謨迦、吠ろ麗嚢、摩訶謨陀羅、摩尼伴努摩、人縛羅、波羅縛利多耶、うん

と唱へて居ると、霜降りの婆さんが奥の方から出て来た。多分お断りだろう、と思つて居ると、態々《わざわざ》又奥の方へはいつて、お皿にお米を入れて出てくれた。

有難い…と思つた。その時何と云ふかといふと、

「ありがたや、ありがたや」

と大きな声を出しておいて、

高野の山の岩かげに
大師はいまに在しまします

と更に又、

空海の心のうちに咲く花は

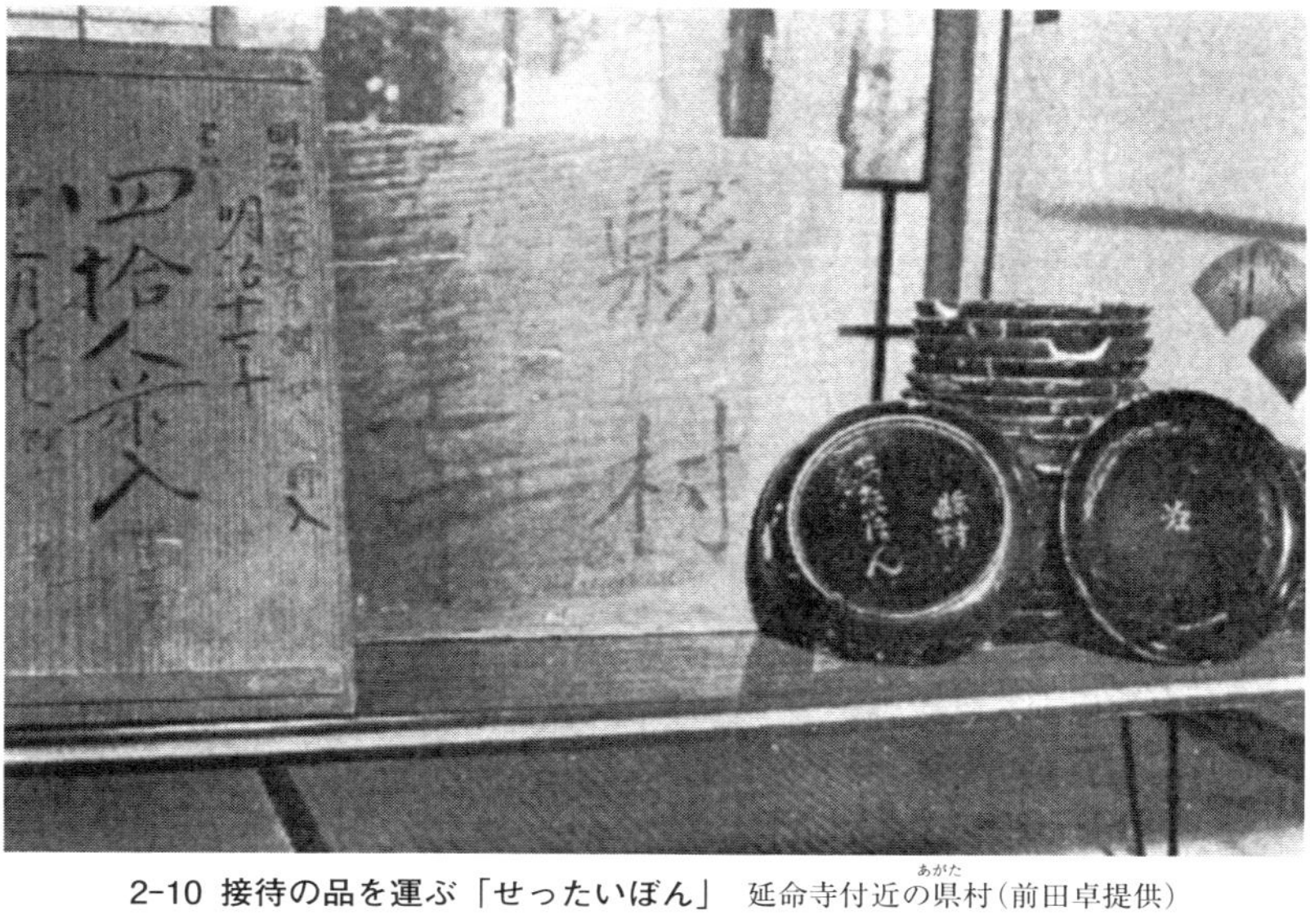

2-10 接待の品を運ぶ「せったいぼん」 延命寺付近の県村《あがた》(前田卓提供)

みだより外に知る人は無し
と得態《えたい》の知れぬ御詠歌を唱へ、
先祖代々一家精霊有縁無縁乃至
法界平等利益南無三世諸菩薩
阿字十方三世仏、微塵一切諸菩薩
乃至八万諸聖教、皆是毘盧遮那仏
と申し上げ、尚それでも足らんやうに思ふので、
仰ぎ願はくば
と大きな声を出した。それはこないだうち松葉杖と連れ立つた時あの男が唱へて言つた文句だが、さて其の次に何と云つて居たか分らないので回向文を和訳して、
此功徳を以て普く一切に及ぼし我等衆生と皆共に仏道を成さん
とやる。実にトンチンカンな綴り合せであるが、要するに何でもいゝのだ。

（曇）

四国八十八ヶ所　同行二人（五三）

九十八　妙じやとは妙じや

思へば今日は彼岸である。彼岸になつたからか、農閑期になつたからか道行く遍路笠の数が頓《とみ》に多くなつた。以前は秋も農閑期には非常に遍路さんが増えたもんです。けど今頃は蚕飼《かいこかい》ますよつてにお彼岸過ぎても忙しおましてなあ。

カニクモは今讃岐の国三豊郡勝間と笠岡の村境なる六ツ松で休んで居る。こゝは善通寺と金蔵の別れ路になつて居る。

七十一番弥谷寺に行くには金蔵〔倉〕寺道をとらねばならぬ。こちらは国道である。

道に申し分は無いが実の所カニクモは少しへんろの旅に飽きが来て居るのである。今日午前中修行をして貰ひが多かつたのが面白くてつひ又向ふへ進む気になり、本《もと》山《やま》をあとにこゝ迄来たのである。本山寺の明日の大市も忘れてしまつて居た。そこへ母子巡礼が追ついた。その母親なる人がさう云つたのである。蟹クモは面白いと思

つた。

「昔の百姓は、春と秋とに忙しい思ひさへして置けば、そのあいまは寝て居つても田ではずん〳〵生育《ふと》りよる。とのんきなこと云ふて居りましたが、けふ日《び》ぢや蚕ぢや、煙草ぢや何ぢや彼《か》ぢやと年中忙しくてねえ」

「さうです。さうせにや食べられんのだすもんなあ」

「全くです。それ丈《だ》け昔より多く働くのですが、その代り昔よりは追々貧乏しますぜ。農閑期といふてお大師詣りも出来ぬ程忙しい思ひをしたら、それ丈け余分に金が溜まるといふのなら働き甲斐がありますけれどねえ。働いても働いても楽にやならないのが今の百姓ですよ」

「ほんまですえ。お同行さん。あんたはどちらです」

「俺《わし》、俺松山です」

「松山だつか。松山好《よ》えところやなあ」

「あんまり好くもありませんぜ」

「あんたさんお一人で」

「えゝ一人です」

「どこかお悪いので?」

「いゝえ別に悪くもありませんがお大師様を慕ふてね」

蟹クモが何日《いつ》に無い妙な事を言ひ出した。

「はーそれは妙やなあ。お若いのに、のうお前、こうして一人でも信心でお廻りる人もある妙ぢやのう」

「妙ぢや」といふ言葉が彼には妙な感じがした。母親は娘にさう云つたが、娘は別に何とも感じて居ないらしい。ツンとして立つて居る。

「そろ〳〵行きませんか」

「え、行きましよ」

と立ち上る母親は蟹クモと話し乍ら歩く。娘は少し後れてついて来る。

娘が肩を並べて話し乍ら歩いて母親が少しおくれて何故歩かないのだ、と蟹クモは不平である。　（曇）

四国八十八ヶ所　同行二人（吾）

九十九　遽《にわ》か仕立親子三人巡礼

「お同行さん、私ら善根を貰はうと思ふのですが、あんたさんはどうします」

と云はれたカニクモ、出来る事ならさうしたいこと勿論である。経済上に於て然り。況《いわ》んやこの母子《おやこ》と一しよに泊るといふ点に於てをや。

「私もさうしたいと思ひますがありますかしら」

「一しよにお泊りならわたしがお願ひして見ます」

「どうぞ一つお願ひします」

カニクモたるもの内心雀躍《じゃくやく》を禁じ得ない。此母子と連れになつてもう一時間位は歩いただろうか。母親は随分いろいろな事を話すんである。

国は阿波である。而も十番切幡寺の麓の田中屋といふ家で料理屋をして居る。

娘はこの春女学校を卒業したが一昨年の春大病をして、もうこの世の者では無いと云はれて居た所をお大師様にお願ひして命を貰つたので、そのお願ほどきに連れてまはつて居るのだ、と云ふやうな事も話した。

料理屋をして居るといふ位なら、善根を貰はなくても宿屋に泊ればよかりさうなものぢやないかといふと、お金はあるけれ共、木賃宿に泊ると虱《しらみ》がうつるのが恐ろしいからなるべく善根を貰ふといふ。

なる程ー

「はたごにはへんろは泊めませんさかいなァ、それかて木賃宿はいやですもんなァ」

おばさんはしきりに蟹蜘蛛に同感を強るのだが、彼たるもの甚だ以て心苦しさを感ずるのであつた。

「私はさうでない。昼はお修業をします。夜は善根を貰へれば貰ひますが、大ていは木賃宿です。現に私の着物には虱も居るかも知れません」

さう云へば一番正直な所である。けれ共今日の彼は急にそれが言へなくなつた。何故なればその傍《かたわら》に娘が居るから。

馬鹿――しよに泊る事もやめよさうして木賃宿なり、何処へなり行け。そして又明日からもつゞけてお修業をしろ！

叱《しか》つても彼の魂は既に狂ひ〔以下、黒塗りで判読ができない。〕

＊雀躍＝こおどり。

四国八十八ヶ所　同行二人(〓)

一〇〇　善根を貰ひそこね

母親が気転利《き》かして遽に仕立てた親子三人巡礼は、一夜の宿を物のみごとにことはられた。併し母親はそれには馴れて居る。別にいやな顔もせずかへつて来て、

「貰へませんなんだ」

と涼しい顔をして居る。娘も知らん顔をして居る。

カニクモ一人憤然として居るがつとめて穏やか顔して又歩き出す。少し行つて母親は又路《みち》ばたの家に立ちよつた。そして三人を止めてくれと頼んだが、家に病人があつて、とことはられた。

「ええめんどくさい。木賃宿へ泊つたら好い」

と思つたが、併しこの場合母子《おやこ》の意に委《まか》せて置くが上策と、やはり温順《おとな》しくついて行く。道は既に国道をはなれて居る。

やがてこゝは七十一番剣五山弥谷寺の山内に入つて夕ラ〳〵坂とはなつた。もう善根乞ふべき家もない。

「困りましたなァ」

母親はほんとうに困つたやうである。カニクモも一寸困つたやうな顔をしたが、娘を見ると依然として何とも無いやうな顔をして澄まして居る。

「もう仕方無いから今晩は木賃宿で我慢しやうぢやありませんか」

「さうですなァ、そんならもつとさきにえゝ宿もあつたになあ」

「仕方ありませない」

一〇一　だんまり娘たつた一つの表情

親子三人巡礼は弥谷寺仁王門前の木賃宿に泊ること、なつた。今宵はこの宿に、彼等親子三人のみ客となつたのである。

母親は足を止めると直にカニクモと、娘と自分と三人の杖を持つて洗いに行く。

「あゝ済みません。私が洗つて来ます」

「ようおますよ」

カニクモも口先ばかりで間に合はせることが左程《さほど》苦にならなくなつた。

彼はかまちに腰をかけて巻脚絆を解いて居る。娘もその傍らに腰かけ、わらじの紐を解いてその姿勢をいつ迄も直さずに脚をもんで居る。母親は直ぐ帰つて来た。

「やあ有がとうございました」

蟹クモは今日六ッ松でこの母子に会ふてから一言も彼《か》の娘と口を利いた事が無い。一しよに歩いて居ながらもの言はぬといふことは咽喉《のど》へラムネ玉を詰まらせたやうな気持ちのするものだ。

併し娘は用が無ければ一切口は利かない。母親とでも口は利かない。否母子二人のみの時にはこれでもおしやべりであつたり、小理屈を云つて母を困らせたりするのかも知れん。が少くとも蟹クモに逢ふてからは物を言はない。

娘は何も言ふことが無いのであらう。でも全然言葉交さぬ二人の人がそこにあるといふことは気が重たい。それで母親に何か言ふ時はことさら大きな声が出る。

あまり耳元で大きな声を出したのではじめて娘がビックリした顔をした。それが今日中でも娘の唯一の表情である。

（曇）

四国八十八ヶ所　同行二人(五六)

一〇二　お経省略妥協成立

蟹蜘蛛は地下足袋であしが汚れて居ないから、そこに脱ぎ棄《す》てるとすぐに上がる。あがるとすぐに三人の杖を持つて室に通り、床の間に立てかけておいて、又出て来て三人の荷物を提げて行く。軽い、ホンの申し訳のやうに載せてある娘の荷を持つて、微《かす》かに胸が顫《ふる》へたりする。

親子の者が足を洗つて来て座敷に通ると母親の荷物とカニクモの荷物との間に娘のが置いてある。火鉢が出た。座蒲団は出ない。

「あゝ〳〵有難ふさん」

母親が一礼して尻すけを解き手おひ、脚絆と共にくる〳〵と巻いてかたへに置く。娘の解いたのもまとめてやる。

カニクモは白衣、尻すけ、その儘火鉢の側にあぐらをかいて「バット」をフスベて居る。何も考へては居ないが考へて居るやうな様子をしてゐる。

母親は火鉢のそばににぢりよつて来る。娘は稍《やや》離れた所でぐつたりと坐つた片足をちよつと横に出して脛《すね》を手で揉《も》んで居る。

「冷えますでナ」

「さうですなあ割合寒い」

「お山が高いさかいね」

「あんまり高くも無いですが、いつでもこの頃は昼と夜とが大ぶん違ひましてな。これで風邪をひくのですよ」

「さうです」

母親は小さな煙管《きせる》を出して二、三服喫《す》ふてから一寸更《あらたま》つたように併し囁《ささや》くやうに、

「お同行さん、あんたさん宿でおつとめしなさるのか」と聞いた。蟹蜘蛛もそれを待つとつたのである。彼れは今迄それをやつて居ない。今宵はとしよりと一しよであ
る。

やつた方が好いとすればやつてもよいが、あの人がやるのだつたらやらう、と思つて大様《おおよう》に構へて居ると、をばさん火鉢の側へよつて煙草を喫ひ出した。

さてはこの人達もやらんのだなと、安堵して居ると、この質問である。

「私は知りませんのでなァ」

「私も知りませんので」

「そんならやらなくてもい丶ですよ」

「そやけどね、善根を貰うた時はどうしてもお仏壇をおがんであげんなりませんよつてな、娘と二人で歩き歩き読んで覚えて居りますけれど、口のうちでゴニヤ〳〵云ひましてなハハ…」

「ハハ…私もさうですよ。私は文句を覚へるのがめんど臭いので覚えて居ないからお札所でもゴニヤ〳〵で済ますのですよ。只あそこ此処少しづ丶なら覚えて居るからお修行」

と云つて一寸娘の顔を見たカニクモは「その時はやりま

す」と云はうとしたのを変更して、
「ならやれますけどなァ」
と云つた娘は母親が「ゴニヤ〳〵云ひまして」と云つた時一寸笑つたが、すぐ又平静になつてしまつた。これが彼女の第二の表情「をかしさ」である。

お勤めのことは猫が交尾のやうにニヤゴ〳〵話でもう省略する事に妥協成立してしまった。（曇）

四国八十八ヶ所　同行二人(五七)

一〇三　模倣が成せる礫の塔

弥谷寺の山門に入ると道に両側にうづ高く小石が積み重ねてある。幾つも〳〵否無数にその小石の塔がある。先に重ねてあるのを見て通る人足下《あしもと》に礫《いしころ》がころがつて居ればそれを拾ふて又その上に載せる。かくして十個あまりも重ねたるあり。高きあり、低きあり。

だん〳〵登り行く道の両側を石の上、土《つち》べたの平坦なる所、木の根所《ねところ》きらはず重ねられたるはナイルの岸のピラミツトよりは遥かに壮《さかん》である。

鎮守の森の鳥井《とりい》の上に礫を投げてうまく止めると好い嫁がとれると云つて小供等が投げ上げた石は今や鳥井の上に居り切れなくなつて居る。

仁王さんに紙礫《かみつぶて》を投げつけると何とかだと云つて一人が投げつけると又次の者が真似をして勿体なくも仁王尊像金平糖のやうになつて居るのがある。

霊場の参道に石を積んだらどうした、といふのか知らん。一つ積んだら父のため、二つ積んだら母の為、三つ積むのは我身のためと、さいのかはらもどきの功徳を云々するのかも知れん。

カニクモ等の知る所ではない。又いつの頃より之れがはじまつたのかも分らないが、兎に角誰かゞはじめて次々にその模倣をして今日の盛大をいたしたものには相違ない。

一〇四　穴の奥の観音様は尊し

四国八十八ヶ所道開きに「大師弥谷にありしとき巌《いわ》に作る御仏《みほとけ》は金胎両部《こんたいりょうぶ》の曼荼羅や、梵文諸仏諸菩薩に手を突く石もふむ岩も平一面の石ぼとけ浄土の体相《ていそう》顕はすも皆是一夜の作とかや」とある。
なる程石ぼとけと云へば石ぼとけだらうが岩壁《がんぺき》に怪しげなるいたづら彫りがしてある。それを右に見て上つて行くと水のタラ〳〵落ちて居る所でわらじをぬげ、とある。

穴へはいつて行くのである。穴へはいつて本尊様を拝むのである。本尊は千手観音、穴の奥の観音様をおがむのだからこれ程有難いことは無い。

当山は剣五山弥谷寺と云ひ、又千手院とも号す。行基菩薩の開基にして御本尊の千手観音も行基菩薩の作だとも云ひ、いや之は空海の作にして脇士の釈迦如来、阿弥陀如来が行基の作だとも云つて居る。

それ等は何れが本とうやら分らず。又当山を剣五山といふのは、大師が七歳の時こゝに籠つて求門持補《ぐもんじほ》〔法《ほう》〕修行の際、五柄の宝剣《ほうけん》下りしを以てなづけたのだといふ。

まことにコジツケ沙汰の限りであるが、そんなことはどちらでもよい訳である。

とも角も穴の奥で仏様をおがむのは陰気臭くて仕方が無い。カニクモ元来穴は好きだけれ共堪え切れなくなつてガサ〳〵と逃げ出してしまつた。穴の口で地下足袋を穿いて居るとアトからトボ〳〵母子が出て来た。をばさんが、

「お同行さん之を受けて来てあげました」

と弘法大師の肖像の浮彫りしてあるメタルをくれた。

「ヘーエッ」

とカニクモ挨拶の仕様も無く受取つた。　（曇）

四国八十八ヶ所　同行二人（六八）

一〇五　娘もの云ふた

門前の宿に荷物をあづけておまゐりをして打戻り、一寸小坂を登り、山の尾を一寸越えてそれより下る事二十町余にして七十二番曼荼羅寺であるが、それを七十三番から先にする方が次へ便利である。

親子三人同行今この坂を下りつゝある。

「讃岐には妙に一対《いったい》に唱へられる所が多いやうですなあ。琴引〔弾〕観音寺と云ひ、八栗八島と云ひ、志度〔寺〕

長尾寺と云ひ、又今日行く所は出釈迦〔寺〕、蔓〔曼〕荼羅寺と云ふし」

「さうでか」

蟹蜘蛛が思ふた程にはをばさんはそれを面白いとも、不思議だとも思はなんやうな風である。カニクモも張合抜けがしてそのつゞきは云はなかつた。娘は相変らず黙々として後の方からついて来るが、母親とカニクモとは決して黙りこくつて歩くことは出来ないのである。

「お同行さん、お大師様は八十八の煩悩を消てやらうといふので八十八ヶ所のお札所をおつくりになつたといふのですか」

をばさんも八十八ヶ所といふ事について知りたいのである。カニクモもそれを知りたいがそれは彼にも判《わか》らない。

「八十八の煩悩といふのぢやないのですよ。百八煩悩といふのですよ」

「あゝ、さうか、さうやなァ」

「かあさん何を云ひよるの百八煩悩の珠数、て云ふぢやないの」

娘がはじめて口を利いた。彼女は聡明だ、と関心して、この機会に一言娘に向つて云はうと思つた。カニクモが適当な言葉を見出《みい》ださない先にをばさんがまぜかへした。

「さう〳〵あたしは感ちがひしとつたんや。さうすりや八十八と定めたのは何やろなァ。八十八のお祝ひする迄生きるやうにといふことやろうか？」

一〇六　嘘八百にゆかりも深し

をばさんは実に素晴らしい新発見をしたものだ。大師道開きには、

「釈尊遺跡八塔の霊地を巡拝なし玉ひ、吾日《ひ》の本《もと》の諸《もろ》人《びと》に普く結縁《けちえん》させんとて、八塔の土を持ちかへり、八ツの数を十倍に、元の八塔相そへて八十八の数の砂敷て伽藍を建立し、四国八十八ヶ所の霊場とこそなし給ふ」

とあれど、まことにコジツケも甚だしいと一読して思はせる。又大師山開きを見ると、

「道は二百八十八里の難を越え、川の数が二百と八十

八、坂難所が二百と八十八」
云々とある。八、八といふのには何の意味もありはせぬ。一六三八とてこれは嘘八百に縁も深き数である。

　空海元来嘘八百で大法螺を吹きまいつて歩いたのだから、後人《こうじん》その意を汲んで又嘘八百を並べたのだらうが、それにしても相手が愚夫愚婦だと思つてあまりにも馬鹿々々きコジツケである。

　蟹蜘蛛はそう説いた上、をばさんの、八十八のお祝説が真に近からんと賛成して、更に彼一流の間に合せをつけ足した。

　八十八といふのは米といふ字を三つに分けたものです。大師の時代には五穀成就より貴《たつと》いことは無かつたのですからその五穀の頭領たる米の豊稔《ほうねん》を祈る意味で八十八の霊場巡拝をさせるのだらうと思ひますがな。

この説には母親のみならず娘迄賛意を表《ひょう》した。　（曇）

〔以下連載は中止され、未完である。〕

解説　「卍四国霊場巡拝記」と「四国八十八ヶ所　同行二人」の特徴と意義

佐藤　久光

はじめに

四国八十八ヶ所霊場を巡拝した人びとは、出発前の動機や目的、そして道中での想いや出来事、宿泊場所、宿賃、舟賃などを記した日記を残してきた。それが巡拝記である。巡拝記は私的な備忘録でもあって、江戸時代から現在まで、枚挙にいとまがないほど数多く残されている。その最も古いのは京都・智積院の悔焉房澄禅が、承応二年（一六五三）に巡拝して著した『四国遍路日記』である。その内容は僧侶の修行としての巡拝であったので道程の状況を綴り、当時の寺院の様子、寺院住職との会話などを冷静に叙述し、私的な感想は極力抑えられている。その日記はあくまでも個人の記録であって世間に知られることはなかった。それが昭和四十年代にその写しが宮城県の鹽竈神社に所蔵されているのを近藤喜博が発見し、翻刻されたことで世に出るようになった。

江戸時代の庄屋は、素養をもった上流階級であったので、巡拝の日記を残していた。それは個人の日記であって、私蔵されて公表されることはなかった。それが近年になって郷土史家、遍路研究者たちによって翻刻、出版されるようになる。明治・大正期になると僧侶以外のジャーナリスト、俳人などによる巡拝記も出始め、昭和後期には一般庶民など幅広い層の人びとによる巡拝記も出てくる。

そこで、〈四国猿〉と〈蟹蜘蛛〉の巡拝記の特徴と意義について述べる前に、今少し巡拝記についての説明と、〈四国猿〉と〈蟹蜘蛛〉の人物像に触れておくことにする。

一　霊場巡拝記について

澄禅の残した『四国遶路日記』に先立つ十五年前の寛永十五年（一六三八）に、僧・賢明が空性法親王に同行して書き記した『空性法親王四国霊場御巡行記』（初出は『国文東方仏教叢書』第七巻・紀行部、大正十四年）が最も古い巡拝記である。しかし、その内容は極めて簡略であって、例えば、第一番札所からの記述には、「十里十箇所打ち過ぎて」とあるのみである。近年ではこの巡行記に対して疑義が出るようになった。この巡行記では、内容的に当時の霊場寺院の描写に臨場感が感じられず、時代的な錯誤などの不自然さなどが指摘されている（小松勝記「創作された四国ヘンロ資料『空性法親王四国霊場御巡行記』」第一回四国地域史研究大会、シンポジウム・研究会報告書、平成二十年）。従って、澄禅の日記が内容的に充実した最も古い巡拝記と位置付けられる。

巡拝記については、拙著『遍路と巡礼の民俗』や『巡拝記にみる四国遍路』及び「〈四国猿〉と〈蟹蜘蛛〉の四国霊場巡拝記を読む」（『善通寺教学振興会紀要』第二二号、平成二十九年）で詳しく述べてきたが、それらに新たな加筆して概説する。

江戸時代には上流階級の庄屋によって書かれた巡拝記が残されている。例えば、土佐藩安芸郡奈半利村（現在の奈半利町）の庄屋であった新井頼助の「四国順拝日記」（仮称）（広江清編『近世土佐遍路資料』昭和四十一年）や、同じ土佐藩の土佐郡朝倉村（現在の高知市）の庄屋・西本兼太郎の「四国中道筋日記」（四国遶路研究叢書第二号【資料集】

四国中道筋日記』平成十五年)などがある。二人の庄屋は巡拝した寺院と日付、そして宿泊場所や要した費用などを正確に記録している。

新井頼助の巡拝は文政二年(一八一九)で、信仰以外に異国の見聞、行楽を兼ねた旅でもあった。日記の最後には、「出足用意ノ品」の一覧がある。そこには衣類をはじめとして参拝用具に加え、硯筆墨と、書物として無尽蔵、季集、はい書、道中記などが含まれている。それを同行した彦兵衛が荷として背負っていた。新井と彦兵衛は安芸の宮島・厳島神社や海を隔てた備中の由加神社まで足を延ばしている。それは「国ヲ出る時ヨリ、神社仏閣不残順礼して難有所之納経奉請と念願故、是ヨリ備前之ゆうが大明神へと参詣」と記している。由加神社参拝後、品物の名は記載されていないが、土産を購入している

新井は俳句を趣味として句を詠み、煙草を嗜み、飲酒もして、茶屋では「酒まんちう《まんじゅう》」や蕎麦、素麺などを食べている。そして道後温泉では三日間逗留し、日に四回も湯につかっていた。そして松山城下を見物し、城下の人びとの豊かな生活に感服している。新井の巡拝は遍路には稀な異国の見聞、行楽を兼ねた旅でもあった。

同じ庄屋でも新井と対照的なのは文化二年(一八〇五)に巡拝した西本兼太郎である。西本は約三十日で廻る「飛脚遍路」をしている。しかし、各地の街並みや光景を観察してそれを記している。遍路の費用は、通常五十日前後で当時金一両相当であったが、西本は「飛脚遍路」であったので、経費が節約されて通常の二分の一と経済的な遍路でもあった。

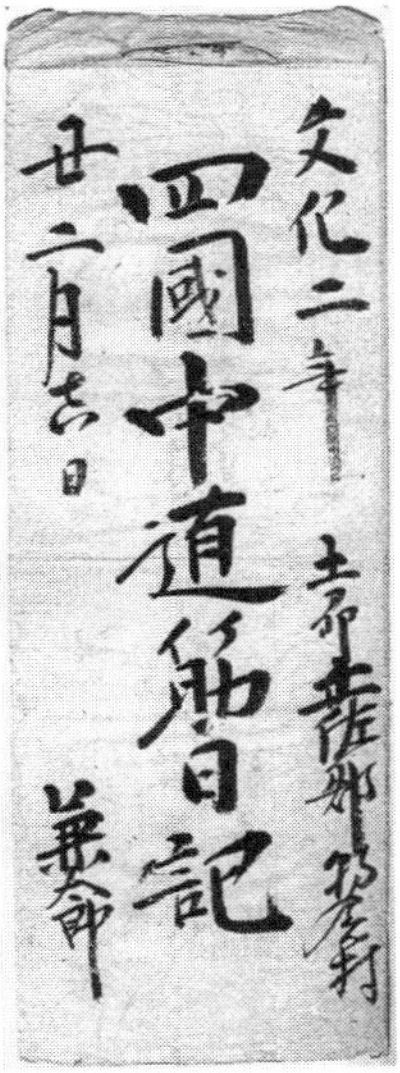

3-1　西本兼太郎の巡拝日記の表紙

江戸時代の後期には、江戸末期から明治期にかけて日本各地を巡ってその記録を残した探検家の松浦武四郎が

遍路を行っている。松浦が十九歳の天保七年(一八三六)に巡拝した日記を弘化元年(一八四四)に浄書し、「四国遍路道中雑誌」(吉田武三編『松浦武四郎紀行集』中、昭和五十年)として残している。それは単なる個人の巡拝体験を記したのとは異なり、それまでの諸文献を参照し、しかも自らの冷静な観察力を発揮した詳細な記述となっている。例えば、各霊場の本尊名、製作者、サイズ、御詠歌、境内の伽藍の様子、門前の光景、そして道程を書き、四国路の風情や人情などを巧みに表現し、町並みや生業、特産物など社会状況も観察している。その上で、絵心があったので霊場の全景や足摺岬の風景、イシイモ(喰わず芋)などをイラストで多数描いている。

松浦武四郎の「四国遍路道中雑誌」は、昭和期に入ってから出まわる案内書、巡拝記の雛形とも言える内容になっている。若くして四国霊場を巡拝した松浦は、その後、蝦夷(北海道)、北蝦夷(樺太)、千島(択捉、国後、歯舞、色丹諸島)を探検して詳細な記録を残した。その松浦は安政二年(一八五五)に幕府の御雇、明治政府では明治二年(一八六九)に開拓判官の役人にも登用されている。しかし、松浦の巡拝記は探検という視点だけではなく、信仰心も持っていたと言える。松浦はその後、一時ではあるが寺院の住職を務めたことがある。そして明治十八年、息子の追善供養で秩父観音巡礼を行った「乙酉後記」も書き記している。

明治期以降の出版物は江戸時代からの案内書である真念の『四国邊路道指南』『四国徧礼道指南　増補大成』などや、それに準じた案内書が発行される。巡拝記の発行は稀であった。私的な日記の巡拝記がマス・メディアで取り上げられるのは大正期以降である。その代表作は高群逸枝が二十四歳の大正七年(一九一八)に、伊藤老人と二人で遍路した日記を『九州日日新聞』(後の『熊本日日新聞』)に連載した「娘巡礼記」であった。高群の遍路の目的は苦悩する男女問題を打開することであったが、新聞社に原稿を送るという約束で十円のお金を受け取って出かけたものであった。「娘巡礼記」は読者に驚きと感動を与えた巡拝記となる。それは巡拝記の内容は個人的な日記風であるが、読者を

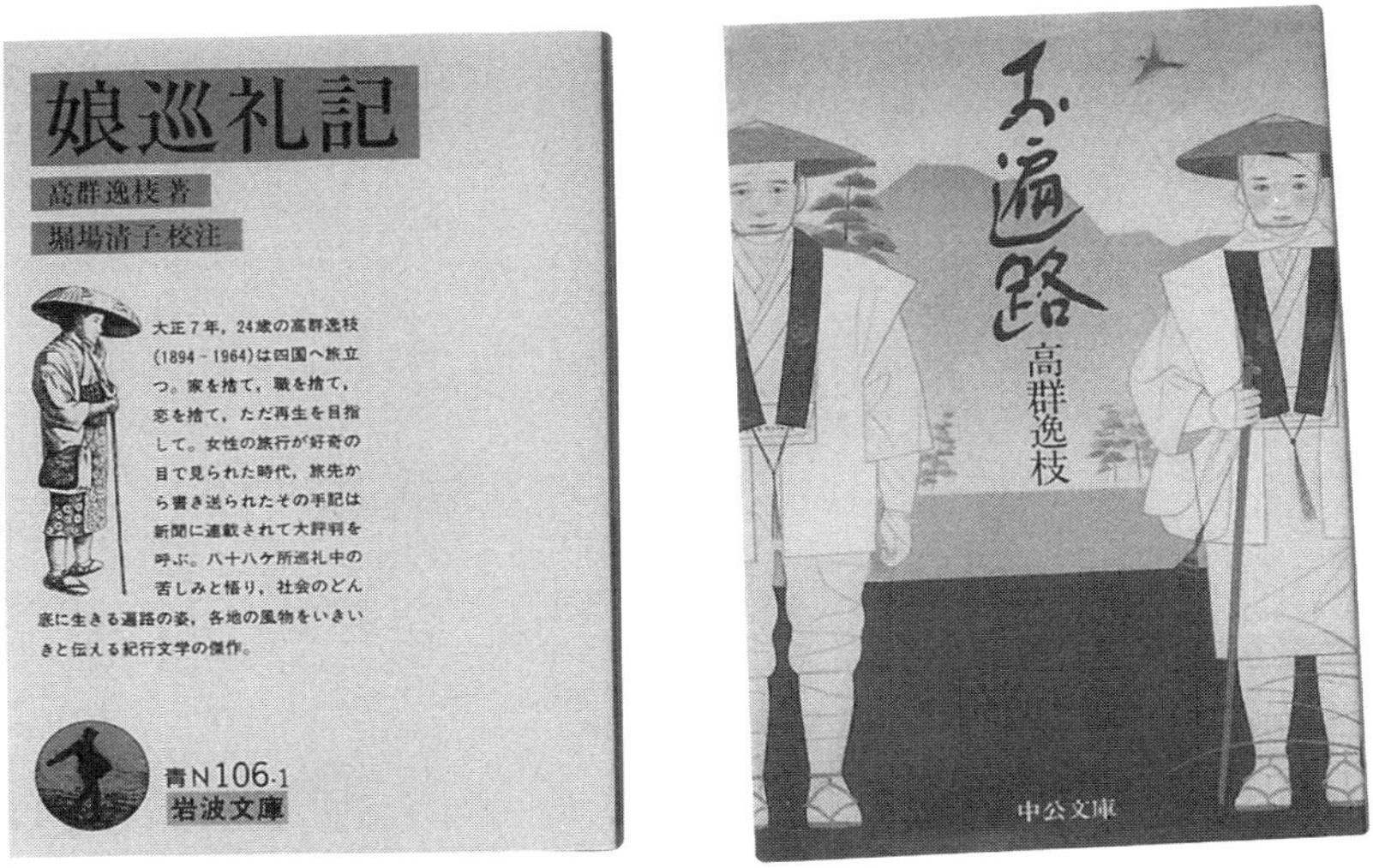

3-2 高群逸枝の『娘巡礼記』と『お遍路』

意識したもので、出会った出来事の描写が生々しく描かれていたことであった。例えば、巡拝初日から度重なる肉体的な苦痛を味わい、粗末な遍路宿の不衛生さ、同宿した障害をもった貧困層の人びとの悲惨さを綴っている。そして、当時横行していた乞食遍路や偽遍路を取締る警察の「遍路狩り」の様相をリアルに描写している。その上で、四国の自然、広大な太平洋に面した土佐（高知）と、穏やかな瀬戸内海を見下ろす讃岐（香川）の変化を眺め、自らの心境を内省しながら美しい文章で表現していることにあった。

その新聞連載は六月から十二月まで一〇五回に亙って行われた。それから約六十年後の昭和五十四年（一九七九）に朝日選書として単行本で発行されている。更に平成十六年（二〇〇四）には岩波文庫から再版された。高群は二回目の遍路を思い立ったが実現せず、手元にあった手記を手懸りに昭和十三年に『お遍路』を発行している。

その後、昭和期に入ってからは明治・大正期に遍路した日記が巡拝記として出版される。昭和元年には後に真言宗豊山派の管長となる富田斅純が前年の遍路体験を『四国遍路』と題して著している。富田は昭和四年に「遍路同行会」(自坊の東京都中野の宝泉寺に本部を置く)を設立し、遍路の啓蒙活動を行った。僧侶以外にも、鉄道省に勤務し旅行雑誌『旅』の記者であったペンネーム島浪男(本名・飯島実)は、昭和三年から四年にかけて遍路をして、その紀行を雑誌『旅』に連載した。昭和五年に『札所と名所　四国遍路』と題して出版している。同書は遍路を「観光本位」と位置付け、不衛生な遍路宿を避けて快適な睡眠や栄養のある食事をとることなどを勧めている。そして、参拝に留まらずその土地の名所も紹介している。それはこれまでの巡拝記、案内書とは異なる新しいスタイルの巡拝記であり、寺院や尊像にも詳しい記述を行っている。

その後も僧侶、ジャーナリスト、俳人などの巡拝記が続々と出始める。後に真言宗豊山派の管長となった小林雨峯は、明治四十年の遍路体験を『四国順礼記』(昭和九年)として出版している。同書は明治四十四年から翌年にかけて雑誌『歴史地理』(一七―四～二〇―一)に、「四国順拝遍路紀行」と題して九回に亙って連載されたものである。

また臨済宗東福寺派管長を務めた尾関行応は、明治三十四年と昭和九年の二回の遍路体験を『四国霊場巡拝日誌』(昭和十一年)として出版した。尾関は「四国八十八ヶ所霊場を、弘法様の独占か、真言一宗の霊場の様に思ふのからしてが、一大誤謬である」として、大師を「宗派を超越して、仏教及日本人の恩人と仰ぐべきである。夫れに参拝するに何の不思議がある」と述べている。そして、禅宗では修行と視野を広めるために巡礼、遍路を奨励していることも触れている。

そして背広姿で夫人を同伴して遍路した下村海南・飯島曼史は昭和九年に遍路して『遍路』を出版する。俳人による巡拝記としては自由俳諧を提唱した荻原井泉水《せいせんすい》は、昭和十二年から翌年にかけて遍路をした。それを同十四年の雑誌『大法輪』六月号から翌年にかけ「遍路日記」「続遍路日記」と題して十二回に亙って連載している。それが昭和十六年に単行本として出版された。荻原の弟子で乞食、飲酒しての荒唐無稽な遍路をした放浪俳人・種田山頭火も昭和二年から翌年にかけてと、昭和十四年の二回の遍路をした。前者の日記は消失したが（大山澄太「山頭火の四国へんろ」『大法輪』昭和五十四年四月号）、昭和十四年の日記「四国遍路日記」（昭和四十八年）を残している。画家の新井とみ三『遍路図会』（昭和十五年）、宮尾しげを『画と文　四国遍路』（昭和十八年）などは、絵の才能を生かして遍路光景をふんだんにイラストに描き、読みやすい文章の巡拝記である。

戦後になると更に巡拝記は増え出す。真言宗高野山派管長となる和田性海は明治三十九年の遍路体験記『聖跡を慕ふて』（昭和二十七年）を、同じく真言宗の僧侶・荒木哲信も『遍路秋色』（昭和三十年）を発行する。

僧侶以外では近鉄系列の会社社長を四つ兼務し、後に奈良市長を務める鍵田忠三郎は四つの病気を抱え、医者から余命三ヵ月余りと宣告されながら遍路に出かけた。鍵田の体型は現在の「メタボリック症候群」で、悪戦苦闘の命を賭した遍路で、その日記は『奈良日日新聞』に連載された。それを単行本『遍路日記　乞食行脚三百里』（昭和三十七年）として出版する。その序文には当時の総理大臣・池田勇人が筆をとっている。池田勇人は旧大蔵省に在職中に皮膚病を患い、昭和九年に母親の勧めで伊予大島の「島四国八十八ヶ所」を巡拝し、病気が平癒した体験をもっていた。そのことから遍路には格別な思いがあって序文を書いたものである。

郵便局長を務めた伊藤延一は、亡くした三人の妻の供養で遍路した記録を山口県の『豊関新聞』に連載し、後に『四国へんろ』（昭和六十年）として出版する。山脇福一郎は大正十一年の二十五歳の時に遍路を始め、以後十年おきに五回廻った。その遍路体験を『四国巡礼の旅　四国遍路五十年の今昔』（昭和五十一年）として私家版で発行している。

戦後の巡拝記は数多く出版されるが、その中で注目されるのは、西端さかえ『四国八十八札所遍路記』と、土佐文雄『同行二人―四国霊場へんろ記』である。

西端の巡拝記は、雑誌『大法輪』で昭和三十三年十月から三十七年四月まで連載されものを三十九年に単行本とし

3-3 西端さかえ『四国八十八札所遍路記』

て発行したものである。西端さかえは大法輪閣の特派記者と派遣され、写真撮影にもプロの写真家が二回同行している。西端は事前に遍路体験の文献に眼を通し、後に文化勲章を受章した日本画家の川端龍子からも助言を受けている。川端は昭和二十五年から三十年まで六回霊場を訪れて札所寺院の絵を描いた経験があった。

同書は巡拝記であるとともに案内書でもあり、巡拝記を著す人びとに参考文献とされてきた。その内容は霊場寺院の創建の縁起から沿革に触れ、霊場の伽藍、尊像の解説を述べ、住職との面談で聞いた話を随所に紹介している。そして遍路宿や通夜堂で泊まる人びとの光景やそこで交流した様子も綴っている。その文章は平易で親しみやすく読みやすい。そして札所から札所までの道程にも触れ、当時普及していた路線バスでの所要時間や運賃、宿の料金なども載せている。

住職から聞いた話で興味深いのは、「心身の病いを治す病院」という小見出しの記事である。これは第六十九番札所・観音寺の先代住職（当時）であった羽原興道が説くもので、八十八ヶ所の霊場を病院に見立て、「身体の病気を治す病院はほかにもあるが、心身ともに治す病院は四国病院のみである」と述べたことを紹介している。四国霊場には病気を抱え、その回復を願って廻る人も少なくない。巡拝したことで病気が治ったという体験談が数多くあるが、身体のみならず、心の病も癒してくれるものもあり、霊場は病院の役割も果たし、「四国病院」と言われてきた。

土佐文雄の巡拝記も『高知新聞』に連載されたもので、昭和四十二年に単行本として出版されている。作家としての才能をいかんなく発揮し、仏教や札所寺院の縁起の解説を行い、住職や地域住民からも取材を行って自らの感想を率直に叙述している。その中には歌舞伎役者・八代目市川団蔵の遍路の記事もある。団蔵は昭和四十一年四月に八十四歳で引退し、五月に二十年来の念願であった遍路に出た。出発の第一番札所・霊山寺では遍路姿で芳村住職と会話を交わしている。土佐はその模様を住職から聞いて詳しく記述している。遍路を無事終えた市川団蔵は、帰途についた六月四日、播磨灘で汽船から入水自殺を遂げている（拙著『四国遍路の社会学』平成二十八年、岩田書院）。

今一つは土佐自身の体験談もある。土佐文雄が室戸岬の最御崎寺に向かう道中で、「もし、お遍路さーん、お遍路さーん」と背後から声を掛けられた。そして、老婆が小走りで後を追ってきた。老婆の家に招かれた土佐は以下のようにその経緯を述べている。それは十八歳になる孫娘が脊髄カリエスに冒され、医者を巡り巡ったあげく寝ついてしまったという。そこで老婆は、遍路に病気が治るように納経帳で身体の悪い所をさすって、まじなってほしいと懇願したのであった。

昭和後期から平成期にかけては、かつての徒歩巡拝（「歩き遍路」）が復活した。それに伴って数多くの巡拝記が発行され、巡拝記ブームの現象が起きている。その中には次のようなものもある。

親日家で日本人を妻にもつニュージーランド人、クレイグ・マクラクランは、長い足を使って野宿しながら約一ヵ月で廻る「飛脚遍路」を行った。彼は日本語を話す外国人として多くの住民から数々の接待を受けている。禁酒を誓いながらも前日に深酒して二日酔いで出発し、その後も度々深酒している。マクラクランは放浪俳人・山頭火の二の舞を演じていた。その道中を綴った珍道中記『四国八十八か所ガイジン夏遍路』（平成十二年）は一味異なった巡拝記でもある。

3-4 出版された巡拝記

また、瞽女三味線を継承する月岡祐紀子は、芸の悩みから遍路で活路を見出そうとして三味線を演奏、唄を奉納しながら遍路を行った。それを記した記録は『朝日新聞』の高知版に連載され、後に単行本『平成娘巡礼記　四国八十八カ所歩きへんろ』として出版されている。それは約八十年前の高群逸枝が二十四歳の時に、苦悩を打開する目的で遍路したのとよく似ている。

同じ女性で教師を辞して遍路に出た佐藤孝子も『四国遍路を歩く　もう一人の自分に出会う心の旅』(平成十三年)などを著し、肉体的苦痛や、女一人の遍路であったことから宿を断られた話、生理、トイレなど女性ならではの苦労体験を綴っている。

ジャーナリストが現役の引退後にその経験を生かして体験記を著す事例もある。その代表作が小林淳宏の『定年からは同行二人　四国歩き遍路に何をみた』である。小林は時事通信社を退職した後に遍路を行い、数々の失敗を経験した様子を文筆家の才能を生かした文章で面白く綴っている。「歩き遍路」の言葉もこれ以降から普及するようになる。今一人のジャーナリストで体験記を著したのは辰濃和男である。辰濃は『朝日新聞』で長年「天声人語」を担当した有能な文筆者であり、『俳句朝日』と『暮らしの風』で「歩き遍路」と「お遍路通信」を連載していた。それらをまとめて『四国遍路』を著している。

その他にも、大学生が夏休みを利用し、はたまた定年退職や還暦などの節目に遍路した記録を私費で自費出版する風潮が高まっている。その数は枚挙にいとまがない。

以上のように江戸時代から現代まで多くの巡拝記が挙げられるが、それを整理すれば次のようになる。江戸時代の巡拝記は、僧侶や庄屋などの上流階級の人びとによるものであった。それはあくまでも個人の日記であって、公表されるものではなく私蔵されていた。明治期でも僧侶の巡拝の記録が残されているが、出版事情がよくないことから時を経た大正期や昭和初期に公表されるようになる。その例は小林雨峯、尾関行応、和田性海などの巡拝記である。そして昭和期になると、作家、俳人、画家、ジャーナリストなどによる巡拝記が発行され、昭和後期から平成期にかけては職業も多種で一般庶民が積極的に巡拝記を出版する風潮が出始める。

僧侶による巡拝記の出版は、自身の修行を後世の修行の参考に、という意味と宗教的布教、教化の側面があった。他方、作家、俳人、ジャーナリストなどの巡拝記は職業上の性格が強く、霊場の案内や遍路の魅力などを読者へアピールする意図があった。その背景には新聞社、雑誌社などのマス・メディアの企画、協賛などの後押しがあった。それに対して、一般庶民の巡拝記の出版は、自身が苦労して廻った証しとして、それを友人、知人などの周囲に知らせる意味合いを持っている。庶民の巡拝記は商業出版とはなり難く、その多くは自費による出版である。平成期には自費出版を促す出版社も出始めている。

ところで、遍路の巡拝記は、遍路の目的、その人の性格やこれまでの歩み、素養などによって千差万別である。そこに巡拝記の興味深さがあろう。あえて巡拝記の内容を大別するならば、三つに分類できる。

その一つ目の巡拝記は、遍路が八十八ヶ所の霊場を巡拝することから、各霊場の創建、その後の沿革、及び伽藍の配置、本尊名と製作者、御詠歌、そしてまつわる伝説、霊験談などを几帳面に記述し、自らの感想などを述べるオーソドックスな巡拝記である。そして、道中の光景や住職や遍路仲間などから聴いた話などを添えるものである。その上で、宿代や米代、舟賃などの経費、接待の品などを克明に記す内容となっている。その代表例は松浦武四郎や、島浪男、西端さかえなどの巡拝記である。このタイプの巡拝記は、克明に記述していることから案内書の性格も持ち合わせている。

二つ目の巡拝記は、宗教的な内容は粗略にして自らの道中の行程を中心に、その間に起きた出来事や感想、苦労話、住民からの接待や遍路仲間との会話などを主流に記述するタイプの巡拝記である。江戸時代の庄屋・西本兼太郎は札所以外の篠山権現や金毘羅宮、白鳥大神宮などの神社も参詣しているが、宗教的な内容は殆ど記されていない。また、小屋掛け芝居を演じ、その道具や日常用品を大八車に載せて牽引して廻った笹原茂朱の『巡礼記―四国から津軽へ』（昭和五十一年）も宗教的なことは殆ど記されていない。笹原の記述の大半は大八車を曳いて歩いた道中の苦労話や、芝居の前後に親しくなった住民との交流などである。ニュージーランド人の巡拝記も、トレッキングガイドの職業柄、歩くことに関心があり、寝袋で野宿するなど冒険的な遍路であった。そのために失敗談や、住職、住民との触れ合いで果物や飲み物の接待、善根宿の接待を受けたことを主眼とした内容であって、宗教的なことは皆無に近い異色の巡拝記である。

三つ目の巡拝記は、一般庶民の巡拝記である。これには二つの側面がある。遍路の目的が宗教的な要素をもったものと、自身の人生の節目である退職、還暦、古希などに遍路した旅日記である。

前者には伊藤延一の『四国へんろ記』が挙げられる。伊藤は三人もの妻を亡くし、その追善供養で廻った遍路日記で、札所では滞在時間を多く割き丁寧に読経を唱え、伝えられる霊験談に関心をもち、それを記述している。不幸にして三人の妻を亡くし、それを救えなかった無念さがあったからであろう。鍵田忠三郎の巡拝記は、僧籍を有して宗教心の実践として巡拝した記録であった。また、横浜に住む芝山善和は筆者に手記(未公表)を送ってくれた。芝山は退職後、苦労をかけた妻と旅行に出かけようと楽しみにしていたが、癌で妻を亡くし、それも叶わなかった。芝山は平成五年に遍路に出たが、その遍路は妻の菩提を弔うことと、妻を失った自らの悲しみを癒すものであった。

それに対して、後者の巡拝記は旅の出来事を綴る内容になっている。そこでは道中の出来事が主流になる。「歩き遍路」に付きまとうのは肉体的な苦痛である。それは避けられないものである。そして道に迷って困ったこと、寺院に納経帳や金剛杖を忘れたり、宿に所持品を置き忘れることである。それは慣れない環境と疲れや先を急ぐことから起こる。そして、行く先々での宿探しに苦労することなどである。他方、感動することもある。それは住民からの接待である。最初は見知らずの人から食べ物、飲み物、金銭などの接待に困惑する。しかし、やがて接待の施しに感謝の念が起こったことなどが綴られている。苦労を重ねながらも、人と人との触れ合いが感謝の念を起こす。それが後日には懐かしい想い出として残るのであろう。

このように数多くの巡拝記が発行・出版される中で、本書に収録した〈四国猿〉と〈蟹蜘蛛〉の巡拝記を復刻したことには、それなりの意義がある。それは後に詳しく述べる。

二　ペンネーム〈四国猿〉と〈蟹蜘蛛〉の人物像

二つの巡拝記を著した人物は本名ではなく、くしくも二人ともペンネームで書いている。ペンネームを用いたのには理由があったと思われるが、よくわからない。「四国八十八ヶ所　同行二人」を連載した〈蟹蜘蛛〉について、一九三一年(昭和六)にWallfahrt zu Zweien(佐藤久光・米田俊秀共訳『同行二人の遍路』平成二十四年)を著したアルフレート・ボーナー(Alfred Bohner)は、同書第一章第二節「古文書と諸文献、道中記」の中で次のように触れている。

著者は〈蟹蜘蛛〉といい、当時松山で「愛媛新報」の編集をしていた篠原のペンネームである。「愛媛新報」に一九二六年(大正十五年)九月から十一月までの間に掲載された。著者は多くの社会的な考察を行っている―彼は後に労働運動に踏み込んでいる―。多くの適切な力のこもった意見を取り上げており、最後は遍路に出ることを諦めている。というのは遍路に嫌気が差したようである。

3-5 アルフレート・ボーナーの翻訳本『同行二人の遍路』

ペンネーム〈蟹蜘蛛〉と名乗る篠原は、『愛媛新報』で編集に携わっていた人物で、残念ながらそれ以外のことは不明である、とボーナーは述べている。篠原は愛媛県に生まれ育ち、新聞の編集を担当していたことで遍路に興味をもったのであろう。ペンネームを用いたのは追放された新聞社との関係があって実名を名乗ることには憚ったのかもしれない。他面、明治期の『二六新報』に掲載された〈四国猿〉を意識し、童話の「さる・かに合戦」に模したのではないか、とも推測される。

今少し〈蟹蜘蛛〉の人物像を調べると、『愛媛県史』人物篇（平成元年）では、篠原要《かなめ》として次のように概略が紹介されている

篠原要　明治二十八年～昭和十二年（一八九五～一九三七）　新聞人、農業労働運動指導者。愛媛県温泉郡難波村下難波（現北条市）で生まれた。大正期愛媛新報社に入社、社会部記者として小作争議・労働運動や水平社支部活動などを報道したが、大正十四年編集主幹高市盛之助らとともに社を追われた。林田哲雄らと日本農民組合県連合会を結成、日農支部づくりに活動した。（中略）曇華と号し、「曇さん」の愛称で親しまれた。〔昭和〕三～八年再三検挙され、投獄生活を繰り返して健康を害し、昭和十二年六月二十五日、四十二歳で没した。

これによると、『愛媛新報』の社会部記者であった篠原は、労働争議の取材に傾注したことによってか、やがて愛媛新報社を追われている。その後労働運動に進み、投獄生活で健康を害し、若死にしたことになる。蟹蜘蛛のペンネームで「四国八十八ヶ所　同行二人」を連載したのは大正十五年（一九二六）九月から十一月までであるので、篠原が愛媛新報社を追放された後であったことになる。労働運動に尽力したことで住民たちには慕われ、「曇さん」と呼ばれて親しまれた。毎回の記事の末尾に（曇）（曇華《どんげ》）の愛称を記している。

篠原が（曇）（曇華）と愛称を使った理由は、死後の文献で判明する。篠原と大正八年に出会い、以後二十年間親しく交流した旧制松山高校の教授であった北川淳一郎は、「曇華と私」という随想を記している。その中で、北川が篠原に妙な名前をつけた理由を尋ねたら、

わしは温泉郡立岩村の産、小学校を出てから百姓をしていたら、愛媛新報のおえらがたが再三わしの草蘆を訪れ

3-6 菅菊太郎
（『伊予史談』172号）

辞を低うしてわしの新聞社入りを懇願した。それで、遂に、わし、鋤を捨て、ペンを握ることになつたのだ。これ三千年に一度咲くと云う優曇華の花にも譬うべきことだつたので自ら優曇華と名乗つたのだが、あまり長いので後になつて「優」の字をのけてしまつたのだ、と云う。

と、篠原から聞いた経緯を北川は述べている。そして、北川は続けて「どんげ、小学校を出ただけだと云うのに、随分沢山書物を読んで居り、ものごとをよく知つている男だった」と篠原の能力を評価している（『愛媛』三五、昭和三十八年）。

その上で、北川は新聞記者の取材の優秀性を述べて、随想に篠原を取り上げたのは、無私の精神が強かったことと、「曇華が、（中略）愛媛県農民運動史を飾るべき重要人物であつたがためである」と述べて、篠原の農民運動の活躍を讃えている（「曇華と農民運動」『愛媛』三六、昭和三十九年）。

それに対して、「卍四国霊場巡拝記」を書いたペンネーム〈四国猿〉について、ボーナーは本名を菅《かん》菊太郎と明記している。菅菊太郎は札幌農業学校を卒業し、農業を専攻する研究者となっている。後に農学博士となるが、それまでには松山県立農業学校の校長も務める教育者であった。また、郷土文化にも造詣が深く、四国遍路にも興味を抱いたのではないかと思われる。今少し菅菊太郎の人物の履歴、業績を見てみることにする。菅菊太郎の履歴は人物辞典などにも掲載されているが、菅は「伊予史談会」の幹事も務めたこともあったので、『伊予史談』一七二号（昭和三十九年）には、菅菊太郎（鷲峯）の履歴と研究業績が掲載されている。その一部を要約すると次のようになる。

菅菊太郎は、明治八年（一八七五）四月八日に愛媛県越智郡宮浦村（現在の大三島町大字宮浦）で生まれている。同二十七年に愛媛県尋常中学校を卒業後、同三十二年に札幌農業学校本科を卒業する。卒業後は北海道庁の嘱託職員となってロシア領シベリアに渡り約一年間農業視察を行っている。同三十三年に農商務省技手となるが、三十五年に病気で退職して大三島に戻った。病気の回復後は同三十九年から大正七年まで地元の小学校で代用教員生活を送っている。大正七年に県立松山農業学校の教諭、昭和七年（一九三二）には県立宇和島農業学校の校長、同十三年には県立松山農業学校の校長を務めている。そして同十五年には県立松山図書館の館長に就任する。戦後の昭和二十三年には北海道大学から農学博士の学位が授与されている。昭和二十五年に病没する。享年七十五歳であった。

菅菊太郎の研究業績には、著書として『日欧交通起源史』『田園清話』『続田園清話』『面子の旅』『愛媛県農業史』（博士論文）『カーバー農業経済学』『昭和農村史』『世界農業史』など多くの著作を残している。それ以外にも『伊予史談』などに掲載された論文が三十本挙げられているが、その内容は専門領域の農業をはじめ、郷土の歴史、宗教、地名などと多方面に亙っている。

菅菊太郎は農業を専攻する研究者であったが、博学で郷土の様々な文化に造詣が深く、それを雑誌論文などで公表していたことが判明する。当然、四国の文化であった遍路にも関心を抱いていたと考えられる。それが新聞の連載になったとのではないか。しかし、その新聞の連載では本名ではなく、ペンネームを使っているが、その詳しい理由はよくわからない。ボーナーは〈四国猿〉について注釈で、「綽名《あだな》である。おそらく昔は多くの猿を追い立てていた人で、四国、特に徳島出身の人が多かったところからその名が由来しているのであろう。…人真似が得意で、それがために四国の住民には評判がよかった」と述べている。憶測ではあるが、菅菊太郎は自らの専門分野でもないことから、本名を避けて四国で好感をもって受け入れられた〈四国猿〉をペンネームにしたのではないかと思われる。

なお、菅菊太郎が四国霊場を巡拝したのは明治三十五年四月からで、巡拝時に納めた札には年月日と氏名（四国猿）

が記されている。その時期は農商務省技手を辞して病気の療養中で、その後回復して巡拝したものと考えられる。

三　「卍四国霊場巡拝記」と「四国八十ヶ所　同行二人」の特徴と意義

〈四国猿〉の「卍四国霊場巡拝記」は、『二六新報』で明治三十五年（一九〇二）四月から八月まで六十五回に亙って連載された。アルフレート・ボーナーは『同行二人の遍路』の中で、参考文献で重要と思われる資料について簡略に紹介している。それによると、四国猿（菅菊太郎のペンネーム）著述「四国遍礼同行二人」、「東京二六新聞」四月から六月まで、（明治三十六年所掲）、と書かれている。几帳面なボーナーにしては珍しく、新聞名、タイトル及び年月日については誤記をしている（『二六新報』は明治三十七年四月に『東京二六新聞』と改題されるが、それまでは『二六新報』であった）。正しくは前記の通りである。

〈四国猿〉と〈蟹蜘蛛〉は、巡拝記を執筆することを念頭に、共に白装束に菅笠を被り、金剛杖をつき、草鞋あるいは地下足袋を履いて遍路姿で廻った。〈四国猿〉は納札を持参し、納めている。〈蟹蜘蛛〉は遍路に徹しようと、各家々でお経を上げて乞食する決意で所持金を持とうとはしなかった。

さて、二つの巡拝記のもつ意義は個別的には後に詳しく述べるが、総論的には明治三十五年の「卍四国霊場巡拝記」は、公表されることを前提とした巡拝記の中で最も古いものである。しかもそれは学術的、論理的に記述されていることである。その上、著者の〈四国猿〉の博識が遺憾なく発揮され、遍路以外に当時の政治状況、寺院の尊像、装飾されている絵画・書にも言及している点である。そして道中でも鋭い観察力を発揮し、「阿波人は峯をオと云ひ峠をタオと云ふ。総《すべ》て訛甚《なまりはなは》だし」などと述べている。

また、大正十五年(一九二六)の「四国八十八ヶ所　同行二人」は、遍路姿に身を包み門付けの乞食(修行)を行い、遍路仲間と寺院で通夜をした。そして新聞記者の経験を生かして当時の寺院の様相をきめ細かく綴り、遍路仲間はもちろん、住職、地域住民などから取材する姿勢は記者魂とも思われ、その記述はリアルで実感が込められている。そこには遍路の実践と取材の二つの要素が含まれている。次に、それぞれの巡拝記の特徴を詳しく述べる。

1　「卍四国霊場巡拝記」の特徴と意義

明治三十五年(一九〇二)の『二六新報』に連載された「卍四国霊場巡拝記」のもつ第一の意義は、遍路を学術的な視点で取り上げた最初の文献であった点にある。四国遍路が研究として着目されたのは明治後期であり、歴史学者の原秀四郎の提唱であった。原は明治四十二年、雑誌『有聲』(三二号)に「八十八ヶ所の研究に就て」という一文を載せて、研究の重要性を指摘している。伊予の越智郡で生まれた原は祖母から弘法大師の伝説を聞かされ、子供の頃に廻ってくる遍路に喜捨(接待)をした記憶をもっていた。遍路文化の重要性に気付き、広く識者に研究を呼びかけている。原はその中で、キリスト教では科学的研究がなされていることに鑑み、「何れの点よりし、又如何なる方法によるに問はず、機会があるならば研究して置く問題であると思はれる」と述べている。

それを受けてか、研究者の間でも四国遍路に関する論文が発表されるようになる。京都帝国大学の教授など歴任した喜田貞吉は、明治四十五年に『読史百話』を出版し、その中で「四国邊土」という小論を述べている。喜田はその後、大正二年(一九一三)に『歴史地理』(第二一巻第一号)でも「四国へんど」という小論を発表して、遍路の名称・呼称は正しくは「へんど」であることを強調した。その根拠は沢庵和尚の『鎌倉記』に「末流邊土」と出てくることや、地元住民では「へんど」と呼称していることにあった。

その説に反論したのは旧制松山高校の教授であった景浦直孝である。景浦は大正三年の『歴史地理』(第二四巻第一号)で「四国遍路」を掲載し、寂本が使用した「偏礼《へんろ》」「遍礼《へんろ》」や江戸時代の落書きに「邊路」「遍路」と書かれていることを根拠に、「へんろ」が正しい使い方であると主張した。これが「へんど」「へんろ」論争である。その後も西園寺源透は『伊予史談』(第一二三巻第四号)で「四国霊場考」を、高橋始は昭和十七年(一九四二)に『松山高商論集』(第五号)で「四国八十八ヶ所展相」を掲載している。それらの研究の焦点は、四国遍路の起源や誰が霊場を創設したのか、八十八ヶ所の数字の由来、そして遍路の名称・呼称などであった。その論争の結果は、高橋が「邊土が最も古く(中略)室町時代応永年間頃まで邊土といひ明応年間頃より邊路となり、寛永の末年徳川の中期頃から遍路となつて一般に其れが使用されるように至つた」と述べていることで落着する。しかし、高橋は地元では「へんろ」を「へんど」と呼び習わしているとも付け加えている。

〈四国猿〉の連載記事は単なる読み物ではなく、研究者の視点が色濃い。従って、既述の研究者に先駆けた遍路に関する学問的な文献として最も古いものといっても過言ではない。なお、イギリス人のバジル・ホール・チェンバレン(Basil Hal Chamberlian)は招聘教員として来日し、東京帝国大学で日本文化史の研究を行った。その研究の中で巡礼、遍路に注目している。その著作である明治二十三年の『Things Japanese(『日本事物誌』)や、明治二十四年のA Handbook for Travellers in Japan(『日本案内記』)で触れられている。更にチェンバレンは「大英国並びにアイスランド人類学学会雑誌」にも明治二十六年にNotes on Some Minor Japanese Religious Practices(「日本宗教の幾つかの副次的実践の覚え」)を掲載している。原秀四郎が述べるように、ヨーロッパでは宗教研究を科学的に捉える視点がチェンバレンにもあったようである。同論文の末尾には国内外で最も古い西国巡礼と四国遍路の写真が載せられている(佐藤久光『四国遍路の社会学』口絵、平成二十八年、岩田書院)。

第二の意義は、〈四国猿〉の記事には内容面で科学的、論理的・合理的視点が含まれていることである。宗教的な伝説、逸話などは、日本ではその内容を吟味することなく伝えられ、それが宗教力、験力などとして扱われてきた。しかし、〈四国猿〉は弘法大師の伝説として伝わる「弘法清水」「弘法井戸」に触れて、大師は中国・唐に渡った折に、進んだ文化・学問を学んでいた。それは物理学、地質学を根拠に水が湧く原理を知っていた、と述べていることである。また、「喰わず芋」伝説は、所望した大師に意地悪した老婆を戒めるために「喰わず芋」になったと流布しているが、〈四国猿〉は、大師は最初から食べられない芋の品種であることを知っていた、と科学的に判断している。そして「今頃の理学博士などのとても傍に寄付けるものでは無い」と大師の学識を讃えている。

第三の意義は、〈四国猿〉は博学・博識であった点である。文体は漢文調で現代語では既に使用されていない語彙・四字熟語が多く出てくるが、当時の教養人には通常使われて、格調高い文章で、極めて的確な表現となっている。そこには当時の高等教育を受けた素養が窺われる。例えば、善通寺の宝物館を閲覧し、尊像や絵画・書などの題名、製作者の氏名を挙げている。生まれ故郷の大三島の大山祇神社の数ある宝物の一覧まで載せている。また、この年の四月に高松市で関西二府一六県の「連合共進会」が開催され、各地から持ち込まれた物産品が陳列された。その詳しい品々を細かく記述している。農作物などは自らの専門分野の領域であって、的確な指摘を述べている。

そして、〈四国猿〉は古代からの和歌にも精通し、関連する事項でそれ引用して掲載している。その上で、俳句を詠み、その中には機智に富んだ洒落の歌も記している。更に、英語・独逸語を手馴れたように「ラブ」「ホテル」「ワイフ」「クラス、メート」「スピーチ」「内儀《ホステス》」「楽園《パラダイス》」「ツアイ《（ママ）》、キンデル、システム(一夫婦に子供二人と云ふ制度)」「フライハイト」などと使っている。その最たるものは、イギリスの詩人、オリヴァー・ゴールドスミス(Oliver Goldsmith 1728-1774)の英文を引用していることである。それは五月の田植の時期に若い男女が入乱れる高知の泥祭りの情景を、「筆にも写し得ず」としてゴールドスミスの詩文を的確に引用している。その詩はゴールドスミスが一七七〇年に刊行した、*The Deserted Village*（『見捨てられた村』）の一節である。菅菊太郎がその文献をどのようにして知ったかは不明であるが、明治三十年代の新聞記事に載せたことは驚きでもある（記事の英文の翻訳は鈴木建三による。『世界名詩集大成』9　イギリスⅠ　昭和三十四年）。

〈四国猿〉は自らの足で巡拝し、木賃宿にも泊まり、小学校の校長宅で善根宿の提供も受け、その途上で様々な光景を観察した。それは当時の遍路事情を捉える上で貴重なものである。しかもその視点は学術的なものである。その幾つかを挙げるならば次のようになる。

⑴ 遍路の出身地

遍路仲間と会話を交わし、宿では出身地を尋ねている。その記述は四カ所ある。第七回のサブタイトルでは「諸国の巡礼」と題して、冒頭で、

> 四国霊場の巡礼衆は四国人が何れ多いのであろうと思ふたに全くさうで無い。中国筋九州筋遠くは五畿内中仙道東海筋から、ドシ〳〵巡礼に廻つて居《お》る。

と述べ、住所、氏名まで詳しく記載している。これは遍路が地元四国だけの巡拝者だけではなく、全国各地から来ていることを証明する貴重な調査で、現在行われている遍路調査の先駆的なものであった。

また、四国出身の遍路は笠に（あ）（と）（い）（さ）と書き込まれていることを記している。それは阿波、土佐、伊予、讃岐の国名の印であった。そして、（と）の印のあるものは稀である、とも指摘している。それは江戸時代から「土佐は鬼国　宿がない」といわれ、土佐藩は遍路の取締りが厳しく、且つ金銭の持ち出しを戒め、自国から遍路に出ることを制限していた。その名残が明治期に入っても土佐（高知県）にはあったことを物語っている。

⑵職業遍路と接待の品の一覧

遍路は道行く時に住民から喜捨としての接待を受ける。〈四国猿〉はそれを「施待《せたい》（猿案ずるに四国地にて金品の施しを施待《せったい》と云ふは施待《せたい》の訛転《なまり》にあらずや）」と語源に触れている。そして、接待を受けて生きる職業遍路に触れ、「因《ちなみ》に云ふ。此辺には接待貰と称する乞食《こじき》の一隊がある。全く接待にて露命《ろめい》を繋ぐものであつて、四国巡礼の扮装《いでたち》をなし、巡礼仲間に交りて接待を貪るを職業とするのである」と述べている。

職業遍路とは住民の善意である接待を自らの生活の糧にして、それを職業としていたものである。それに対して、住民は職業遍路と通常の遍路とを分け隔てなく接待をした。〈四国猿〉も接待を受けるが、旧暦の三月二十一日は大師の命日に当たり、近在の住民の接待が多く、「頭陀袋も裂けるばかり少々迷惑致せし方であつた」として「接待の持余」となったと記している。そして、一日に受けた接待の品と数量を列挙していることは、〈四国猿〉が調査能力を常に持ち合わせていたことによる。

その接待で最高な接待は善根宿であった。家主は遍路に宿を提供し、食事を振舞うのが善根宿であった。いわば遍路を大師の身代わりとして扱うものであった。〈四国猿〉はその住民の善根宿には敬服し、「一夜の宿を貸し一粒一銭を施すものは寿命長久にして諸願成就すべきものとあり」と述べ、大師への功徳と高く評価している。その風習は「世界万国に誇るべき美風と云はん」と絶讃している。

⑶貧困層・障害者の遍路

四国遍路には江戸時代から貧者や病人たちが多く詣っていた。その記述は各種の文献で判明する。明治期以降にはハンセン病患者は生まれ故郷を追われて四国に来て霊場を巡拝していた。例えば、平井玄恭は大正六年に第四十三番札所・雪蹊寺に六歳で入寺するが、当時の状況を「夏や冬に来る遍路さんは、殆ど頼病患者か、イザリという両足で歩けず、（中略）霊場を廻っている人々であった」と述べている（「山本玄峰の四国遍路」『大法輪』昭和五十四年四月号）。昭和六年に発行されたアルフレート・ボーナーの『同行二人の遍路』には、松葉杖をつき荷を背負って廻るハンセン病患者の貴重な写真が掲載されている（同書二〇九頁）。

貧困層は、寺社の祭礼には参詣者からの接待を当てに、大勢集まってきた。札所寺院にも遍路からの喜捨に預かろうと貧困層・障害者が集まっていた。それを〈四国猿〉は「四国の霊場に重立ツた伽藍となつてある所では、其仁王門から本堂まで、両側がスッカリ廃人《はいじん》の陳列場となッてあるのである」と前置きして、「蹇人《あしなえ》、跄跛《びっこ》、雙瞽《めくら》、紅爛《めくさり》、黴瘡《かさかき》、掐鼻《はなくちゃ》、兎唇《いぐち》」など十余の障害名を挙げている。その上で、人員調査ということで、障害をもった人に一文づつ喜捨をした。準備していた寛永通宝一円＝一〇〇〇文は全行程を終えて百三、四十文残った。従って、約八七〇人の障害者に出会ったことになる。

⑷ 四国霊場巡拝人番付

四国遍路では八十八ヶ所の霊場を何度も廻る多度巡拝が江戸時代から行われてきた。多くの回数を重ねた人の一覧は「四国霊場巡拝人番付」と呼ばれた。札所で赤札を納めた男からそれを見せられた〈四国猿〉は、五〇度以上の巡拝者の住所、氏名を列挙している。明治三十三年四月時点で、全国から来た五四六人の名前が載せられ、その内訳は五〇度以上が三二人、三〇度以上が四〇人、二〇度以上が七二人、七度以上四〇二人となっている。最も度数の多い人物は信濃国戸隠中村の行者・光春で一九九度である。次いで周防国大島郡椋名村の中司茂兵衛の一七〇度、備中国芦田郡町村の五弓吉五郎の一六八度などとなっている。中司〔務〕茂兵衛はその後も度数を重ね、大正十年には二七九度を達成している（喜代吉栄徳『四国遍路　道しるべ―付・茂兵衛日記』）。

四国遍路では巡拝回数によって納札の色分けが古くから行われてきたが、札の色分けは時代によって異なっていた。

明治三十五年の時点では、六回までは白札、七回以上は赤札、二〇回以上は白札、三〇回以上は金札、一〇〇回以上は錦札、と聴き書きしている。

⑸遍路の費用と四国に投資される資金

〈四国猿〉は遍路に要する費用にも触れている。四国霊場を一巡するに約六十日を要するとして、その費用は三〇円かかると見積もる。筆者は『遍路と巡礼の民俗』や『四国遍路の社会学』で詳しく述べてきた。例えば、明治四十年に七十七日かけて遍路した小林雨峯は『四国順礼記』の「四国巡拝の路銀」の項で、一人当たり「金弐拾壱円四拾壱銭五厘」として、一日の平均が二六銭程度と記している。一日の支出内訳は、納経料二銭、宿賃が平均一〇銭、米代が平均一〇銭、草鞋・雑費が四銭と記している。支出の大半は宿賃と米代であるが、それには多少の格差があった。大正七年の高群逸枝『娘巡礼記』には「泊りは最低八銭で、よいのが二五銭」と記しているので、粗末な宿と上等な宿で値段に差はあった。しかし、日数や宿賃で若干の差はあるが、全行程で三〇円という費用は妥当であろう。

そして、「此節日々の巡拝者三四百を下らず。一年を通じて一万人以上と云ふ」とも述べて、一人当たり三〇円を費やし、一万人とすれば、年間三〇万円が四国霊場の寺々や木賃宿などに支払われている、と試算している。それ以外にも建築用材木や石材も本州から持ち込まれることで、経済効果は高まった。これは宗教が経済に与える影響を捉える宗教経済学とも言える視点で先駆的なものであった。それを「是れ大師が生まれ故郷への置土産と知れよ」と綴り、大師の遺徳と讃えている。

⑹「へんろ」の呼称

「へんろ」の呼称については既述したが、〈四国猿〉の記事内容にも注目すべき点がある。〈四国猿〉自身は連載中の文中では一部において「遍路」を使用しているが、大半は「偏路」「偏礼」の文字を当てている。

しかしながら、住民たちの呼称は「へんど」と呼んでいることを記している。その箇所の「へんど」には「遍奴」「偏奴」という文字を当てている。ところが、〈四国猿〉は「おへんどさん」は訛りであると捉えた。それを「四国巡礼者は特《こと》に遍路の名あり土人《どじん》訛《なま》つて「へんど」と呼ぶ。遍奴の字に通じて妙なり」と述べている。連載記事は明治三十五年であるので、喜田貞吉と景浦直孝との「へんど」「へんろ」論争以前であった。住民たちの訛りか否かは別に、「へんど」を常用していること、「お」「さん」の尊称で呼んでいることを正確に記述している点に注目される。原秀四郎は初めて遍路研究の重要性を指摘したが、原自身も「へんろ」と「へんど」の二つを併用していた。

(7) 大師の名声

〈四国猿〉は若手の自然科学の研究者であった。科学は因果関係を重視し論理的に解析するが、その視点が〈四国猿〉にあった。従って、大師にまつわる加持力や霊験談などに関しては「山師」とか「大法螺吹き」「法螺大師」「ホラ宗」などと扱き下ろす表現をしている。それは真意ではなく、むしろ逆説的に大師の偉大さを表現したものでもある。「弘法清水」「弘法井戸」は地質学を熟知し、「喰ず芋」は食に適さない品種であることを大師は知っていた。

〈四国猿〉は大師の生い立ちにも触れ、入唐して恵果阿闍梨から秘法を伝授され、帰朝後雨乞いの修法や「いろは」文字を創作したことなどを、同宿で通夜する人びとに説法している。そして仏教の教理である四悪趣についての説明や、遍路中は精進として、肉食を断つが、それは誤りであると断言している。その他にも〈四国猿〉は遍路に関する知識を学んでいる。その上で自らも遍路衣装を身に纏い、札を納め、しかも札所での礼拝の作法や唱えた経文についても詳しく記していることで、その真意が理解できる。そして、大師の偉大さについては、「単に学識に富むのみでなく、書に画に又彫刻に一大美術家であつた」ので、「日本は愚か世界に罕《まれ》なる人物である」と絶大な賛美をしている。そして、大師の遺徳は多くの民衆に御利益として崇拝されている、と讃えている。

2　「四国八十八ヶ所　同行二人」の特徴と意義

〈蟹蜘蛛〉の巡拝記は自身を一人称で述べるのではなく、〈蟹蜘蛛＝彼〉を自身とは別の人物の如く述べる手法を用いている。〈蟹蜘蛛〉は遍路装束に身をつつみ、「尻すけ」（尻敷き）も巻きつけている。アジロ笠を被り、右手に金剛杖、左手に数珠を持って出た。一時は家々の前で経文を唱える乞食（「修行」）を行い、喜捨を受けられるか、それとも「お通り」と言われて拒否されるか、揺れる心境を綴っている。道中では親しくなった仲間と寺院で通夜をするなど、遍路になりきろうとする真摯な姿勢が見られる。

〈蟹蜘蛛〉は愛媛新報社の社会部の記者であったので、取材経験が豊富であった。そのことが記事の内容に反映されている。取材の対象は札所の住職、住民、同行した遍路仲間、茶店の老人、善根宿を受けた学校教師などと幅広い。そして報道することを使命とする記者魂が率直な表現として表れている。それが〈蟹蜘蛛〉の巡拝記の特徴であり、当時の遍路の実態を的確に捉えている。その幾つかを挙げることにする。

(1) 四国霊場の御詠歌の拙さ

〈蟹蜘蛛〉が松山市・道後から出発して最初に詣ったのは、第五十二番札所・太山寺である。そこで住職に御詠歌は何人の作かと尋ねた。住職は詠人がわからない、と答えた。両人はその御詠歌が拙劣極まりない、ということで意見が一致した。住職は西国霊場の御詠歌は秀逸揃いであると付け加えた。そこで、〈蟹蜘蛛〉は西国札所、書写山・円教寺の御詠歌「はるばるとのぼれはしよしやのやまおろし　まつのひびきも御法なるらん」と、太山寺の御詠歌「太山を登（ママ）れば汗の出でけれど　後の世思へば何の苦も無く」を比較し、後者を「何と愚作だろう」と記している。

四国霊場の御詠歌は詠人がわからず、愚作が多いことは既に江戸時代から指摘されていた。『四国偏礼霊場記』『四国霊場功徳記』を著した寂本は曳尾子の名前で『四国偏礼手鑑』（元禄十年〔一六九七〕）も刊行した。その中で「つたなくしてとるにたらす」と述べている。十辺舎一九も「風製至て拙なく手爾於葉《てにおは》は一向に整はず、仮名の違ひ自地《じた》の誤謬多く、誠に俗中の俗にして、論ずる足ざるものなり」(『方言修行　金草鞋』第十四編)と酷評し、心ある人は「信心を失ふことあるべく、嘆かはしき事なるや」とまで述べている。〈蟹蜘蛛〉は太山寺以外にも、雲辺寺、大興寺、観音寺の御詠歌も愚作として挙げている。

(2)遍路の動向

〈蟹蜘蛛〉は当時の遍路の動向について随所で触れている。遍路は「春遍路」と呼ばれ春に集中する。そこで遍路は春の季語ともなっている。それを「春の頃なれば、(中略)同行の数の多いこと、札所札所が縁日の如くであり遍路みちは菅笠の行き来絶えることなく、沿道の農家が俄に『御へんろ宿』の行燈《あんどん》を軒に掲げて季節木賃宿の簇出《ぞくしゅつ》するに拘《かかわ》らず、毎夜毎夜客満員の有様であり」と述べている。

それに対して、秋は「接待も少く、旅は道づれの同行も稀に、まして秋は天候定め無ければ難渋甚だしかりなん」と、秋の遍路の少ないことに触れている。当時は汽車や汽船に人力車も普及していたが、「歩き遍路」が主流で天候や農作業との関係で、遍路は春に集中していた。昭和四十年代の調査でも六三・八%が春遍路であった(前田卓『巡礼の社会学』)。しかしながら、自家用車を利用した遍路が増えると季節別の遍路の割合に変化が出てくる。筆者の調査では、昭和末期には春の割合が四五・六%となり、平成期では三九・六%と低下してくる。そして、春と秋との季節に二分化される(佐藤久光『遍路と巡礼の社会学』)。

そして、遍路の盛行を「四国に於ける各霊場は、積極的に宣伝せず共、巡拝者に於て次から次に宣伝するが故に、すておくも尚年々歳々春毎に遍路の数の増《ま》じ」と述べている。昭和初期の遍路の総数は正確には判明しないが、二万人は下らない、と言われている(アルフレート・ボーナー著『同行二人の遍路』佐藤久光・米田俊秀共訳)。

⑶寺院の金儲け主義

大正十五年（一九二六）に〈蟹蜘蛛〉が巡拝した頃、既に霊場には商業主義の傾向が出始めていた。〈蟹蜘蛛〉は「坊主金儲けに忙し」の題で詳しく述べている。まず、「賽銭、納経銭の収入は漸次に多きを加ふれば安じて可なり。とは云へ尚納経銭は昔一銭なりしが今や五銭となり」と、納経料の大幅な値上げに触れている。そして、寺院で通夜をする遍路にも料金を要求し、副食の惣菜まで別売りしている。更に、第五十八番札所・仙龍寺の奥の院に通夜した時は、通夜銭五銭、米一升四六銭、炊き賃四銭、お菜一皿五銭、燈明料二銭であった。

商業主義の最たるものは第六十一番札所・香園寺の伽藍であった。〈蟹蜘蛛〉は「香園寺と云へばこゝ十年前迄は四国霊場中にても最も貧弱なる一札所に候ひしが（中略）今や四国中その右に出ずる者無き隆盛を極め居る事まことに驚くの外無之候」と述べている。そして、その光景は、「先づその門前に到らん者、之れを寺か料理屋か但しは旅館かと怪しみ、一たび門をくゞれば、浅草の花屋敷に似たもの」と前置きし、「事務所には十人ばかり机をならべて帳簿を繰《くり》、ソロバンをはじき居る様さながら旧式の銀行を覗《のぞ》きたる心地致し候」などと記している。

香園寺には、大師がこの地を巡錫した時、難産で苦しむ女性を秘法の加持で救った、という伝説があった。大正六年頃に子安講を設立して、全国各地や台湾、朝鮮半島に僧侶を派遣し、その布教を行った。子を授かりたい、子の成育を願う人びとが講中となって喜捨が集まった。そこで本堂をはじめとして豪華な伽藍を建立した。それを「実に之れ四国八十八ヶ所山師中の尤《ゆう》たるものならん」と、〈蟹蜘蛛〉は皮肉っている。

このように、大正末期には四国霊場も納経料の値上げや通夜料の徴収、喜捨などによって徐々に貨幣経済が浸透していく様相がわかる。

(4) 障害をもつ遍路と同行

〈蟹蜘蛛〉は第六十五番札所・三角寺の奥の院に向かう時、足に障害をもち松葉杖を突いて歩く遍路と同行した。その男は備後から来て三回目の遍路であった。元大工であった彼は屋根から飛び降りた時に踵《きびす》(かかと)を痛め、そこに黴菌が入って化膿し、手術をしたが治らなかった。片足は立てず、杖を突く生活となり、神仏に縋る思いで遍路に出た、という。その元大工には祝言を間近にした許婚があったが、破談を申し入れている。

しかし、三回目の巡拝で、足の不自由さをものともせずに、険しい登り坂でも彼は松葉杖でプイプイと飛ぶような速さで歩いている。その男の知り合いでもう一人の障害をもった男とも〈蟹蜘蛛〉は出会っている。その男は脊髄を患っていた。

障害をもつ遍路については、〈四国猿〉も様々な障害者がいることを指摘している。また、大正七年に遍路した高群逸枝も『娘巡礼記』で、同宿した中に障害をもった人びとがあり、その惨状を詳しく綴っている。

〈蟹蜘蛛〉は障害をもつ遍路と親しくなり、その状況を詳しく聞き出しているのは、新聞記者としての取材経験によるものである。

(5) 遍路の乞食(「修行」)

〈蟹蜘蛛〉は出発前に乞食を実行しようと決意し、周囲の人が「万一の場合に備ふるため二三十金《きん》にても用意せよ」と勧めたが、それを断った。それを「嚢中《のうちゅう》に財を有ち乍ら人の門前に立ちて乞ふといふ事は吾に於て不可能なり」と述べている。それは北川淳一郎が述べるように、曇華の無私の精神を表現している。

しかし、出発時の決意とは裏腹に、最初は不安と失敗の連続であった。その理由は、初めての体験で馴れないのと、乞食を受けられるか否かを自身で勝手に判断したことであった。喜捨する人が忙しそうにしていると、気の毒と思ったり、顔が邪慳《じゃけん》そうだと「お通り」と言われるだろうと、思い過ごしたことであった。しかし、既述の松葉杖を突く男と、山口県厚狭郡からきて「長州」とあだ名を付けた男と三人で廻り、経験者の後押しで徐々に馴れ出す。そして、三人は乞食を競うようになる。〈蟹蜘蛛〉は乞食を行ったことで住民たちの接待の状況を把握することができた。自らの経験と遍路仲間から聞いた接待の状況を記しているので、それを摘記すると次の通りである。

①接待の時期——春遍路が盛んな時期には、「札所の付近、峠、町の家等に米、飯、餅、紙、銭、わらぢ、煮豆、その他思ひ〳〵の施し接待がありて受くるに暇が無い程である」と述べている。しかし、九月、十月は収穫期で農家が忙しく、接待は少なかった。

②遍路修行も芸術——「三味線弾いて歌唄ふて一銭貰ふのも、遍路が経文を唱へて一握り貰ふのも同じことである。／かうなればやつぱり上手にやらねばならんと感ずる。そのためには経文を精読し、暗記する事も必要であるが更に声量と美声が重要な条件である」と述べている。〈蟹蜘蛛〉が俄に覚えたのかは別に、門口で唱える経文には観音経の一部「心念不空過　能滅諸有苦」（心に念じて空しく過さざれば、能く諸有《あらゆる》苦を滅せん）「念念勿生疑」（心に念ぜよ、心に念ぜよ。ゆめ疑うことを生ずること勿《なか》れ）などを引用している。

アルフレート・ボーナーも職業遍路と同宿して聞いた話として、喜捨を受けるには輪っかのついた杖を一振り一振り激しく振るとか、庇の深い笠、音の大きい鈴、沢山の玉のついた大きな数珠を持参するものである、と述べている。〈蟹蜘蛛〉も喜捨を受けるにはコツがあることに気付いた。

③地域別、宗派別による接待——聞き書きで「東予地方はくれん事は無いが、麦ばかりくれる。讃岐も麦である。阿波も十一番迄はだめ。阿波のうち吉野川より南と、土佐は必らず米をくれる。土佐の国高岡郡あたりでは一軒

と雖《いえど》も遍路に恥を掻《か》かせる事は無い」と、接待の地域格差があった。また、宗派では「真言と禅宗だつたら何処でもくれるが、一向宗と法華宗はだめだと」、宗派によって違いがあった。

④接待する相手――接待をする人によって待遇に違いもあった。「寧ろ白髪の老婆は因業である。若《も》し麦を握つてくれても極めて少い。若い美しい嫁さんもあんまりくれん。十二三の小娘《こむすめ》は善い。米でも麦でも両掌を合して掬《すく》ふて来る」と述べ、主に女性が接待に出てくるが、年齢などで接待量に違いがあった。また「皿を二タつ持つて出る家がある。一つはその遍路に、一皿はお大師さまに、という心持である」とも記し、接待の詳細な観察をしている。

⑤接待は根気――接待を受けるコツは根気でもあった。それを「遍路も亦『お通り』と云ふてくれるか、さもなくば一とにぎりくれるかせねば立ち去る機会がない。こゝに到つて双方の根気くらべである。さうして根気の強い奴が勝つのである」と記している。経文を唱える声量と美声に加え、接待を受けるには根気比べでもあった。

(6)その他の見聞

〈蟹蜘蛛〉はその他にも、住民や遍路仲間から聞いた話を随所に綴っている。その一つに職業遍路が五日も十日も滞留して布施を貰う話が出てくる。、住民は「あれで相当儲けるぢやろ」「儲けるとも、そぢやけん遣《や》るに及ばんのぢや」と記している。これは当時、接待で生計を立てる職業遍路が少なからずあったことを物語っている。

多度巡拝で金の札が納められ、それを納経箱から探す人があった。納経箱を探す「長州」に〈蟹蜘蛛〉が聞くと、「金のお札は百遍以上廻つた人のだから、それを貰つて帰ると何でも利《き》く薬になる」と答えた。この習俗は今も受け継がれ、納経箱から金札を探す人がいる。

遍路の履物は江戸時代から草鞋であったが、大正期には丈夫な地下足袋が普及し始める。父や周囲の人は地下足袋は足に悪いから草鞋を履けと言ったので、〈蟹蜘蛛〉は出発当初、草鞋を履いていた。しかし、途中から地下足袋を履き、慣れると「地下足袋に限る」と以後使用した。草鞋は二、三日で破れるが、地下足袋は四、五十日でも破れず、長持ちするのでむしろ安価であった。大正末頃から地下足袋が使用され始め、草鞋と併用された。長期間に亘る歩行には履物が重要で、現在では軽くて丈夫で履きやすい運動靴が広く普及している。

〈蟹蜘蛛〉が地下足袋を購入した店の老婆の対応が面白い。婆さんは〈蟹蜘蛛〉に「少し大きい位でないと足をいためます」といって、大き過ぎる地下足袋を売った。しかし、同行した男には足袋は小さ過ぎた。婆さんは今度は「少しこまい位でないといけません。少し歩いたら大きくなりますから、はじめから恰度《ちょうど》よかつたらだぶ〳〵して歩けません」と反対のことを言った。双方に都合のよいことを言って、婆さんは二足しかなかった地下足袋を売り終わった、とのことである。それを「根が正直な婆さん」と呼んでいる。

〈蟹蜘蛛〉は文中では「へんろ」と記しているが、住民たちが語る会話などでは「へんど」と記している。また、道中で「お四国さんに豆のお接待をします」という貼紙を見ている。当時、地元の四国では「へんろ」「へんど」「お四国さん」と呼ばれていたことが判明する。

おわりに

ペンネーム〈四国猿〉と〈蟹蜘蛛〉の四国霊場巡拝記について、その特徴と意義を述べてきた。記事内容は両者の職業柄がよく反映している。〈四国猿〉は研究者の観察的視点と調査能力を遺憾なく発揮し、広い領域の知識を披露している。〈蟹蜘蛛〉はジャーナリストであり、読者にわかりやすい文章で綴っている。それが出来たのは、自身が遍路そのものになって乞食を実践し、遍路の真相に迫ろうとする姿勢があったからだろう。乞食を実践しながらの遍路巡拝記は、近藤優『四国遍路托鉢野宿旅』(平成十六年)などがあるが、極めて稀で貴重な資料でもある。

二人の巡拝記は共に新聞に連載され、世間に公表されたもとしては最も早い巡拝記である。残念ながら〈蟹蜘蛛〉の連載は第七十一番札所・弥谷寺まで廻り、第七十二番札所・曼荼羅寺を後廻しに第七十三番札所・出釈迦寺に向かう所で終り、未完となっている。

しかしながら、両者とも当時の遍路状況を詳しく述べている。そこには時代を超えて継承されている習俗もあり、その反面で現在では失われた習俗をも読み取ることができる貴重な文献である。

編集後記

第一部では〈四国猿〉の「卍四国霊場巡拝記」を、第二部では〈蟹蜘蛛〉の「四国八十八ヶ所　同行二人」との二つの巡拝記を復刻したが、その巡拝記は今を遡ること約一〇〇年前に公表されたものである。新聞紙上で公表されたことで、それなりの読者に愛読されたと思われる。しかし、当時新聞を購読する人は富裕層で識字できる階層に限られていた。しかも四国の巡礼としての遍路に関心を抱く人がどれほどあったかは多少疑問も残る。

惜しむらくは、その連載記事は単行本とならなかったことで新聞紙上だけで終わり、新聞を読んだ人も時間が経つにつれて記憶から失せていったと思われる。その上、遍路研究者たちにもそれらを目にすることは殆どなかった。現在でも国立国会図書館や愛媛新聞社、愛媛県立図書館などに資料として保存されているのみである。幸いにも「卍四国霊場巡拝記」は『二六新報』(明治三十七年(一九〇四)に改題されて『東京二六新聞』となる)が、平成五年(一九九三)に不二出版から復刻版が発行されたことで目にすることが出来るようになった。しかし、明治期の印刷は活字が小さく、潰れている活字も多くて読みにくいのが難点である。

二つの巡拝記を読み直すと、遍路研究には貴重で有意義な内容が多く含まれていることや、現在の遍路の原型に辿りつけることなどに着目した。特に〈四国猿〉の記事は格調高く、風刺が効き、機智に富み、読み物としても興味深い。これらの点を勘案して改めて復刻し、読者のために寄与したいと思った。

復刻に際して編者が苦労したことは、旧字体が使われ、印刷技術も劣悪で、活字が潰れたりして判読が困難な箇所が幾つかあったことである。また、検閲があったのか、黒塗りや切り取られた箇所もあった。このような不備に関しては編者としては遺憾に耐えないが、御寛恕を願いたい。

なお、巡拝記の本文中には写真は掲載されていない。当時はまだ写真が普及せず、〈四国猿〉がイラストを数枚載せているだけである。従って、本書で掲載した写真・図版は編者が挿入したもので、前田卓、喜代吉栄徳、小松勝記からの提供でもある。また、愛媛県立図書館・えひめ資料室からも資料の提供を受けた。ご協力賜った各位に厚く御礼を申し上げます。編者の文中では、遍路は「平等愛」というの精神で尊称は略した。

復刻に当たっては、不二出版と愛媛新聞社からは遍路研究にご配慮下さり、転載の快諾を賜った。ここに両社に対して厚く感謝の意を表する。復刻の出版を引き受けて下さった岩田書院の岩田博社長には、これまでも度々お世話になり、重ねて御礼を申し上げます。

平成三十年三月

京・洛西にて　編者

編者紹介

佐藤 久光（さとう ひさみつ）

1948年秋田県生まれ。

大谷大学大学院博士課程修了。

種智院大学専任講師、助教授、教授、退職。

その間91年から95年まで関西大学経済・政治研究所嘱託研究員。

著書に『遍路と巡礼の社会学』（人文書院）、『遍路と巡礼の民俗』（人文書院）、『チベット密教の研究』（共著　永田文昌堂）、『秩父札所と巡礼の歴史』（岩田書院）、『四国遍路の社会学』（岩田書院）、『巡拝記にみる四国遍路』（朱鷺書房）、共訳書に、アルフレート・ボーナー著『同行二人の遍路』（大法輪閣）など。

四国猿と蟹蜘蛛の《しこくざるとかにぐもの》
明治大正 四国霊場巡拝記《めいじたいしょうしこくれいじょうじゅんぱいき》

2018年（平成30年）４月　第１刷　300部発行　　**定価［本体5400円＋税］**

編　者　佐藤 久光

発行所　有限会社岩田書院　代表：岩田　博　　http://www.iwata-shoin.co.jp
〒157-0062 東京都世田谷区南烏山4-25-6-103　電話03-3326-3757 FAX03-3326-6788
組版・印刷・製本：亜細亜印刷

ISBN978-4-86602-032-7 C3031 ￥5400E

岩田書院 刊行案内 (26)

			本体価	刊行年月
003	植松　明石	沖縄新城島民俗誌	6900	2017.07
004	田中　宣一	柳田国男・伝承の「発見」	2600	2017.09
005	横山　住雄	中世美濃遠山氏とその一族＜地域の中世20＞	2800	2017.09
006	中野　達哉	鎌倉寺社の近世	2800	2017.09
007	飯澤　文夫	地方史文献年鑑2016＜郷土史総覧19＞	25800	2017.09
008	関口　　健	法印様の民俗誌	8900	2017.10
009	由谷　裕哉	郷土の記憶・モニュメント＜ブックレットH22＞	1800	2017.10
010	茨城地域史	近世近代移行期の歴史意識・思想・由緒	5600	2017.10
011	斉藤　　司	煙管亭喜荘と「神奈川砂子」＜近世史46＞	6400	2017.10
012	四国地域史	四国の近世城郭＜ブックレットH23＞	1700	2017.10
014	時代考証学会	時代劇メディアが語る歴史	3200	2017.11
015	川村由紀子	江戸・日光の建築職人集団＜近世史47＞	9900	2017.11
016	岸川　雅範	江戸天下祭の研究	8900	2017.11
017	福江　　充	立山信仰と三禅定	8800	2017.11
018	鳥越　皓之	自然の神と環境民俗学	2200	2017.11
019	遠藤ゆり子	中近世の家と村落	8800	2017.12
020	戦国史研究会	戦国期政治史論集　東国編	7400	2017.12
021	戦国史研究会	戦国期政治史論集　西国編	7400	2017.12
022	同文書研究会	誓願寺文書の研究（全２冊）	揃8400	2017.12
024	上野川　勝	古代中世 山寺の考古学	8600	2018.01
025	曽根原　理	徳川時代の異端的宗教	2600	2018.01
026	北村　行遠	近世の宗教と地域社会	8900	2018.02
027	森屋　雅幸	地域文化財の保存・活用とコミュニティ	7200	2018.02
028	松崎・山田	霊山信仰の地域的展開	7000	2018.02
029	谷戸　佑紀	近世前期神宮御師の基礎的研究＜近世史48＞	7400	2018.02
030	秋野　淳一	神田祭の都市祝祭論	13800	2018.02
031	松野　聡子	近世在地修験と地域社会＜近世史48＞	7900	2018.02
032	伊能　秀明	近世法制実務史料 官中秘策＜史料叢刊11＞	8800	2018.03
033	須藤　茂樹	武田親類衆と武田氏権力＜戦国史叢書16＞	8600	2018.03
179	福原　敏男	江戸山王祭礼絵巻	9000	2018.03
034	馬場　憲一	武州御嶽山の史的研究	5400	2018.03
035	松尾　正人	近代日本成立期の研究　政治・外交編	7800	2018.03
036	松尾　正人	近代日本成立期の研究　地域編	6000	2018.03
037	小畑　紘一	祭礼行事「柱松」の民俗学的研究	12800	2018.03
038	由谷　裕哉	近世修験の宗教民俗学的研究	7000	2018.03

570	佐藤　久光	秩父札所と巡礼の歴史	2000	2009.08
967	佐藤　久光	四国遍路の社会学	6800	2016.06